大学生写作能力教程

王香平 编著

中山大学出版社
·广州·

版权所有　翻印必究

图书在版编目（CIP）数据

大学生写作能力教程/王香平编著. —广州：中山大学出版社，2007.8
ISBN 978 - 7 - 306 - 02896 - 9

Ⅰ. 大… Ⅱ. 王… Ⅲ. 汉语—写作—高等学校—教材 Ⅳ. H15

中国版本图书馆 CIP 数据核字（2007）第 093421 号

出 版 人：叶侨健
策划编辑：徐诗荣
责任编辑：徐诗荣
封面设计：曹巩华
责任校对：张　辉
责任技编：黄少伟
出版发行：中山大学出版社
电　　话：编辑部 020 - 84111996，84113349
　　　　　发行部 020 - 84111998，84111981，84111160
地　　址：广州市新港西路 135 号
邮　　编：510275　传　真：020 - 84036565
网　　址：http：//www.zsup.com.cn　E-mail：zdcbs@ mail.sysu.edu.cn
印 刷 者：广州佳达彩印有限公司
规　　格：787mm×960mm　1/16　17.5 印张　292 千字
版次印次：2007 年 8 月第 1 版　2019 年 1 月第 10 次印刷
定　　价：35.00 元

如发现因印装质量问题影响阅读，请与出版社发行部联系调换

前　言

　　这本教材，是我"大学写作"课程教学积累20年的教案，现在整理成书，叫做《大学生写作能力教程》。这门写作课，既是暨南大学的一门精品课程，也是学校教育创新项目里的一门网络课程。

　　这本书里，写作课教授的我与散文作家的我，融合在一起。我盼望所有读到这本书的学生和社会各界的朋友，能够轻松而扎实地提高写作能力，能够喜欢这本书。

　　20年来，我一边讲授写作课，一边写作，就像一个两条腿走路的人，一直走到今天，一直走到这门课变成暨南大学的精品课程。这是我的第七本书，至今我共撰写学术文章和文学作品百余篇一百二十万字。

　　现有的大学写作课教材，各有各的优势，又各有各的偏颇。往往注重两个方面，或注重写作学科的学术价值，独树一帜，自圆其说；或注重写作条框的构架，条分缕析，细致入微。但是，写作归根到底是一种能力，写作者需要将写作的知识转化成技巧技能，方才能化腐朽为神奇，妙笔生花。如果只是将写作知识背得滚瓜烂熟，考出满分，也并不能写出好文章。而这门课的目的，就是要提高学生的写作能力，同时开发学生的创造性思维能力，提高学生的汉语言文化素养。

　　本教材力图弥补现有教材的不足，从写作能力的培养训练入手，着眼于学生写作能力的提高，着力于创新思维的开发。这不仅合乎大学生的实际情况，也符合课程的目的以及时代的要求。本教材前半部分集中训练学生写作基本功的各种能力，从写作能力的模块入手，划分为积累材料的能力、结构文章的能力、语言文字的能力、表达方式的能力、主题生发的能力、思维创新的能力、即兴演讲与即兴写作的能力等七个章节，后半部分则紧抓现实生活中最紧要的散文、新闻、学术论文、求职信与应聘信、市场调查与市场预测、广告策划与广告文案诸文体的写作进行阐述，学习和训练中还配有翔实的各章思考与练习题，还有与课程紧密相关的例文。考虑到汉语言基础比较

薄弱的学生，考虑到各校学生的基础不尽相同，也考虑到社会上那些自学写作课程、诚心想提高写作能力的人，你可以登陆暨南大学精品课程建设网站浏览，网址为 http：//202.116.0.143/izhxy/dxxz，找到《大学写作》课程的所有资源，这对使用这本教材的教师和学生将提供方便，方便你教，也方便你学。

尺有所短，寸有所长。本教材注重写作能力一点一滴的培养与训练，注重启发性感悟性，扎实而详细。但是本教材在写作学的理论阐述方面可能相对薄弱，学术性不够强。这也正是本教材的长处与短处。

王香平

2007 年 5 月 28 日

目 录

绪论 …………………………………………………………（1）
  一、写作的含义 …………………………………………（1）
  二、写作的重要性及新兴样式 …………………………（2）
  三、写作以及写作课的窍道 ……………………………（5）
  四、中国文化与汉语写作 ………………………………（6）
  【例文选读】……………………………………………（8）
  【思考练习】……………………………………………（10）
  【作文题目】……………………………………………（11）

第一章　积累材料的能力 ……………………………………（1）
  一、观察 …………………………………………………（2）
  二、感受 …………………………………………………（7）
  三、勤读 …………………………………………………（10）
  四、勤写——阅读与写作的交融 ………………………（14）
  【例文选读】……………………………………………（19）
  【思考练习】……………………………………………（21）
  【作文题目】……………………………………………（22）

第二章　结构文章的能力 ……………………………………（23）
  一、写作与思路 …………………………………………（23）
  二、结构的含义 …………………………………………（24）
  三、结构的内容 …………………………………………（25）
  四、结构的主要形式 ……………………………………（34）
  【例文选读】……………………………………………（36）
  【思考练习】……………………………………………（45）

　　　【作文题目】……………………………………………………（46）

第三章　语言文字的能力……………………………………（47）
　　一、汉语的特色…………………………………………………（47）
　　二、语言是写作的工具…………………………………………（49）
　　三、语言是思想的直接现实……………………………………（51）
　　四、语言的运用要求……………………………………………（52）
　　五、培养语言能力………………………………………………（62）
　　【例文选读】……………………………………………………（65）
　　【思考练习】……………………………………………………（69）
　　【作文题目】……………………………………………………（70）

第四章　表达方式的能力（上）……………………………（71）
　　一、叙述…………………………………………………………（71）
　　二、描写…………………………………………………………（79）
　　【例文选读】……………………………………………………（91）
　　【思考练习】……………………………………………………（94）
　　【作文题目】……………………………………………………（94）

第五章　表达方式的能力（下）……………………………（95）
　　一、议论…………………………………………………………（95）
　　二、抒情…………………………………………………………（102）
　　三、说明…………………………………………………………（106）
　　【例文选读】……………………………………………………（109）
　　【思考练习】……………………………………………………（115）
　　【作文题目】……………………………………………………（115）

第六章　生发主题的能力………………………………………（116）
　　一、主题的含义与作用…………………………………………（116）
　　二、主题的重要性与价值………………………………………（116）
　　三、从单一主题到多种主题的生发……………………………（117）
　　四、提炼主题的方法……………………………………………（119）

【例文选读】……………………………………………（122）
　　【思考练习】……………………………………………（126）
　　【作文题目】……………………………………………（127）

第七章　思维创新的能力……………………………………（128）
　　一、创造的含义…………………………………………（128）
　　二、大胆质疑，顺藤摸瓜………………………………（129）
　　三、创造性思维产生的八种好习惯……………………（130）
　　四、思维与语言的陌生化………………………………（134）
　　【例文选读】……………………………………………（136）
　　【思考练习】……………………………………………（140）
　　【作文题目】……………………………………………（141）

第八章　即兴演讲与即兴写作的能力………………………（142）
　　一、态度就是一切………………………………………（142）
　　二、演讲稿的写作………………………………………（143）
　　三、演讲稿写作要求……………………………………（144）
　　四、幽默是智慧与快乐的象征…………………………（145）
　　五、即兴辩论……………………………………………（146）
　　六、即兴交谈……………………………………………（150）
　　【例文选读】……………………………………………（152）
　　【思考练习】……………………………………………（155）
　　【作文题目】……………………………………………（155）

第九章　散文欣赏与创作……………………………………（156）
　　一、散文的含义…………………………………………（156）
　　二、散文的特质…………………………………………（157）
　　三、散文写作上的要点…………………………………（160）
　　四、三种常见的记叙散文………………………………（167）
　　【例文选读】……………………………………………（168）
　　【思考练习】……………………………………………（175）
　　【作文题目】……………………………………………（175）

第十章　新闻和消息 …………………………………………… (176)
　　一、新闻的含义 ……………………………………………… (176)
　　二、新闻事业的功能 ………………………………………… (178)
　　三、新闻工作者的素养 ……………………………………… (180)
　　四、新闻写作的基本要求 …………………………………… (181)
　　五、消息标题 ………………………………………………… (183)
　　六、精心写好导语 …………………………………………… (188)
　　七、用力写好主体 …………………………………………… (190)
　　八、恰当运用背景 …………………………………………… (191)
　　九、注意写好结尾 …………………………………………… (195)
　【例文选读】…………………………………………………… (196)
　【思考练习】…………………………………………………… (197)
　【作文题目】…………………………………………………… (198)

第十一章　学术论文 …………………………………………… (199)
　　一、学术论文的含义 ………………………………………… (199)
　　二、学术论文的特点 ………………………………………… (199)
　　三、学术论文的思维模式 …………………………………… (200)
　　四、学术论文与其他文体的区别 …………………………… (202)
　　五、学术论文的选题 ………………………………………… (203)
　　六、拟写学术论文提纲 ……………………………………… (206)
　　七、学术论文的撰写过程 …………………………………… (207)
　　八、学术论文的最后整体把握 ……………………………… (208)
　【例文选读】…………………………………………………… (209)
　【思考练习】…………………………………………………… (212)
　【作文题目】…………………………………………………… (212)

第十二章　求职信与应聘信 …………………………………… (213)
　　一、求职信、应聘信的含义 ………………………………… (213)
　　二、求职信、应聘信的特点 ………………………………… (213)
　　三、求职信、应聘信的写作格式 …………………………… (213)
　　四、简历的撰写 ……………………………………………… (215)

五、细节决定成败 …………………………………… (218)
　　【例文选读】 ………………………………………… (218)
　　【思考练习】 ………………………………………… (221)
　　【作文题目】 ………………………………………… (221)

第十三章　市场调查与市场预测 ……………………… (222)
　　一、市场的含义 ……………………………………… (222)
　　二、市场调查的作用 ………………………………… (222)
　　三、市场调查的基本内容 …………………………… (223)
　　四、市场调查的种类与方法 ………………………… (224)
　　五、市场调查问卷的编写 …………………………… (226)
　　六、市场调查提纲 …………………………………… (226)
　　七、市场调查的写作结构 …………………………… (227)
　　八、市场预测的含义 ………………………………… (227)
　　九、市场预测的内容 ………………………………… (228)
　　十、市场预测的方法 ………………………………… (229)
　　十一、市场预测的结构 ……………………………… (230)
　　【例文选读】 ………………………………………… (231)
　　【思考练习】 ………………………………………… (234)
　　【作文题目】 ………………………………………… (234)

第十四章　广告策划与文案 …………………………… (235)
　　一、广告的含义 ……………………………………… (235)
　　二、广告的作用 ……………………………………… (236)
　　三、广告的种类 ……………………………………… (236)
　　四、广告的写作要求 ………………………………… (237)
　　五、广告策划与广告词的写作 ……………………… (240)
　　【例文选读】 ………………………………………… (241)
　　【思考练习】 ………………………………………… (243)
　　【作文题目】 ………………………………………… (243)

附录一　常见错别字整理 …………………………………………（244）
附录二　容易读错的常用字表 …………………………………（248）
参考书目 …………………………………………………………（255）
后记 ………………………………………………………………（256）

绪　论

绪　论

一、写作的含义

文章：本意是错综复杂的色彩或花纹。《周礼·考工记》："青与赤谓之文，赤与白谓之章。"合起来就是文章。中国文化将黑红白作为三原色，两两相对，体现着明显的精神道德倾向，并一路走来，延续至今。红白二事，红为喜，白为丧；红黑二心，红为好，黑为坏。黑白为事物对立面，有颠倒黑白、混淆黑白之说。

古人认为写文章像瓷器的色彩与青铜器的花纹一样需要讲究纹理，讲究感情色彩与结构铺排，就将文章一词用来表达文字制作。今天，文章指有意义的文字制作。

写作：人类个体性的创造性精神劳动。写作属于写作学。写作学研究写作主体制作文章的基本规律与科学方法。制作文章是复杂的创造性脑力劳动。写作运用语言反映事物、表情达意、交流思想，是重要的书面表达方式。

我们说人是万物之灵长，正是从思维与写作的角度出发，我们才能够这样自豪地说，因为思维的创造性和写作的独特性是人类独有的。马克思在《1844年经济学哲学手稿》里面，把建筑师与蜜蜂相比较，来说明人与其他动物的不同，来说明人的属性，这个属性就是创造性。马克思说，蜜蜂建造的蜂房很精美，精美到让建筑师惊叹，但是马克思接着说，再拙劣的建筑师也比蜜蜂高明，蜜蜂只会造一种蜂房，而建筑师在建造一座房子或者桥梁的时候，总是想办法同中求异，造一座从来没有的。建筑师在建造这座房子或者桥梁的时候，在心里已经把它建造出来了。这就是人的创造性，人是有意识地发挥个性去创造，而其他动物则是下意识地去行动。我们所有的科学发明和文学艺术，莫不源于人类思维的创造性，写作也正是如此。写在纸上

1

大学生写作能力教程

的，或文章著作，或科技发明；画在纸上的，或书法书画，或乐符曲谱，或建筑设计，凡此种种，莫不如此。

我们以建筑为例。把心中的想像和创造画在纸上，然后变成现实就是建筑。建筑是一种文化，是一种风格气概。建筑师说，建筑是写在大地上凝固的诗篇，建筑是创造。我们可以看一座校园的建筑风格，它是中式建筑还是西式建筑？它是典型的坐北向南么？典型的东高西低么？典型的依山傍水么？它有厚重的大门完整的围墙和深藏不露的内涵么？中国文化讲究高门深院，讲究深藏不露。我们可以看北京大学的正门，飞檐画柱高厚门坎，刚刚有一辆汽车宽。这么窄小的校门，里面呢，宽大无比，亭台楼阁，山湖塔影，曲径通幽，应有尽有。这就叫深藏不露，中国文化里，越是深藏不露，越是高贵，越是值钱。富贵人家女孩子不是么？大门不出二门不迈，养在深闺人未识，才能叫做千金小姐。

我们说的是建筑特色，中国建筑典型地体现着中国文化，我们仔细观察了解建筑物的整体布局和内部结构，就会发现它与文章的结构同出一理。

二、写作的重要性及新兴样式

写作课是一门最基础的课，也是一门最根本的课。

中华人民共和国建国50周年的时候，各行各业都在总结过去，继往开来。教育部支持很多知名高校跟踪调查自己学校培养出去学生的发展情况。后来汇总起来，发现凡是在社会上发展好的学生、有成就的学生，在校期间有共同特点，这特点有三：善于表达，思维灵活，踏实肯干。善于表达的人思维与语言之间没有障碍，工作团队中协作良好，家人亲友间沟通到位。好的想法包括策划和创造，可以形成准确的文字，得以传扬实施与留存。思维灵活可以抓住机遇，迎接挑战，而踏实肯干则是任何成功者必备的要素。

所以，提高母语写作能力乃提高民族文化之根本，提高民族素质之根本。我们即使不做文秘，不当作家，但我们只要生活，就得训练思维与写作能力，写作是思维、思想的最重要的锻炼方式和表现方式。

一个对本国语言文字素养很差、文理不通、写作水平很低的人，即使有发展，不论是什么学科，他的发展也是极其有限的，要想深造，不论是什么专业的深造，都是极为困难的。这是无数事实反复验证了的一条道理。在研究生的入学考试中，国内国际的各类公司部门的招聘中，都需要考察你的思

绪 论

维与写作能力。因为写作能力的背后是你的思维能力，一个人想不好没有能说好的，想不好没有能写好的，思维在先，然后才有表达。国外的各类学校，尤其是发达国家对学生写作能力的要求是极为严格的，非常重视思维能力的训练。

写作与思维具有最直接最重要的关系，我们来看看美国教育是如何注重思维训练的。

一个中国的知识分子把自己9岁的儿子带到美国送进美国小学的时候，整天忧心忡忡。因为在美国的学校里，课堂上可以放声大笑，每天最少让学生在学校里玩两个小时，下午不到三点就放学回家，最关键的一点是没有教科书。美国老师看了中国这位学生的小学四年级数学课本后，对这个中国家长说，六年级以前，你儿子不用学数学了。这个儿子整天背着空空的书包，高高兴兴地上学。这个爸爸非常着急，因为孩子从小学一年级开始，书包从来就是满满的，从一年级到四年级换了三个书包，一个比一个大，让人感到"知识"的重量在不断增加。而在美国，孩子没有负担，这叫上学吗？一学期过去了，他把儿子叫到面前，问他美国学校给他印象最深的是什么？儿子笑着说：自由！这两个字像砖头一样拍在做父亲的心上。又过了一年，儿子放学也不直接回家，总是去图书馆借回一大堆书，问他借书做啥，儿子说做作业。父亲一看，真有些哭笑不得，这能叫作业么？计算机屏幕上的题目是《中国的昨天和今天》，这样大的题目，即使是博士生也未必敢做。于是父亲非常严厉地问是谁的主意，儿子说，老师说美国是个移民国家，让每个同学写一篇介绍自己祖先生活的国度的文章，要求概括这个国家的历史、地理、文化，分析它与美国的不同，说明自己的看法。做父亲的听了，连叹息的力气也没有，因为他不知道让一个10岁的孩子去运作连一个成年人也未必能干得了的工程，会是一种什么样的结果？只觉得一个10岁的孩子被教育得不知天高地厚，以后恐怕连吃饭的本事也没有了。没想到过了几天，儿子打印出的作业是一本20多页的小册子。从九曲黄河到象形文字，从丝绸之路到五星红旗……热热闹闹。他没有赞扬，只是发懵，一是儿子把文章分出了章与节，二是在文章后列出了参考书目。他想，这是他读研究生之后才运用的写作方式，那时他30岁。

不久，儿子的另一篇作业又下来了，这次是《我怎么看人类文化》。如果说上次的作业还有范围可循，这次的真可谓不着边际。儿子真诚地问父亲，饺子是文化吗？为了弄清楚答案，父亲只好与儿子一起查权威工具书，

3

总算完成了从抽象到具体又从具体到抽象的反反复复的折腾，儿子又是几个晚上坐在电脑前煞有介事地作文章。父亲苦笑，一个小学生，怎样去理解文化这个内涵无限的概念呢？儿子对吃最感兴趣，说不定会在饺子包子上大做文章。儿子把文章作出来了，又是10页，自己设计的封面，后面列着一本本参考书。儿子洋洋得意地对父亲说，你说什么是文化？其实特简单，就是人类创造出来让人享受的一切。后来，老师的批语是：我布置本次作业的初衷是让孩子们开阔眼界，活跃思维，而读他们作业的结果，往往使我进入了我希望孩子进入的境界。问儿子这批语的意思，儿子说，老师没有为我们骄傲，但是她为我们震惊。

这个小孩六年级快结束的时候，老师留给他们的作业是关于第二次世界大战的问题："你认为谁对这场战争负有责任？""你认为纳粹德国失败的原因是什么？""如果你是杜鲁门总统的高级顾问，你将对美国投放原子弹持什么意见？""你是否认为当时只有投放原子弹一个办法去结束战争？""你认为今天避免战争的最好办法是什么？"这位父亲说，到这时他理解了美国的教育。学校和老师在这设问之中，向孩子传输一种人道主义的价值观，引导孩子去关注人类命运，让孩子学习高屋建瓴地思考重大问题的方法。

这就是美国对学生思维的训练。美国的教育虽然没有在课堂上给孩子进行大量的知识灌输，但是，他们想方设法把孩子的眼光引向校园外那个无边无际的知识海洋，他们让孩子知道，生活的一切时间和空间都是他们学习的课堂。他们教给孩子怎样去思考问题，教给孩子面对陌生领域如何去寻找答案的方法，而不是直接推给学生，告诉学生什么是对的，什么是错的。对与错都由学生自己去认识探索，教师只是引导者。

美国著名教育家罗杰斯说："谁也不能教会谁任何东西。"老师的作用只是把你带到书本面前，书本的作用也只是把你领到一桌丰盛的宴席旁，吃得出味道吃不出味道就是你的事了，这就是你对书本的品尝，当然，另一方面是你对生活的品尝。

我们从这个例子，可以看出中国教育与美国教育之间的差异，中美教育各有优长。既然中国的应试教育给了我们很好的基础知识，而没有给我们足够的创造性思维的培养，我们就该在大学里主动地、有意地补上这一课。

中国有个先锋派诗人叫伊沙，在一所外国语大学教书。他说，给每一届新生上第一堂课，他都要说，别看你们看起来很年轻，在我眼里，你们已经是小老太太和小老头了。别说我比你们年龄大，但我很年轻，比你们年轻。

因为你们在漫长的高考努力中，创造性思维，你们个人的灵性，已经被磨损得几乎没有了。那么现在你们要做的就是，重新找寻自己生命中的慧根，发扬光大，成长为有个性有能力、受过良好教育的公民。

汉语写作在不断地发展中，近年来兴起许多新的写作样式。伴随着电子科学技术的发生与发展，依托网络的新写作不断发展，写作变得无处不在，或者说无所不能。网络文学、网络 blog、网络聊天、电子邮件、短信写作、短信小说、订机票、买东西、做生意，所有利用网络要做的事情，都离不开文字写作，呈现一种写作的网络化趋势。所以，今天的写作是一个大写作的状态，大写作的意识。

三、写作以及写作课的窍道

窍道乃窍门、机关、捷径等。提高写作能力到底有没有窍道这种东西呢？说没有，它肯定是有一些的，说有，又很难说清楚。说有，是有一些写作的基本规律；说没有，是指老师可以教给你写作知识，却无法给你写作的能力，能力只有靠自己去获得和提高。

我们看庄子是怎样教导学生的。《庄子》的《山木》篇中，第一天，庄子给他的学生讲了伐木者的故事，伐木的人总是挑拣那些成材的树，砍伐去架桥盖房。而那些歪歪扭扭不成材的树就可以颐养天年，一直活到老死。第二天，庄子给学生讲了邻居杀不能鸣叫的雁的故事。邻居养了一群大雁，其中有一只雁不会鸣叫，主人就把这只雁杀掉了。庄子给他的学生讲了这两个故事之后，他的弟子就问问题了。"弟子问于庄子曰：'昨日山中之木以不才得以终其天年，今主人之雁以不才死，先生将何处？'庄子笑曰：'周将处乎才与不才之间。'"

我们想一想，这是什么意思呢？

庄子是赞成成才呢还是不赞成？庄子本人又是如何一个人呢，是成才的还是不成才？当然是成才的，还是大才——大哲学家。

我们应该明白，庄子说的是一种哲学思想，一种唯物辩证法。我们可以把这个故事当作寓言看，从中得到多方面的启示。任何事情，皆有尺度，过极就不好。一味追求写作的技能技巧而不注重生活内容内质，就会走上形式主义的道路，自然写不出好文章；一味注重生活的积累而不注重写作能力的培养，同样写不出好文章。形式和内容应该是统一的。我们的观点是：作文

章在有法与无法之间。无法是在学会了技巧之后又抛弃了技巧的一种大境界、成熟境界。正如巴金先生所说，最大的技巧是无技巧。

四、中国文化与汉语写作

大家一定知道龙应台这个名字，龙应台是台湾人，香港大学的客座教授。她的评论在台湾掀起一阵"龙旋风"，有《龙应台评小说》、《你小姐个什么？》、《野火集》等等著作。其中《龙应台自选集》很能代表作者的风格，读的时候会非常痛快，有一种解恨的感觉，建议大家读。为什么龙应台会脱颖而出呢？这是因为她对中国传统文化的批判，并且批判得入木三分。

人类学家说，要考察一个民族的文明程度，首先要考察这个民族对待妇女的态度乃至对待婚姻爱情的态度。我们来看看，中国传统文化持有怎样的妇女观，龙应台是如何批判国人的恋爱观的？龙应台说，中国的文化要求在恋爱这个问题上，只有男追女，才会有幸福可谈，如果是女追男，那也许会以婚姻结局，但最后必定是悲剧性的。因为传统的中国人认为，这样的女子不够纯洁，他们会说，怎么能那样赤裸裸的呢？一个女孩子家，如果没有与很多人交往过，就万万不可能这样子大方，这样子直接。所以，红楼梦里的黛玉纵使心中有万千的话语，就是琼瑶说的"心有千千结"，也不能直接表达出来。想给母亲说，无奈母亲早逝，家道中落，纵使有外祖母和舅舅舅妈，哪一个又是自己的贴心人呢？所以聪慧要强的黛玉不是以泪洗面，就是言语尖酸刻薄，心里总不得顺畅。所以，中国人在女儿很小的时候就开始教育他们"要像个女儿家的样子"。女儿家是个什么样子呢？就是不要随意说笑，笑不露齿，更不能在男人面前主动，那样身份会掉价。所以，传统的中国人，决不让女儿随便接触男人，害怕受了污染，毁掉了女儿的幸福前程。《西厢记》里崔莺莺的母亲，是个典型的旧式母亲的代表人物，她甚至不让女儿在后花园里看蝴蝶双飞，怕受到诱惑。

所以，龙应台说，中国文化是这样的，你如果看上了张家的大牛，你千万不敢拿着两张电影票，去找张家大牛说，我们一起去看电影吧。这样你就完了。不仅张家大牛不敢要你，从此众人都不敢要你，因为你太胆大不识羞了。你得想办法，假如张家大牛是一个卖猪肉的，你呢，提着一篮子洗过的衣服，有意地走过张家大牛的肉店，但就是不看张家大牛一眼，你只非常随意地丢掉一块手帕在肉铺子门前，你只在走过肉店门前之后，随意地，但又

是充满深情地望他一眼，这一眼就是我们在古书里常常读到的"临去秋波那一转"。只这一眼，那张家大牛就热血沸腾了，赶紧拾起那块手帕，香喷喷的手帕啊，赶紧揣在怀里，赶紧打发媒人去说媒。正是因为我们这样一种文化教育，我们古代女孩子们的免疫能力就相当差，这在古代戏剧里看得一清二楚，常常是一个少女，从未接触男人，只要在庙里上香，或是后花园里遇上一个男人，也许是一生中的第一个男人，少女就不思饮食，为什么？害上相思病了。就像崔莺莺连蝴蝶双飞都不敢见，只见了一个张生，就发生了恋爱事件。所以，中国，包括世界各国，当初要求男女同校学习，那是何等严重的一场革命呢！今天我们男女同校，朴素健康，有些人恋爱了，有些学生可能读到博士也没有谈恋爱。这也正常，人不是其他动物，不是低级物种，人有人的特性。

龙应台就是这样一个批判中国传统文化的战士，一针尖血，毫不留情。你说这是喜欢自己的祖国呢，还是仇恨自己的祖国呢？当然是喜欢，是热爱，是赤子之心。龙应台就像一把火，点燃了台湾以及整个文化评论界，人称"龙旋风"。就是这样一个人，有一次参加一个国际会议，几个华人学者聚集到了一起，一个长者来介绍大家认识，长者说，这个是某某主任，那个是某某院长，这个是某某校长，那个是某某院士，这个是某某教授，最后轮到介绍龙应台了，长者说，这位是龙小姐。恰好，这时候会议上服务的小姐来倒茶，人称小姐。龙应台心里愤愤不平，写了一篇文章《你小姐个什么？》。龙应台还谈到中国文化里男女的不公平，有一次出版社的编辑来电话，要找龙教授，龙应台说：我就是。对方立刻没有声音了。龙应台知道东窗事发，就慢慢地说：吓着你了吧？对方说：没有想到你是个女的。停了一下，对方说：那么，我们出版社只好把你的书放到下个月出版的女子文丛中了。大概这位编辑因为发现了龙应台是女人，很是过意不去，就幽默了一句：闻到煎鱼味，你正在煎鱼？龙应台说：正在煎鱼的是我家先生。龙应台说，报纸传媒很快知道她是一个女人。这之后，情况大变，没有人再与她较量了。男人们说：男不跟女斗，鸡不跟狗斗，不可同日而语。你是一个男人，与一个穿裙子的女流之辈计较什么呢？赞成她的不敢了，你是男人，赞成一个女人，说明什么呢？是不是作风有问题。所以，反对的不了，赞成的也不了。龙应台的文章从此无人问津，门前冷落车马稀。

我们中国的传统文化里面，有许多优秀的东西，但也有不少伪善的东西，比如说谦虚，有时候过了头。刚刚改革开放的年头，美国留学生对一个

女生说：你真美。我们应该说谢谢。但是我们不这样说，我们的同学说：哪里哪里？初到中国的美国人说：中国人真是，你说她美，她立即就要你指出美在哪里，叫人非常尴尬。我们把自己叫做"小的"、"鄙人"、"奴家"（奴家今年一十八，家住山西郓城县），我们叫自己的妻子是"糟糠之妻"（糟糠之妻不下堂）、"内人"、"屋里的"，叫自己的儿子是"犬子"，那不是称自己为狗么？而称别人为令堂大人，别人的儿子是令郎。

中国文化乃汉语写作之根，如果我们不研究中国文化，不能深刻理解我们的文化渊源，我们就会把人事物态简单化，我们就不会写出具有深厚文化底蕴的文章。我们就不会中西比较，就不会有鉴别才有研究，有鉴别才有个性。我们需要继承优良，摒弃糟粕，弘扬壮大我中华民族文化。

曾有一美国学生，跟着中国的博士生导师攻读中国古典文学的学位，三年之后，在辞别晚餐上，这位学生对老师说：宝玉和黛玉为什么不去私奔？这个问题令老师目瞪口呆。老师后来叹息说，白教导了他三年。如果不了解中国文化，就等于不了解我们这个民族，不了解我们这个国家的根本，就无法继承和发展。

【例文选读】

就任北京大学校长之演说

蔡元培

五年前，严几道先生为本校校长时，余方服务教育部，开学日曾有所贡献于学校。诸君多自预科毕业而来，想必闻知。士别三日，刮目相见，况时阅数载，诸君较昔当为长足之进步矣。予今长斯校，请以三事为诸君告：

一曰抱定宗旨。诸君来此求学，必有一定宗旨，欲求宗旨之正大与否，必先知大学之性质。今人肄业专门学校，学成任事，此固势所必然。而在大学则不然，大学者，研究高深学问者也。外人每指摘本校之腐败，以求学于此者，皆有做官发财思想，故毕业预科者，多入法科，入文科者甚少，入理科者尤少，盖以法科为干禄之终南捷径也。因做官心热，对于教员，则不问其学问之浅深，惟问其官阶之大小。官阶大者，特别欢迎，盖为将来毕业有人提携也。现在我国精于政法者，多入政界，专任教授者甚少，故聘请教员，不得不聘请兼职之人，亦属不得已之举。究之外人指摘之当否，姑不具论，然弭谤莫如自修，人讥我腐败，问心无愧，于我何惧？果欲达其做官发财之目的，则北京不少专门学校，入法科者尽可肄业于法律学堂，入商科者亦可投考商业学校，又何必来此大学？所以诸君须抱定宗旨，为求学而来，入法科者，非为做官；入商科者，非为致富。宗旨既定，自趋正轨，诸君肄业于此，或三年，或四年，时间不为不多，苟能爱惜分阴，孜孜求学，则求造诣，容有底止。若徒志在做官发财，宗旨既乖，趋向自异。平时则放荡冶游，考试则熟读讲义，不问学问之有无，惟争分数之多寡；试验既终，书籍束之高阁，毫不过问，敷衍三、四年，潦草塞责，文凭到手，即可借此活动于社会，岂非与求学初衷大相背驰乎？光阴虚度，学问毫无，是自误也。且辛亥之役，吾人之所以革命，因清廷官吏之腐败。即在今日，吾人对于当轴多不满意，亦以其道德沦丧。今诸君苟不于此时植其基，勤其学，则将来万一因生计所迫，出而仕事，但任讲席，则必贻误学生；置身政界，则必贻误国家。是误人也。误己误人，又岂本心所愿乎？故宗旨不可以不正大。此余所希望于诸君者一也。

二曰砥砺德行。方今风俗日偷，道德沦丧，北京社会，尤为恶劣，败德毁行之事，触目皆是，非根基深固，鲜不为流俗所染。诸君肄业大学，当能束身自爱。然国家之兴替，视风俗之厚薄。流俗如此，前途何堪设想。故必有卓绝之士，以身作则，力矫颓俗，诸君为大学学生，地位甚高，肩此重任，责无旁贷，故诸君不惟思所以感己，更必有以励人。苟德之不修，学之不讲，同乎流俗，合乎污世，已且为人轻侮，更何足以感人。然诸君终日伏首案前，芸芸攻苦，毫无娱乐之事，必感身体上之苦痛。为诸君计，莫如以正当之娱乐，易不正当之娱乐，庶几道德无亏，而于身体有益。诸君入分科时，曾填写愿书，遵守本校规则，苟中道而违之，岂非与原始之意相反乎？故品行不可以不谨严。此余所希望于诸君者二也。

三曰敬爱师友。教员之教授，职员之任务，皆以图诸君求学便利，诸君能无动于衷乎？自应以诚相待，敬礼有加。至于同学共处一室，尤应互相亲爱，庶可收切磋之效。不惟开诚布公，更宜道义相勖，盖同处此校，毁誉共之。同学中苟道德有亏，行有不正，为社会所訾詈，已虽规行矩步，亦莫能辨，此所以必互相劝勉也。余在德国，每至店肆购买物品，店主殷勤款待，付价接物，互相称谢，此虽小节，然亦交际所必需，常人如此，况堂堂大学生乎？对于师友之敬爱，此余所希望于诸君者三也。

余到校视事仅数日，校事多未详悉，兹所计划者二事：一曰改良讲义。

诸君既研究高深学问,自与中学、高等不同,不惟恃教员讲授,尤赖一己潜修。以后所印讲义,只列纲要,细微末节,以及精旨奥义,或讲师口授,或自行参考,以期学有心得,能裨实用。二曰添购书籍。本校图书馆书籍虽多,新出者甚少,苟不广为购办,必不足供学生之参考。刻拟筹集款项,多购新书,将来典籍满架,自可旁稽博采,无虞缺乏矣。今日所与诸君陈说者只此,以后会晤日长,随时再为商榷可也。

大学教育的理念

如果大学是一艘船
问题1:为什么要造这艘船
理念(idea)
问题2:这艘船要给乘客带来什么
使命,宗旨(mission)
愿景(vision)
问题3:这艘船能够发挥什么作用
功能(functions)
问题4:这艘船要驶往何处
目标(goals)
目的(purposes)
问题5:这艘船要到哪些地方
标的(objectives)
问题6:要如何行驶才能安全到达
策略(strategies)
政策(policies)
问题7:如何达到有效的安全行驶
计划(plans)
行动方案(actions)

【思考练习】

1. 文章原本指什么现在又指的是什么?写作是什么?为何说写作是创造性的精神劳动?

2. 谈谈你所在的高等学校的建筑特色与文化风格。
3. 中国文化与汉语写作有着怎样的关系?
4. 你怎样理解大学教育?
5. 近年来兴起的写作形式有哪些?请举例说明。
6. 写二则幽默短信息。

【作文题目】

1. 入学报到那天
2. 我们的寝室

第一章　积累材料的能力

第一章　积累材料的能力

巧媳妇难为无米之炊。这是民间重视材料的一句形象比喻。

观千剑而识器。这句话指了解兵器，也可以用来比喻读书。由兵器而到人，由识器到成器，成器就是有出息，不成器就是没有出息。

腹有诗书气自华。诗薰书染，诗书垫底，你就可以自然欣然朴实无华，从容坦然地做人，处乱不惊。

写作的材料从哪里来？腹中的诗书从哪里来？识器、成器、大器从哪里来？

从生活中来，从书本中来。正所谓读万卷书，行万里路，生活是写作材料的源泉，也是一切事物的源泉。写任何文章，写得好不好，妥当不妥当，当然决定于构思、动笔、修改等一连串的功夫。但是我们知道那一连串的功夫之前的功夫，起的决定作用更大。那功夫都是平时做的，并不是为写东西作准备，一到写东西却成了很重要的基础。基础结实，构思、动笔、修改等总不至于太差；基础薄弱，构思、动笔、修改就没有着落。这基础就是材料，平时的积累，这是顶顶重要的。平时的积累怎样，加上写作时候的努力，决定写成的东西怎样。

无论写什么文章，立场观点总得正确，总得有个性有感情。要不然，写下来的决不会是有意义的东西。正确的立场观点是从现实当中得来的，平时没有去想去琢磨一些社会现象，哪里会有一些思想的新观点呢。这不是写东西那时候的事，而是整个生活的事，是平时的事，平时有所思有所感有所悟，写的时候就有写的东西。写出来的东西没紧贴社会生活，也就没有价值。当然，我们对人生社会有所感有所悟并不只是为写东西，我们做一个大学生，做一个青年，一个公民，本来就该这样，在生活中体味生活，在生活中学习生活。那么，这平时的体味思考，写东西时也就派上了用场。写东西靠的是平时的积累，不但人文社会学家是这样，自然科学家也是如此。

鲁迅先生对积累材料说的是：第一须观察，第二须感受，第三须勤读，第四须勤写。

一、观　察

　　第一须观察。必须观察。观察是认识客观事物的重要方法。许多感性的第一手材料，作者都可以通过仔细周密的观察而直接获取。可以说，观察是写作的第一基本功。法国诗人阿拉贡诗云："什么事物最妙？善良的人，睁大眼瞧瞧。"这"睁大眼瞧瞧"，就是留心各种事物，留心各样的人。《暴风骤雨》是反映我国合作化运动最得力的小说，它的作者周立波说："描写对象的一切，我都注意的。比如，要是正在描绘一位姑娘，我就特别留意一些姑娘的生活、举动和语言，连她们的头发梳法和上衣的花色，也都留神。早先，我曾住在一位中农的家里，有一天碰到两妯娌干仗，两头都尖嘴利舌，针尖对麦芒，吵一下午，给我印象非常深，后来，我在描绘妯娌吵架时，很不费力。在土改期间，我留心了各种马匹和农民对于各种马匹的议论，往后描写这类事情时，我感到左右逢源，笔下有着用不完的印象、趣语和行动。"《暴风骤雨》真实地反映了我国的合作化运动，有人说这部小说比历史记载更真实。这真实来自作者与农民生活在一起的日日夜夜，农民的一举一动，一喜一悲，大至分田分马，小至妯娌指桑骂槐，无不看在眼里，记在心里。

　　观察就是"求救于生活"，每个人都要求救于生活。社会生活是写作的源泉，也是任何一种科学存在与发展的源泉。如果不求救于生活，如果切断生活大海与写作的细流之间的联系，那么，写作就成为无源之水，无本之木。我们常说，写诗功夫在诗外，也是这个道理。虽然是老生常谈，却是颠扑不破的真理。

　　文章是"看"出来的，最初都是由"看"，也就是观察开始的，作家首先是一个观察者，而观察的第一特质就是有一双好眼睛。写作最终是否成功，关键就在于作者有没有一双好眼睛，有没有"看"，会不会"看"，"看"到些什么。"务必把自己锻炼成为一个目光敏锐、永不罢休的观察者"（契可夫）。曾有记者问海明威："当你不在写作的时候，你仍然经常地是一个观察者，在寻找着可能有用的东西，是吗？"海明威答道："诚然。如果一个作家停止观察，那他就完了。"

（一）观察要全面

观察事物，首先要"全"，就是全面。对事物的观察，最忌讳一知半解，挂一漏十，老舍先生就说：观察事物，必须从头至尾，寻根追底，把他全看看，找到他的"底"，不知全貌，不会概括。既然作者的观察是形象的录入和储存，那么其观察着眼点便总是停落在事物的差异和特征上。作为直接认识事物的手段，观察其实就是对于差异的辨别、对于特征的发现。世界和人生，是以差异与特征呈现于人们眼前的。万事万物，千姿百态，各具特征因而互有差异，互有差异从而各显特征。但这是一般人不大看得出的，作者的观察则必须更灵敏而精细。一般人看不到或所忽略的，恰恰是作者感兴趣和需要的，那就是细节——各种事物之间极其细小却非常重要的差异与特征。这便是作者的观察力——善于看出一般人乃至同行们还没有看到或已经忽略掉的细末之处。

福楼拜教导他的弟子莫泊桑："对你所要表现的对象，必须长时间地全神贯注地观察，以便摄取别人没有发现和没有写过的特点。任何事物都存在着未被人发掘的特点，因为一般人用眼睛观看时，只习惯于回忆前人对这事物的想法。而在最细微的事物里，也会有一点点没有被认识过的东西，我们应该去发觉它。"师徒两人街头散步，迎面过来一辆牛车。福楼拜要莫泊桑以此为题写出几个内容不同的作品，提示说："拉车的牛，早上和晚上神态不一样；赶车的人，喝醉了酒和没有吃饱饭对牛的神态也不一样……细致观察这些情况，就能写出多篇文章。"

宋朝有个画家叫文与可，他特别喜欢画竹子。他画竹子从不打稿，可是却画得十分逼真、生动。宋朝大文学家苏东坡曾经叙述过文与可画竹子的故事：

盛夏的中午，骄阳似火，人们都在摇扇纳凉，可是文与可却站在朝阳山上，全神贯注地看着眼前的竹子。他观察得非常细，时而摇摇直插云霄的楠竹，时而又摸摸低矮的水竹，或者拂一拂顶上枯干的竹子。他的脸被晒得通红，浑身是汗，但却全然不觉。不知什么时候，乌云遮天，狂风大作，文与可又跑上了山巅，继续观察被狂风吹乱了的竹林。大雨滂沱，山高路滑，他又细致体味风雨中的竹子……就这样，不管是严冬酷暑，不管风雨冰霜，年复一年，文与可观察了不同环境下竹子的千姿百态，并且熟记于心，所以，他画竹子，挥洒自如，堪称佳作。同时代的诗人晁补之写诗赞扬他："与可画竹时，胸中有成竹。"

后来，"胸有成竹"就作为成语，比喻人们在做事之前，已经心中有数。

全面观察就是要对事物的全貌，事物发展的全过程，事物构成的各部分，以及这一事物与其他事物之间的关系，观察清楚。观察事物时，必须从头到尾，寻根究底，把它看全。不了解事物的全貌，就不可能进行概括。

事物发展总有个过程，如果我们只观察到一个阶段，就匆匆作出结论，这结论必然是片面的。事物也是千姿百态，千变万化的，不对它进行全面了解，看到一点写一点，也会得出错误的结论。

（二）观察要精细

细，就是精细、仔细。观察事物，不宜粗枝大叶，跑马观花。也就是对事物作逼近的仔细的观察，目的是精确把握事物的细部和发现别人没有发现的东西。

印度的克里希穆那提的文章让我们用心去看事物，而不仅仅只用眼睛。他说你是否曾经这样看过一朵花：

你看花，你和花有什么关系？是你看花还是你认为自己在看花？

这不一样，你懂吗？

你是真的在看花，还是你认为自己应该看花，还是带着你对花存有的形象，认为那是一朵"玫瑰"——这样地看花？

"玫瑰"这两个文字是形象。文字是知识，所以你是用文字、用记号、用知识在看花。所以，你实际上并没有在看花，要不也许你看着它，但是心里却在想别的事情？但是，如果你看花的时候不带文字，不带形象，专心一致地看，那么你和花的关系怎样？

你们有没有这样做过？

你们是不是曾经在看花的时候，心里面不说"这是玫瑰"？你是不是曾经完整地看花，不想文字、不想记号、不想名称，只是专注地看？

你要是做不到这一点，你和花就不会有什么关系。要和别人、和石头、和树叶建立关系，你必须完全专注地观看。这样，你和自己观看的事物就会有崭新的关系。这样就完全没有观看者，有的只是全部这一回事。如果你是这样观看的，你就没有意见、没有判断。花就是花。你们懂吗？你愿意这样看花吗？各位，要做，不要说。要做。

第一章　积累材料的能力

我们看花的时候难道不是这样吗？我们看到的是我们脑子里的花而不是真正的花，看一眼我们就心烦气躁地将眼睛移到别处，对自己说我看过了，那不过就是一朵玫瑰。但是，你显然没有发现她是一朵独特的玫瑰，和你在脑子里储存的那朵玫瑰一点都不一样。我们活就是这样活在一个雷同的世界里，从未有过惊喜。

法国作家圣·德克旭贝里的那本叫《小王子》的书里的那个小王子是发现了这个智慧的，他看出他的那个星球上的那朵他照顾过的玫瑰是和所有别的玫瑰都不一样的。凡是你付出过努力、情感、关注，凡是你用心去看过的都会是不一样的。随着年龄的增长，我们的头脑被经验、符号、文字所占领，我们看玫瑰时真的在看，我们是用自己经验里的那个叫玫瑰的词覆盖在真正的玫瑰上。

所以，虽然我们都拥有明亮的眼睛，但我们中的大多数却都是瞎的。

当然，一个人的精力有限，不可能什么东西都去仔细观察。根据写作的不同需要，观察生活也可以在广博的基础上有所侧重。搞文学创作的，应多观察各种类型的人物及他们的性格；写新闻的，要密切注意生活中刚刚发生的有意义的事件；写政论和杂文的，要多关注生活中亟待解决的各种问题等。

宋朝大文学家欧阳修，曾得一幅不知名的古画。画面上绘有一丛牡丹花，花瓣红白交杂，布局非常得体；花下有一只猫，正懒洋洋地躺在那儿。这幅画画得栩栩如生，但就是不知其中的含义。

有一天，欧阳修的朋友吴育来访。吴育揣摩了这幅画后说："这是正午的牡丹花啊！"欧阳修当即表示十分惊诧，问："你怎么知道的？"吴育指着画说："你看，牡丹的花瓣都披散开了；花的颜色也显得干燥，不艳丽，这正是烈日当空直射的结果啊！如果是清晨的牡丹，花瓣该是带着露珠，收敛在一起，就会显得更加娇艳。"又说："花下的懒猫，黑眼珠好像一条线，这也是正午的猫眼啊！猫的眼睛只有在晚间或清晨才是圆圆的。"欧阳修听了他的分析，感到合情合理，十分佩服。

这幅古画所以含蕴如此丰富，关键在于画家观察得细致；这幅画所以得到行家的赞赏，关键仍在于观赏时的仔细、精细。

再如，法国印象派画家莫奈，在一幅有伦敦教堂作为背景的画布上，把雾画成了紫红的颜色，因此引起英国人的争论，他们认为雾应该是灰色的，紫红色与实际不符。后来，伦敦有些人在大街上仔细观察雾的颜色，发现莫奈是正确的。原来，伦敦雾的紫红色，是因为烟太多和砖房建筑所造成的。从此伦敦人的看法改变了，不再把伦敦的雾看成灰色了。

这些有趣的事例说明，作家、艺术家深入细致的观察，是成功地进行创作的先决条件。

我们平日观察最多的是人。对人的肖像的观察，既要注意"形"，又要注意"神"。观察人的动作，不仅要注意观察大动作，也要注意细小的动作。细小的动作往往与人物的个性有关。艾芜说："比如听见对方厉害的话，暴躁的人就会按捺不住，脸红筋胀地发言反对；有涵养的人便会镇静异常，从容不迫地加以辩驳；爱生气而不喜欢讲话的人定会一言不发，脸变青了，紧紧咬着嘴唇；世故很深的人就装着满不在乎的样子，只微微地冷笑一下；胆小的人就脸色灰白，禁不住冒出冷汗；老实的人便局促不安，手足都不晓得放在哪里的好。"由此可见，观察得细，才能写得细。

（三）观察要抓住特点

抓住特点，就是要捕捉这一事物与另一事物的不同之处。法国作家莫泊桑说："对你所要表达的东西，要长时间很注意地观察它，以便发现别人没有发现过的和没有写过的特点。任何事物里，都有未被发现的东西……最细微的事物里也会有一星半点未被认识过的特点。我们要挖掘它。"例如，观察雨，就要去发现春雨、夏雨、秋雨的不同特点。我们看苏轼是这样写夏天的急风骤雨的：

黑云翻墨未遮山，白雨跳珠乱入船。
卷地风来忽吹散，望湖楼下水如天。

这首诗准确地写出了夏天西湖阵雨的特点：刹那之间黑云密布，急风骤雨意外地袭来，雨滴在船中乱跳，忽而风吹云散，湖面又平静得象天空一样，好像什么事情也没有发生。这些生动的描述，证明诗人在观察中，抓住了夏天湖中阵雨的特点，写出了别人没有写出的东西。再例如古代诗人写春风和春雨，"随风潜入夜，润物细无声"（杜甫《春夜喜雨》）、"细雨茸茸湿楝花，南风阵阵热枇杷"（杨基《开平山中》）。细茸茸的、静悄悄的雨滋润着花草树木，而且多是夜雨，这正是春雨不同于夏雨的特点，诗人在观察中捕捉到这些特点，就把春雨写绝了。

第一章 积累材料的能力

（四）观察能力在于培养

观察能力并非先天都有的。人类脱离动物界，便具备了感知能力，这就有了观察事物的生理基础。目辨五色，耳辨五音，口辨五味，从生理上，人发展成为健全的人。观察能力是一种能迅速看出事物特点的能力，是一种能发现一般人不容易发现的较隐蔽特点的能力。观察能力是可以通过长期的观察训练培养的。

对于自然科学方面也是这样的。有一次，达尔文看到花粉的皮部破裂，露出了花粉管，以为是个了不起的新发现，就急忙去告诉汉斯罗教授。本来，花粉管出自花粉，这是植物学上最普通的常识，作为学生，达尔文没有这方面的知识，但汉斯罗听后并没有指责、训斥，却觉得达尔文如此注意观察植物，勤奋好学，这是一般学生所不具备的优点。于是在汉斯罗的引导下，达尔文对生物学发生了浓厚的兴趣，并努力观察以探索其中的奥秘，从此进入了研究生物学的大门，奠定了他一生所走的道路。

二、感　受

第二须感受。作者要有丰富的生活积累，不仅仅指的是对生活的观察，还要在观察的基础上，认真地感受生活。也就是说，必须认识生活，把握生活，对复杂社会提出千奇百怪的问题，进行不断地思考与探索、理解与发现、贮存与积淀，从宏观和微观多种角度进行全景式的感受生活。只满足于观察是一种表面搜集材料，是仅仅对事物外在的一种把握，认真地感受感悟，才是对事物内在的把握。

（一）无意感受

言为心声，书为心画，写任何文章，都是有感而发。沉淀于感情记忆中的感受，通过一系列中介作用后，充溢胸中，任凭作者心智的调遣。

托尔斯泰说过："艺术起源于一个人为了要把自己体验过的感情传达给别人，于是在自己心里重新唤起这种感情，并用某种外在的标志表达出来。"

无意感受是指主体随意的，既没有自觉的目的，也没有意识到本身的努力而获得的一种意外的感受。

我国古代伟大的爱国诗人屈原，由于亲身感受了楚怀王的昏庸无能和腐朽贵族集团的统治所带来的"兵拙地削，身辱国危"的生活，由于亲身感受到了多次被排挤、陷害、放逐的痛苦和耻辱，才形成他强烈地追求理想和嫉恶如仇的精神以及眷恋祖国、热爱人民的感情，才会作出《离骚》等浪漫主义杰作。

汉代的司马迁，如果没有遨游大江南北的生活感受，没有因救李陵获罪而受腐刑的遭遇，是不可能写出《史记》这千古传诵的史记文学名著的。

杜甫的诗歌，被后人誉为"史诗"，杜甫之所以能取得这样的成就，是因为他经历了这一时代广阔的生活。二十岁时，他结束了书斋生活，开始了南到吴越，北到齐赵的长达十多年的"壮游"。三四十岁时，他在长安困守十年，目睹了奸臣当道，贫富悬殊的现实；三十五岁到三十八岁时，正逢三年安史之乱，在陕北他和人民一起逃难，在沦陷的长安又经受了胡人的凌辱生活；后来只身出长安，在新安道、芜村，又看到了人民被屠杀抢掠的惨景，自己也真正感受到了国破家亡命运的折磨，才使他有可能写出《三吏》、《三别》等深沉地表达人民意愿，申诉统治者罪恶行径的诗篇。

上面是古代的事例，现在的例子也比比皆是。高晓声的创作很能说明这个问题。一九五七年，高晓声被错划为右派，打入了生活的最底层。在二十多年的艰难生涯里，他是"死了创作这条心的"。他完全不是作为一个作家去体验农民的生活，而是自己早已是生活着的农民了。农村生活的甜酸苦辣已完全融入他的生命之中，他本身既是感受的主体，又是感受的客体，主客融为一体了。正如他自己所说："二十多年来，我从未有意地去体验他们的生活，倒是无意识地使他们的生活变成了我的生活。"当他重返文坛提笔创作时，许多字都忘记怎么写了，得随时查字典，但感情记忆却异常鲜明活跃，用他自己的话来说是"半生生活活生生，动笔未免也动情，每日含泪而作，嘻笑怒骂，激动不已"。他接连写出了震动文坛的《李顺大造屋》、《陈奂生上城》等力作。

（二）有意感受

作者怀着对生活的虔诚，将身心扑入生活之中，去感受他人他事他物，我们称之为"有意感受"。有意感受是主体自觉的、有预定目的的感受。它受主体意识和动机控制，是主体对客体刺激的集中注意。《蹉跎岁月》的作者叶辛在小说后记中这样说道："从69年去插队落户，到79年10月领上第

一份工资,可以说,我去过的是一条漫长的生活道路。就在这么一条生活道路上,我思索着、劳动着、追求着、体验着,试着把我所感受到的、经历过的、想到的一切写下来。"事实确是如此。他从上海到贵州山区插队那年就开始了有意感受。一九七七年发表处女作之前,他曾写了一百多万字的习作。他的《蹉跎岁月》等小说,可以说是他插队生活的有意感受和沉淀感情记忆的成果。

(三) 感受能力在于培养

马克思说:"人在对象世界中得到肯定,不仅凭思维,而且要凭一切感受。"巴尔扎克提出:应该具有蜗牛般眼观四方的目力,狗一般的嗅觉,田鼠一样的耳朵。培养感受能力,就要从培养感觉力和知觉力开始。

人的感觉主要是先天的遗传,这种遗传是人类几十亿年进化的结晶,是实践的产物。人类胎儿从受孕后两个月左右就能用身体运动对触觉的刺激作出反应;出生三分钟就能朝着声音刺激的方向转动眼睛。人类感受的完善是后天培养的结果。人的知觉的发生和发展,以及感觉和知觉的丰富和发达,则完全是在后天实践中培养起来的。曾有画家为南山区一傣族老农画侧面肖像,老人见画后很生气,说,"我怎么是只有一个耳朵呢?"画家向他解释,说人从侧面看去,只能看见一个耳朵,并示以毛主席侧面肖像为证,老人才恍然大悟地笑了。这说明,人的形象在他的知觉表象中还只有最初和最易于记忆的简略的特征,他的心理图式上还缺少关于空间关系复杂变化的这一环节,至少他的空间知觉是不健全的。这个例子从反面证明了实践对人的感知觉的发展和发达的重要性。

事实证明,文学家和科学家一样需要培养感受能力。

同是对于大海的观察和感受,1921年,印度物理学家拉曼乘船途径地中海,为美丽的大海陶醉了,他说:"那时,我对自然界的景象产生了一种奇异的感觉。我被深蓝色的海洋迷住了。"他透过观察到的自然现象,认定那种深蓝色的海水,是由某种光散射引起的,他由此发现了以他的姓氏命名的"拉曼效应"。而普希金面对蓝色的大海,吟诵的是"别了,自由的元素!/这是最后一次在我面前,你翻滚蓝色的波涛/和闪耀骄傲美丽的容颜"。这是普希金《致大海》里的诗句。

三、勤　　读

（一）为何读书

1. 读书是拥抱理想的一条捷径

人，需要一点点理想。一个没有理想的人，没有愿望没有想法的人，终究不能算作真正意义上的人。林语堂先生说："人生不能无梦，世界上做大事业的人，都是由梦得来，无梦则无望，无望则无成，生活也就没有兴趣。"这里的"梦"，即是"理想"。拥抱理想，读书是一条捷径。读书，能让人长见识、明是非、坚心志。以书为友，与书为伴，会使你心无旁骛，沉醉于书香之中。

2. 读书是一种仪式

读书具有仪式的作用。仪式的力量有时甚至超过仪式的内容。时至今日，大工业轰轰隆隆，商业化铺天盖地，自由主义无节制张扬，现代情绪漫延滋长，人虽日益感到孤独，却又在众人吵嚷中心神不定，陷入了更大的浮躁。如此情状，人深感不安，从心底深处渴求宁静的绿荫。此时，人的出路也大概只在读书了。一卷在手，心无旁骛。

3. 读书养性

人之初，性本浮躁。落草而长，渐入世俗，于滚滚不息、尘土飞扬的人流中，人几乎很难驻足稍作休息，更难脱洪流而出，静处一隅，凝思独想。只有书可助你一臂之力，挽你出狂浪浊流。且不说书的内容会教你如何静心，就读书这一形式本身，就能使你在喧哗与骚动之中步入静态。

4. 读书是人生经验的壮大

天下事多不计其数，人不可件件躬身力行。人这一辈子，实际上只能在很小的范围内经验生活，经验人生，个人的经验实在是九牛一毛、沧海一粟。由于如此，人认知世界，十有八九是盲人摸象，永无全象，因而实际上也就无象。书呈现了不同时空里的不同经验。你只需坐在家中，或案前，或榻上，或瓜棚豆架之下，便可走出你可怜的生活圈域，而走入一个无边的世界。

5. 读书是读给自己的

阅读是两颗心灵的碰撞和融通。我们在阅读文章的时候，实际上就是在

第一章 积累材料的能力

与文章的作者进行心灵的沟通。有的产生冲撞，有的发生共鸣，有的融为一体。因为文章的深层总是潜藏着一颗涌动的心灵，作者也是在用自己的心和生命体验着作品的思想内涵。有许多作家论述过这个问题。如金克木的《与书对话》一文中，就有作者与《礼记》的潜在对话：

  书 夫礼者，所以定亲疏，决嫌疑，别同异，定是非也。
  人 我明白了。这句话的第一点是民法，第二点是刑法，第三点包括国籍法、移民法，第四点连所谓"法哲学"都有了。思想很现代化呀。
  书 爱而知其恶。憎而知其善。
  人 了不起！这不是兵法的"知己知彼"，避免片面性吗？情人、夫妻之间若遵这条礼，大概离婚率可以降低了吧？
  书 鹦鹉能言，不离飞鸟。猩猩能言，不离禽兽。
  人 这里大有文章。"言"不能决定本身性质归属。只会说好听的话不能算数。
  书 礼尚往来。往而不来非礼也。来而不往亦非礼也。
  人 这是国际准则也是人际习惯吧？

书是好朋友。与书对话，其乐无穷。连干燥的古书《礼记》都能活跃起来，现代化。不会读，书如干草。会读，书如甘草，现代化说法是如同口香糖，越嚼越有滋味。

罗兰在《读书是谈心》中也写道：

  我喜欢书，只因我喜欢享受与作者灵犀相通，莫逆于心的那点乐趣。是完全始于感情，终于感情的。因此，书，对我来说，是朋友，而不是严师。读书，对我来说，是谈心，而不是受教。

说到这里，似乎我的喜欢读书而不用功，已经有了适当的解释。抛开那些被迫为应付考试而"读"过的书之外，我略一回顾，就已发现，在我这几十年生命旅程之中，伴随着我的，都是一些面目温和态度可亲的书籍。她们都是我的朋友，曾经为我解闷、解惑，曾经和我融洽地做着心灵上的款谈，曾经逗出我的泪与笑，曾经激发我的爱与恨。也使我在无形之中，对人生苦乐，多有了一番会心。

读书要带着自己的心，设身处地感受书中所说的，否则，你依然不明事理，你的心灵依旧空无。那些学位很高读书很多，最后做出怪事的人，他们

读到什么了呢？我们读书是给自己的，要读出自己的感受，并不只为学历学位，根本是为做人。保持读书时不断被激起的冲动、想像、思考和希冀，它们慢慢地、渐渐地便会在你的精神和人格上留下越来越深、难以磨灭的印记。这就是熏陶。

6. 男人的书与女人的书

对女人来说，书籍是最好的美容品。对男人也一样，腹有诗书气自华。容貌是天生的，风度气质由不得自己。只有书籍，能把辽阔的空间和漫长的时间浇灌给你，能把一切高贵生命早已飘散的信号传递给你，能把无数的智慧和美好对比着愚昧和丑陋一起呈现给你。书能够给人提供多种选择：生命的选择，思想的选择，生活的选择。书里有各种各样的人生，使我们生活在自己选择的时代里。在自己的生命之外，还可以再补充别的自己所需要的人生，可以拥有多种人生经历。

7. 关键是选择和精读

我们身在大学，专门来读书。尽管各种书籍铺天盖地席卷而来，各种教材也是不小的开支，尽管图书馆就在身边，但是我们却仍然没有感到底蕴上相应的提升。过多的选择让我们无法选择，紧促的时间让我们不能选择，粗制滥造的拼凑让我们不屑选择。所以，选择什么书与怎样读书至为关键：选择生长血肉的典籍、选择与专业有关的典籍、选择自己喜欢的典籍。只有喜欢，才能直入、达心。而真正的阅读是精读，然后才是泛读与浏览。

（二）读何种书

先人有格言："开卷有益"，这意思不错，可当今社会不能实用。现今书籍众多，难以选择，一定要读"好的"读"上上手"的。大学生读书，最好结合自己专业，读专业经典，读自己感兴趣的专业经典，这是最好的。其次也要读喜欢的心理学哲学著作，也要读精选的传记和小说。只有喜欢，读的时候才能长驱直入，直达我心。

（三）怎样读书

"凡读书……须要读得字字响亮，不可误一字，不可少一字，不可多一字，不可倒一字，不可牵强暗记，只是要多诵读数遍，自然上口，久远不忘。"古人云："书读百遍，其义自见。"谓读得熟，则不待解说，自晓其意也。

第一章 积累材料的能力

余常谓，读书有三到，谓心到、眼到、口到。心不在此，则眼不看仔细，心眼既不专一，却只漫浪诵读，决不能记，记亦不能久也。三到之中，心到最急。心既到矣，眼口岂不到乎？

（宋 朱熹《训学斋规》）

读书之法，既先知得他外面一个皮壳了，又须识得他里面骨髓，方好。如公看诗，只是识得个模象如此，他里面好处全不见得，自家此心都不曾与他相粘，所以耗燥无汁浆。如人开沟而无水，如此读书何益？未论读古人书，且如一近世名公诗，须也知得他好处在那里。如何知得他好处？亦须吟哦讽咏而后得之。

（宋 朱熹《朱子语类辑略》）

多句之中必有一句为主，多字之中必有一字为主。炼字句者，尤须致意于此。

（清 刘熙载《艺概·精义概》）

1. 有计划地读

要根据需要，制定长期的读书计划。比如，在你们的四年大学生活中，你将主要读哲学，那么，是先读古代哲学呢还是先读现代西方哲学史有关的书籍呢？反正要有个长期的读书计划。这个计划可以跟随和参考课程开设情况。

2. 有重点地读

一种专业，有你非常喜欢的课程，也有你不大喜欢的课程。方法是围绕喜欢的课程读深读透。一部书，也许最精华的有那么三章五节，那么你就重点读那三章和那五节。读经典，读经典里的专章专节，读深读透，方能深悟，方能消化。有朝一日，那书的一丝神韵，那篇章的一缕风格气度，也许会飘逸在你的笔下。那是被你深深吸收消化之后，凸现着你的个性品位出现在笔下的。

比如一个文学作者，在泛览的基础上，可选择与自己经历类似、艺术风格接近、适宜自己学习的一个或几个作家，精读他们的作品。如果你写不好对话，就可选择对话写得精彩的作品来读，看看人家是怎样写的，看看人家不仅使读者能听见人物的对话，而且通过对话能想见说话人的音容姿势。根据学习写作的需要，精读一些作品，可以有效地提高写作水平。

3. 联系实际读书

在大学的四年学习生活中，最好是围绕所开的课程去读书。根据自己水平的高低去读书，由浅入深。千万不能整日泡在网络的八卦新闻堆里，追踪明星的逸闻趣事，更不能泡在BBS和网络博客群中消磨时光。读书最好联系自己正在学习的课程，最好是边读边想，边想边读，定能从中受到启发，获得效益。

（四）读书能力的培养

精读是按顺序一字不漏地对阅读材料的仔细认读。不仅要"学求其训，句索其旨"，透彻理解所读内容，而且要在阅读时加强联想、分析、评价等思维活动，能够体会其情景，判断其真伪优劣。不仅要一字不漏地读，并且要将标点符号读进去，从而读出字里行间的语意来。

古人写文章不加句读，不分段落。假如所写的文章有一万个字，就老老实实把一万个字写在一起，看去黑漆一团。加句读，分段落，都是读者的工作。因此，古书有许多很不容易读，并且因不同读者的见解，一个句子可以有好几种读法，结果意义大不相同。后来的文章是加句读，分段落的，这句读和分段落是文章内容表达的一个部分。不同的句读和段落，意义是不相同的，这点上古文是这样，今文亦然。例如：

月明星稀，乌鹊南飞。

普通皆作这种句读法，如依照文法上理论上说来，应该作"月明，星稀，乌鹊南飞"才对。因为句子中包着"月明"、"星稀"、"乌鹊南飞"三部分之故。从来的断作四个字一节，实因它是四言诗的一部分而已。又如苏东坡《念奴娇·赤壁怀古》词句：

乱石穿空，惊涛拍岸；卷起千堆雪。

向来都把"乱石穿空，惊涛拍岸"两节作为对偶，把"卷起千堆雪"作为结句。如果依文法和论理来说，"乱石穿空"与"卷起千堆雪"没大关系，和"卷起千堆雪"有关系的只是"惊涛拍岸"四字，句读应该如下：乱石穿空；惊涛拍岸，卷起千堆雪。可是因为它是词的一部分，有一定的句式，所以即使句读法和文法论理稍有不合，大家也就不以为怪了。

四、勤写——阅读与写作的交融

学人只喜欢多读文章，不喜欢多写文章；不知多读乃籍人之功夫，多做乃切实求己之功夫，其益相去远也。人之不乐多做者，大抵因艰难费力之故；不知艰难费力者，由于手笔不熟也。若荒疏之后作文艰难，每日即一篇半篇亦无不可；渐演至熟，自然易矣。又不可因不佳而懈其心，懒于做也。文章不能一做便佳，须频改之方入妙耳，此意学人必不可不知也。

（清　唐彪《读书做文谱》）

悲吟累日，仅能成篇，初读时未见可羞处，故置之；明日取读，瑕疵百出，辄复悲吟累日，反复改正，比之前时，稍稍有加焉；复数日取读之，疵病复出，凡如此数日，方敢示人，然终不能奇。

（宋　魏庆之《诗人玉屑·锻炼》）

积累材料，很多时候只凭脑子记是不行的，要养成手勤于记的好习惯。俗话说"好记性不如烂笔头"，"眼过千遍不如手过一遍"。应该有"材料手册""写作笔记""思想观点""新鲜事物"等本子随时记随时写。在观察、感受、阅读过程中，把新鲜的、有价值的东西记录下来，就不会忘掉了。茅盾说："应当时时刻刻身边也有一支铅笔和一本草稿；无论到哪里，你要竖起耳朵，睁开眼睛，像哨兵似的警觉，把你所见所闻随时记下来。"

（一）随手涂抹

1. 天天写，不间断

俗话说，拳不离手，曲不离口。意思是，练武功，练唱，必须天天来，不能三天打鱼，两天晒网。这方面的经验，舞蹈、杂技等演员以及运动员等体会得最深，就是除了病倒之外，每天必须练功。写作也这样，本领都是这样练出来的。譬如鲁迅先生，从小喜欢抄抄写写，到后来就成为癖好，好像一天不写点什么就如有所失。这样经常写，笔下表情达意的功夫越来越高，以至（如写杂感）有点什么意思，提笔伸纸，能够一气呵成，文不加点。自然，我们不能要求人人向鲁迅先生看齐，但熟能生巧的道理是一样的，天天写，手变生为熟，有什么思想酌情需要表达就可以毫不费力。

2. 不放过任何动笔的机会

最常见一种是"怕"写。听过一个故事，是嘲笑一位私塾老师的。说有个妇女来书房，请老师替她给娘家写一封信。结果信的内容比较琐碎，既有事务又有牢骚，老师拿着笔沉吟，写不清楚，于是问她的娘家多远，他情愿替这位妇女跑一趟，去传话。这是因为本领不大而怕。通常是本领未必很差,但爱面子,万一写不好出丑,也总是能推辞就不动笔。

有所感有所想就记下来。你读书时对于书中某一句话,觉得与平日所读过的书中某处有关系,就写下来;觉得与自己的生活有交涉,获得一种印证,也写下来;觉得可以作为将来某种理论说明的例子,也写下来。

人们在读书时常会由这一本书中的某一句话,联想起过去所读的另一本书中的话,这时候你就将这两句话写出来。比如读到高尔基说的"似乎每一本书都在我前面打开一扇窗户,让我看到了一个不可思议的新世界"时,自然会联想到瑞士作家凯勒说的:"一本新书像一艘船,带领我们从狭隘的地方,驶向无限宽阔的生活海岸。"比如你读报上的消息,某地遭水灾了,你会想到那情景,心里有一种感想,你就记下来。再比如你做家教了,你打工了,参加社会实践活动了,必定要记下所见所感。

创造一切动笔机会。多写写信,但要像王安忆说的,将故事当信写,将思想感受当信写。现在写信少了,多的是发短信息,那就尽力自己写信息发给别人,尽力不去转发现成的套话。还可以加入诗社或其它文学团体,交几个爱写的朋友,写了互相看,互相促进。还有建立网络博客,向报刊投稿等等方式均可。

眼界不高是可怕的,眼高手低也是可怕的。毕业的时候有一点发表的东西是实力的明证,对找工作也有利。

(二) 生活采集

1. 马卡连珂式

这种方式就是随时记下自己的工作、生活和斗争。苏联著名作家马卡连珂,二十几岁时写过一部小说寄给高尔基。高尔基看后回信告诉他,作品写得不好,看不出他有什么写作才能,劝他好好学习和工作,不要急于创作。马卡连珂接到信后,没有泄气,他暂时放下写作,全身心投入改造顽皮儿童的工作中;与此同时,仔细记录了自己工作的情况,儿童们转变的过程。十多年后,高尔基视察儿童教养院的工作,听了马卡连珂的汇报,他很兴奋,劝马卡连珂把它写出来,写成小说。这时,马卡连珂已经四十出头了。

2. 契诃夫式

这种方式指的是注意日常生活的观察和记录。契诃夫是一个医生,即使在他成为名震遐迩的作家后,他也不愿放弃给人看病。他一生写的几百个短篇,差不多都是从日常所见所闻的材料中得来的。他在给人看病的时候,在接见来访者的时候，在和亲朋好友闲谈的时候，都注意看，注意想，注意记。这是他积累生活的主要方式。他一生写了许多札记。有时几个字，十几个字，有时又长篇大论。有时，他几笔给出一个有特征的人物肖像，比如：

有一个女士，样子像是一条倒立着的鱼。她的嘴像是一条缝，引得人恨不能往那里面丢进一个小钱去才好。

有时又记下他对生活的一种观察的结论：

一个军官跟他的太太一块儿到澡堂去洗澡；两人都由勤务兵搓澡，他们明明不把那勤务兵当人看。

有时又记下一个有典型意义的人物性格，比如，一则札记写道：

一个政府的文官揍了儿子一顿，因为他在学校里各门功课只得五分。他觉得分数还不够好，等到人家告诉他说他错了，五分是所能得到的最高分数，他就又揍了他儿子一顿，这回是由于自己生了自己的气。

这则札记，完全画出了俄罗斯愚蠢、专制的家长制的一种典型性格。读过契诃夫小说的人，都会由此而联想到他小说中的那些人物。

契诃夫的经验告诉我们，生活是无处不在的，只要细心地观察、思考，就会发现有意义的东西。

3. 马尔扎克式

马尔扎克后半生一直纠缠在商业债务之中，接触过许多商人、出版家、银行家、高利贷者，这是他生活积累的重要来源。此外，他常常在晚上独自徘徊街头，跟在剧院下戏的工人后面，听他们谈戏、谈家常，甚至偷听人家谈恋爱。巴尔扎克把这种窃听私语，称为"摄取别人的身体与灵魂"。他不是简单地了解一点工人的生活状况或者搜集一点创作素材，而是把自己的心灵渗透到工人中去。他说，用这种方式"就能进入他们的生活，觉得背上披着他们的破烂衣服，穿着他们的开了口的鞋走路；他们的愿望，他们的需要，样样进入我的灵魂，不然就是我的灵魂进入他们的灵魂"。

清代小说家蒲松龄，常在路边的大树下放一张芦席，准备好烟、茶，热情地招呼过路的陌生人歇息。等客人抽烟、喝茶后，他就请求他们讲一个有趣的故事。客人讲故事或见闻时，他总是认真地记录。不清楚的地方，总是不厌其烦地询问。他靠了这种方法，搜集了大量的素材，一生中写了四百多篇短篇小说，成为中国的短篇小说之王。他的《聊斋志异》蜚声中外。

"生活"的内容是异常丰富的，大至国家兴亡，小至"鸟兽草木之名"，人、事、物、景、情、理、智、欲，都在其中。关键的核心是人。熟悉生活、观察生活，第一义是记下人的性格、心理、动作、外貌、语言、习惯，记下人与人的关系。

（三）学术采集

鲁迅为了写《古小说我钩沉》、《小说旧闻钞》，几乎花了二十年时间采集资料。据现存《鲁迅日记》中的"书账"记载，从1921年到1936年间，他节衣缩食购置的书籍达三千余种，一万四千余册。鲁迅先生所写的数百篇杂文，有相当部分是运用到报上的新闻、通讯、专文甚至广告和标题材料而写成的。

像牛顿说：站在巨人的肩膀上比巨人高一头。

1. 资料摘抄

在阅读中，或在看电影、电视、录像、看戏剧以及听录音中，碰到精辟的见解、新颖的观点、深刻的分析，或是精美的语言、精彩的描写、精当的解说，或是精辟的观点、可靠的考证、生动的典故，只要与自己的专业有关，特别是与自己研究的问题有关，就可以整句整段地摘抄下来，建立专业资料卡片，以备写作之用。

定向摘录：根据自己的兴趣，根据选题的需要，有目的地查阅并摘抄某些资料，这就是定向摘录。

随兴摘录：不是为了既定的写作任务，而是在经常性的阅读中，随时发现有意义的材料，随时摘抄下来，便是随兴摘录。这种采集很自由，面很宽，最后还是要看兴趣所在，专业所在，个性所在。

2. 读书札记

资料摘抄，所抄的全是他人的东西；读书札记，所记的则既有他人的东西，也有自己的东西。因为读书札记一方面是读了他人的文章或书之后受启发而写的，所以不能没有他人的影响；另一方面，又是自己读书有了消化理解之后才写的，所以又不能没有自己的体会在里面。

撮取要点：读议论文记下议论文的基本观点；读记叙文，记下记叙文的基本事物；读小说，记下小说的基本事件；读诗和散文，理出作者思想感情的脉络，如此等等，都是撮取要点。经常写这种读书笔记，不但可以采集到许多有用的写作资料，还可以养成认真、细致的读书习惯，因为不如此，就无法写笔记。

记述习得：读他人的文章，自己受到某种启发，或者认识了某种道理，

第一章 积累材料的能力

或者获得了某种新知，或者联想到某些问题，把它及时记下来，便是读书的心得笔记。古今名人曾写过许多很有价值的读书笔记，如宋代王应麟的《因学经闻》，明末清初顾炎武《日知录》等等。

比如小说，你们经常读，小说的开头和结尾几行文字，作者往往费过许多苦心才下笔。看多了小说，开端或结尾共有多少写法，可以当笔记归纳出来，也算是很好的笔记。读书笔记，是很自由的，材料随处都有。这可不仅是"开卷有益"，也可以说是"动笔有益"了。

据说毛泽东同志有"不动笔墨不看书"的习惯，他上课有课堂笔记，课后有读书笔记，还有读书眉批，书后的评语和提纲等等。毛泽东学问渊博，文章高妙，难道不是与他一生勤读勤记有关吗？读书勤写笔记，不但为写作积累了资料，而且好的笔记，本身就是一篇好文章。如王安石的《读孟尝君传》，是一段不满九十字的短评，却名传千古，成为绝妙的文章。

【例文选读】

关于读书的名言

1. 敏而好学，不耻下问——孔子
2. 业精于勤，荒于嬉；行成于思，毁于随——韩愈
3. 学而不思则罔，思而不学则殆——孔子
4. 知之者不如好之者，好之者不如乐之者——孔子
5. 三人行，必有我师焉。择其善者而从之，其不善者而改之——孔子
6. 兴于《诗》，立于《礼》，成于《乐》——孔子
7. 己所不欲，勿施于人——孔子
8. 读书破万卷，下笔如有神——杜甫
9. 读书有三到，谓心到，眼到，口到——朱熹
10. 立身以立学为先，立学以读书为本——欧阳修
11. 读万卷书，行万里路——刘彝
12. 黑发不知勤学早，白发方悔读书迟——颜真卿
13. 书卷多情似故人，晨昏忧乐每相亲——于谦
14. 书犹药也，善读之可以医愚——刘向
15. 少壮不努力，老大徒伤悲——《汉乐府·长歌行》

16. 莫等闲，白了少年头，空悲切——岳飞
17. 发奋识遍天下字，立志读尽人间书——苏轼
18. 鸟欲高飞先振翅，人求上进先读书——李苦禅
19. 立志宜思真品格，读书须尽苦功夫——阮元
20. 非淡泊无以明志，非宁静无以致远——诸葛亮
21. 勿以恶小而为之，勿以善小而不为——陈寿《三国志》
22. 熟读唐诗三百首，不会作诗也会吟——孙洙《唐诗三百首序》
23. 书到用时方恨少，事非经过不知难——陆游
24. 问渠那得清如许，为有源头活水来——朱熹
25. 旧书不厌百回读，熟读精思子自知——苏轼
26. 书痴者文必工，艺痴者技必良——蒲松龄
27. 读书百遍，其义自见——陈寿《三国志》
28. 千里之行，始于足下——老子
29. 路漫漫其修远兮，吾将上下而求索——屈原
30. 奇文共欣赏，疑义相如析——陶渊明
31. 读书之法，在循序而渐进，熟读而精思——朱熹
32. 吾生也有涯，而知也无涯——庄子
33. 非学无以广才，非志无以成学——诸葛亮
34. 玉不琢，不成器；人不学，不知义——《礼记》

阅读的方法

向　怡

刚上大学的时候，老师在课堂上问我们："会读书么？"我们感到这话问得奇怪，不会读书能上了大学么？我们可是千里挑一进大学的呀。老师又问："你们读过《红楼梦》么？"我们仍然觉得好笑，连《红楼梦》都没读过能考进大学中文系么？我们是高考恢复后的第一届大学生，班里有古文功底深厚的老三届，也有应届高中毕业生中的佼佼者，一万人里面只选十个，难道老师不明白这些？于是，我们互相看看，又看看台上的老师，不由地笑，笑出了声。

老师却不笑，他又问："王熙凤是第几回出场的？""曹雪芹先写她的外貌呢还是先写她的声音？""她出场后的第一句话说的是什么？""秦可卿死后，她去宁国府协办丧事是在哪一回？""王熙凤第一天去宁国府下令打的

第一章 积累材料的能力

下人是分管什么的？她为何要拿此人打头炮？作者是否点出了这个人的名字？……"一口气，我的老师提了关于王熙凤的十二个问题，直提得我们脸上的笑容消失干净，直到教室里变得鸦雀无声。老师却又说："谁愿意回答？"我低下头，心狂跳着，不敢看台上的老师，生怕他点出我的名字。

说实话，我不止一次地读过《红楼梦》，我知道王熙凤心狠手辣脸蛋长得俊，人叫凤辣子，可我就是回答不了老师提出的问题。我立刻明白，从小学读进大学，原来我是一个不会读书的人，最起码，我是一个没有掌握精读方法的人。

从那以后，老师教我们读书方法，教我们如何精读一部书乃至一篇文章。我们将读出每一句字里行间蕴藏的意思，一边读一边写，一部书记下一大本读书笔记。我们从一本书里读出五十个问题，又从这本书里找到五十个问题的答案。我才知道，读书原来有许多不同的方法，面对怎样的书选择怎样的读书方法，这是大有讲究的。

阅读的方法大体上有精读、略读和浏览之分。精读是一字不落地仔细认读，不仅要理解所读的字面内容，还要深究上下文之间的联系，以及文字之外的含义。这是一件十分费力又十分有益的事情。那么，什么样的书值得我们费神费心去精读呢？那便要选上好的，选一流的名著，而更多的书，我们只能取浏览的态度，甚至，我们只读它的内容提要，只记下书名与作者的名字。世上的书很多很多，有些书我们用来生长我们的血肉，而更多的书，则用于开阔我们的眼界。至于略读，那是处于精读和浏览之间的一种，我们可以将一部书有重点地读，我们怀着目的去读专章专节，读一个新奇的故事，读一种思想，汲其精华，弃其浮华。这些阅读的方法，都需要我们自己仔细地去实践，我们用不同的方法去阅读不同的书籍时，便会发现自己在悄悄进步……

教给我读书方法的那位老师，他一直在我的记忆里存在着。尽管他长得矮小而面黑，从不会说一句幽默的话。只因为他叫我明白了书籍是个海洋，我们应该如何汲取的道理，我便至今对他怀有一种感激的心情。

【思考练习】

1. 文章的原意指什么？现在又指什么？
2. 写作是什么？我们为何要写作？为何说写作能力的提高要持之以恒？

3. 感受生活的方式有哪两种？你坐过硬座火车么？你看过大雪纷飞么？你见过月全食么？你看过大瀑布蹬上过高山峻岭么？请创造这些感受生活的机会。

4. 请你每天都写点东西，也想点东西，至于写什么想什么，那体现你的思想和个性，还有你的修养与品位。你得仔细想，仔细写。

5. 选择三位同学，进行采访，讲究谈话艺术，了解他们的趣闻轶事、特长爱好，然后将其中一人的情况，整理成一篇访谈录。

6. 英国作家培根说："有的知识只要浅尝即可，有的知识只要粗知即可，只有少数专门知识需要深入钻研，仔细揣摩。所以，有的书只读其中一部分即可，有的书只知其中梗概即可，而对于少数的书，则要精读、细读、反复地读。"你怎样理解这一段话？到目前为止你精读过哪些书或者哪些文章？你自认为会读书吗？

7. 英国诗人柯勒律冶把读者分为四类：第一类好比计时的沙漏，注进多少，到头来一点痕迹也没留下；第二类好像海绵，什么都吸收，挤一挤，流出来的东西原样不变，甚至还脏了些；第三类像滤豆浆的布袋，豆汁都流了，留下的只有豆渣；第四类像宝石矿床里的苦工，把矿渣甩一旁，只要纯净的宝石。

请先理解所比喻的是哪四种读书的情况，然后分析。前三类有收获或收获不大的原因是什么，最后考虑自己今后怎么读书。

【作文题目】

1. 关于读书的记忆碎片
2. 我的第一篇作文

第二章 结构文章的能力

一、写作与思路

要研究文章结构，必先懂得思维、思路、思绪和思想。

什么是思维？"思维是人脑借助语言所实现的对客观事物的间接反映。"因此任何文章，都是客观事物在作者头脑中反应的产物。从客观事物到一篇文章，中间有一个非常重要的步骤，这就是作者头脑中对客观事物进行加工时的思维活动。从广义上考察写作行为，不论聚材取事、命题炼意、谋篇布局、定体选拔……即写作的每个环节，都有思维的活动。

这些活动，有的是从直观到抽象，从个别到一般，心理学上称之为"经验思维"；有的则是从抽象到具体，从一般到个别，心理学上称之为"抽象思维"；有的采取逐层推导，循序而进的方式，心理学上称之为"分析思维"；有的则要采取直接触发，越级而进的方式，心理学上称之为"直觉思维"；有的是从多方面入手，集中收拢，心理学上叫做"收敛思维"；有的则是向四周散射，广泛联想，心理学上叫做"发散思维"。

什么是思路？写作的思路正是这种思维活动在不断推进中呈现的运动轨迹。从特点上看，它有内容、有形式、有顺序、有趋向。尽管人的思维活动是错综复杂的，但根据思路的内容和形式，大体可以分为两类：一类侧重于对问题的推理论证，属于认识活动的范畴，主要运用于议论文及一些应用文体的写作；一类则偏重于对事物的回忆、联想、想象，属于情感活动的范畴，主要运用于文艺作品的写作。有时候，这两类思维相互渗透着，充满了写作运动的各个环节。正是从这种意义上说，写作是思维的艺术。

思路是思维活动在不断推进中呈现的轨道（线路）。它是一种有内容、有形式、有顺序、有趋向的运行轨迹。

什么是思绪？"思绪"，是指思想活动的头绪。它可以包括思路，如

"思绪纷乱",就是指思路的混乱,它也可以包括情绪,如"思绪不宁",就是指情绪不太安定。因此,思绪的外延要比思路大,用途也比较广。思绪之中,含有较多的情感因素;而思路则着重于思维活动的轨迹。

什么是思想?思想,是指客观存在反映在人的意识中经过思维活动而生产的结果,思想是一种对于客观世界的理性认识。它既不同于思绪,因为它是指认识的整体而不是开端;它又不同于思路,因为它是指思考的结果而不是过程。

思路好比是连接两岸的桥梁,它可以把一些相近的、相似的、相关的、相对的、甚至相反的事物联系、结合起来,把我们平日积累的观点、材料等等在头脑里融合、贯通、升华,形成一种新的思想,创造出一种新的形象。待到酝酿成熟,呼之欲出的程度,提笔就是文章了。

思路开展,有话说不尽;思路不开展,见题无话说;思路清晰,写得有条有理;思路混乱,写得芜杂不清。所以,进行写作基本功和思维能力的训练是极为重要的。

二、结构的含义

J·H·兰德尔说过,"结构是一切意思和意义的基础","没有结构任何东西都不存在,都不可设想。"这话告诉我们,文章的结构是很重要的,我们要引起足够的重视。

"结构"一词源于建筑术语,它指的是建筑物的内部构造,整体布局。由于文章的编织、构造和它道理相同,所以很早就被借用过来,用以表现文章布局的艺术。因此,所谓"结构",就是指文章内部的组织和构造。也就是我们通常说的谋篇布局"搭架子"。茅盾说:"结构指全篇的架子。既然是架子,总得前、后、上、下都是匀称的,平衡的,而且是有机性的"。他认为"匀称指架子的局部美和整体美",而"平衡指架子的各部分各有其独立性而不相妨碍","有机性指整个架子中的任何部分,不论大小,都是不可缺少的。少了任何一个,便损伤了整体美,好比自然界中的有机体,吹掉它的任何小部分,便使这有机体成为畸形的怪物"。因而,搭好架子的关键问题便是处理好文章部分与部分、部分与整体之间的关系,以求得文章和谐完善的统一。这也就是说,结构的重要环节是剪裁和布局。在写作中,哪些该写,哪些不该写;哪些要详写,哪些要略写;哪些人物和事物是主要的应突出，哪些又是次要的应予以辅助；从何开头，由何结尾；何者安排在先，何者安排在后等等，这些都必须经过创作者的深思熟虑而进行周密的剪裁和布局。

例如《红楼梦》第四十二回薛宝钗谈到大观园的结构时说："这园子却象画儿一般，山石树木，楼阁房屋，远近疏密，也不多，也不少，恰恰的是这样。你就照样儿往纸上一画，是必不能讨好的。这要看纸的地步远近，该多该少，分主分宾，该添的要添，该减的要减，该藏的要藏，该露的要露。这一起了稿子，再端详斟酌，方成一幅图样。第二件，这些楼台房舍，是必要用界划的。一点不留神，栏杆也歪了，柱子也蹋了，门窗也斜了，阶矶也离了缝，甚至桌子挤到墙里去，花盆放在帘子上来，岂不倒成了一张笑话儿了。第三件，安插人物，也要有疏密，有高低。衣摺裙带，手指足步，最是要紧，一笔不细，不是肿了手，就是跐了脚。"由此我们也可以看出结构对写作的重要。所以，写作者在写作时，必须匠心独运地进行剪裁和布局。剪裁又称熔裁，就是按照写作意图取舍题材，删繁就简，熔炼精华。画画也是一理。如画家画梅花："触目横斜千万朵，赏心只有两三枝。"虽然那里有千万朵梅花在横斜着，但一幅画则不能使其全部进入，即使全部进入也必无味。画家仅在画上画了那么两三枝梅花，却使你赏心悦目，玩味再三。布局就是按照写作意图进行组织安排。

三、结构的内容

文章的结构虽不能程式化，一成不变，但也是有"规矩"可"循"的。金人王若虚说："定体则无，大体须有。"这里的"定体则无"，指明僵死的模式是没有的，"大体须有"，恰好说明一般的格式还是有的。

我们说，好文章"各具神韵"，"各呈风采"，然而它毕竟是一种整体的艺术，就像各式各样的轮船一样，总有驾驶台、轮机部、尾舵舱等部分组成。文章也是这样，它总有一些具体的、基本的"部件"构成开头、主体、结尾三大部分。它们一方面各就各位，另一方面互相勾连。这是各类体裁文章的主要内容，缺一不可，结构正是这些主要内容的统一体现。元代乔梦符对此曾有过一个形象的比喻："凤头、猪肚、豹尾"。意思是说，开头要短小、精美、引人；中段要丰富、饱满、曲折；结尾要精悍、结实、有力。

（一）题目

1. 题目的含义

文章的标题就是题目，题的本义是额，目是眼睛，顾名思义，文章的题目就如同人的眼睛和额头一样引人醒目，在文章中占据非常重要的地位。

有些题目与文章的主题有关，或是直接表述文章主题，如《实践是检验真理的惟一标准》；或者形象地暗示主题，如《围城》、《变色龙》；或者用象征手法，如《白杨礼赞》、《海燕》；也有一些题目表明了写作范围，如《记一辆纺车》；或者以与主题相关的人名、地名、时间、事件等为题目，如《安娜·卡列尼娜》、《荷花淀》、《项链》；还有一些题目与文章内容无直接关联，如《偶感》、《随想》等。

2. 题目拟定的要求

题目关系到文章的色彩与风格，好的题目准确地概括了文章的内涵，个性鲜明，富有极强的吸引力和感人的力量。题目的拟定丰富多彩，那么怎样才是好题目呢？

贴切。题目要和内容相符，要含义恰当、清晰。《焦点访谈》1995年播出的《无法掩盖的罪恶》及续集《半个世纪的阴影》披露了鲜为人知的事实：日军在侵华期间违反国际公约使用毒气武器，战后又遗下大量的毒气弹，直至今日，这些武器仍威胁着我国人民的生命安全。节目的标题准确恰当地概括了内容，贴切合度。

简练。题目要言简意赅，切忌冗长罗嗦。题目应短小精悍，便于记忆。《家》、《子夜》、《围城》等题目，准确地浓缩了故事的内容，内涵丰富而题目简洁、利落，给人深刻难忘的印象。但题目简练的前提应是最大限度地概括文章的内容，而不是单纯地追求尽量少的字数。过分追求字数少，却使题目含糊不清，语义模糊，这种做法不可取。

3. 题目要眉目清晰，要生动形象，要让读者刚接触题目便对内容产生浓厚的兴趣，给人以美的享受

《战士与苍蝇》将两个风马牛不相及的形象放在一起，形成强烈的反差效果，刺激读者的阅读欲望。

题目生动形象，就要善于运用修辞方法。题目常使用词组或复杂词组、简单句、设问句、反问句，多采用比喻、比拟、借代、对偶等修辞方法，使题目清新醒目。题目要生动，还可运用富于表现力的语言，如生动的口语、

成语、谚语、民歌、名言以及典雅优美的古典诗词，如《为君报道春消息今年花胜去年红》。

（二）开头

开头，即"起笔"，是指从哪里下笔，从什么问题写起，这是全篇文章的第一步。它实质上是作者对于所描写的事件，或对于他所议论的问题的"整体性"的认识的反映，是对生活切出的"头一刀"。这一刀，标志着一个新的完整的结构开始；这点准不准，操作技术好不好，非同小可。

开头部份起着两个作用，一是领起下文，二是吸引读者。开头，就为全局规定了方向，确定了基调。文章能不能从此"走"下去，顺利地到达"目的地"，能不能"唱下去"，且愈"唱"愈精神，它起着关键作用。例如，编辑阅来稿，看开头几句，若能吸引着读完，便是可以的稿子，如看不下去，掷在一旁，你后面就是藏金埋玉，那也不行，说明你的稿子是失败的。

开头部分的要求是：一要落笔入题。就是说开头要与文章内容相通，尽快接触文章的本题。"文章起句发意最好。"（李深《文章精义》）"文章最令人一望而知其宗旨之所在，才易动人……"（梁启超《中学以上作文教学法》）古人这些话，是对开头不要游离内容，要尽快接触文章这一要求的清晰说明。所以有人说，写事物最好第一句就写动作或情节的一刹，写景物第一句就写景，抒情性文章第一句就抒发与主旨有关的情，总之，一看就觉出了调子，提起了胃口，想往下看去。

二要精彩动人。即开头要优美，精致，有光彩，有气势，先声夺人。"起句当如爆竹，骤响易彻。"（谢榛《四溟诗话》）"开卷之初，当以奇句夺目，使之一见面惊，不敢弃去。"（李渔：《闲情偶记》）"起手贵突兀"，"直疑高山坠石，不知其来，令人警绝。"（沈德潜《说诗晬语》）古人论此凿凿，意明语切。

总之是要吸引人非读下去不可。我们下面具体来看。

1. 落笔入题，说明写作缘由

如《改造我们的学习》一开头，"我主张将我们全党的学习方法和学习制度改造一下"。再如《一个极其重要的政策》的开头，从执行精兵简政政策的情况谈起，"关于这件事，《解放日报》曾多次讨论，不愿更有所说明"。这样，一下子就使读者知道这篇文章为什么而写，要解决什么问题。

2. 开宗明义，揭示全篇主旨

如方志敏《清贫》的开头："我从事革命斗争，已经十余年了。在这长期的奋斗中，我一向是过着朴素的生活，从没有奢侈过。经手的款项，总在数百万元；但为革命而筹集的金钱，是一点一滴用之于革命事业。这在国方的伟人们看来，颇似奇迹，或认为夸张；而矜持不苟，舍己为公，却是每个共产党员具备的美德。"这则开头，揭示了文章的中心思想。无产阶级的战士，共产党员的高尚情操，恰是矜持不苟，舍己为公。

3. 言归正传，即速开讲故事

如曹雪芹《红楼梦》第四回的开头："如今且说贾雨村授了应天府，一到任就有件人命案官司详至案下，却是两家争买一婢，各不相让，以致殴伤人命。"这是叙事的开头，突出了事件的重点，读者便被这"磁石"般的开头引着往下读。

4. 单刀直入，挑明论敌谬说

如鲁迅《论"费厄泼赖"应该缓行》的开头："《语丝》五七期上语堂先生曾经讲起'费厄泼赖'，以为此种精神在中国最不易得，我们只好努力鼓励；又谓不'打落水狗'，即足以补充'费厄泼赖'的意义。我不懂英文，因此也不明白这字的含义究竟怎样，如果不'打落水狗'也即这种精神之一体，则我却很想有所议论。但题目上不直书'打落水狗'者，仍为回避触目起见，即并不一定要在头上强装'义角'之意。总而言之，不过说是'落水狗'未始不可打，或者简直应该打而已。"

5. 描写环境，以引出人物

如鲁迅《药》的开头："秋天的后半夜，月亮下去了，太阳还没有出，只剩下一片乌蓝的天；除了夜游的东西，什么都睡着。华老栓忽然坐起身，擦着火柴，点上遍身油腻的灯盏，茶馆的两间屋子里，便弥满了青白的光。"

6. 抒发感情，以渲染气氛

如秦牧的《土地》开头："我们生活在一个开辟人类新历史的光辉时代。在这样的时候，人们对许许多多的自然景物也都产生了新的联想、新的感情。不是有无数人在讴歌那光芒四射的朝阳、四季常青的松柏、庄严屹立的山峰、澎湃翻腾的海洋吗？不是有好些人在赞美挺拔的白杨、明亮的灯光、奔驰的列车、崭新的日历吗？睹物思人，这些东西引起人们多少丰富和充满感情的想像！"

"这里我想来谈谈大地，谈谈泥土"。

7. 先叙委婉故事，以引出深刻道理

如杨朔的《茶花赋》开头："久在异国他乡，有时难免要怀念祖国的。怀念极了，我也曾想：要能画了幅画，画出祖国的面貌特色，时刻挂在眼前，有多好。我把这心思去跟一位擅长丹青的同志商量，求她画，也说：'这可是个难题，画什么呢？画出零山碎水，一人一物，都不行。又怎能画得出祖国的面貌？'我想了想也是，就搁下这桩心思。"

8. 借诗词歌谚，以为叙事的开端

如《解放军报》通讯《来自西双版纳的报告》的开头："在美丽的西双版纳流传着这样一个神话：很久很久以前，有一个爱尼族姑娘，上山放牛的时候，迷了路。她在虎狼蟒蛇成群的大森林中度过了七天七夜，最后在吉祥的孔雀引导下走出了原始森林……"

这种开头，增添了文章的色彩、吸引力、感染力。

9. 由远及近，娓娓道来

如鲁迅《灯下漫笔》的开头："有一时，就是民国二三年时候，北京的几个国家银行的钞票，信用日见其好了，真所谓蒸蒸日上。……但可惜后来忽然受了一个不小的打击。"

这种开头，只是"入题"的一个契机。不慌不忙地远远写来，到后来拉近（扭转笔锋），引出深意。

10. 平中见奇，突兀而起

如鲁迅的《秋夜》开头："在我的后园，可以看见墙外有两株树，一株是枣树，还有一株也是枣树。"

这本来是叙介事实，属"平实"的写法，但"平"到这种古朴，近拙的程度，就反而转为奇崛，隽永了。这种新颖的突异的开头，非大手笔很难为之。

总的来说，好的开篇数不胜数，如梁斌的《红旗谱》，劈头第一句："平地一声雷，震动了锁井镇一带四十八村，狠心的恶霸冯兰池，他要砸掉古钟了！"这开头点出农民与地主的尖锐矛盾，为情节发展制造了声势。再比如杜牧的《阿房宫赋》开篇一句十二字，"六王毕，四海一。蜀山兀，阿宫出。"如万仞奇峰，拔地而起，前六字写出了秦灭六国、统一天下的大势，后六字写出阿房宫的营造规模，文字有力，气势非凡。再比如欧阳修的《醉翁亭记》开篇第一句："环滁皆山也，……"简洁又有气势，气氛和环

境自然交待出来。还有旁征博引入题，名言警句开篇，起首制造悬念，落尾比喻引题等等。开头安排无一定格局，要依据文章内容而定，要善于不断创新，"试看大家文集，所能引人入胜者，正以不自相犯。譬甲篇是如此起，乙篇则易其蹊径；丙篇是如此起法，丁篇又别有用心。"（林纾《春觉斋论文·用笔八则》）。

（三）中段

中段是全篇的骨干、主体部分。记叙文中事件的发展、高潮，说明文中事物的特征、性质等，议论文中的整个论证，都要通过"中段"展现出来。中段是文章的关键部位。古人把它喻为"猪肚"，真是再恰当不过了。第一指出它在文章中的位置——中间；第二，说明它要求材料厚实、丰满；第三表达这样丰富的内容要有条理、不紊乱，各在其应在之"位"，不能调换；第四，还要力求直中有曲，九曲回肠。中段位当要塞，从总体上看，上要承头，下要启尾，肩负贯通首尾大任。从本体内部看，更是内容丰繁，头绪纷呈，组合关系多而复杂，要理清头绪、排定次序，做好贯串融合一系列工作，弄不好，便会毁掉全文。有人在强调开头难时，误以为，只要开好了头，就保证了中段的完满，这是片面的。"好文章须看好中段"的。

1. 一线穿珠法

所谓一线穿珠，即用一条线索把众多的材料有机地串结在一起，使之排列有序，紧密相连。正如一位作家谈创作体会时说的："我常把结构短篇，比作一嘟噜葡萄，一拾就起来，这就是好的结构；倘若一拾就散架了，那就是坏的结构。"说得很形象，一个个葡萄能够不散架，靠的是那些小枝藤。文章中的"线索"就好比"枝藤"，靠它使文章做到叙事有头绪，说明有层次，议论有条理，上下衔接，前后关照，主宾分明，次第清楚。作为"线索"的，可以是有象征意义的"物"，如曹靖华《小米的回忆》中的"小米"；也可以是"人"，如《孔乙己》中的"我"；还可以是"思想"，如《人民的好医生李月华》中李月华"全心全意为人民服务的思想"，还可以是时间、是空间、是主要事件、是主要情感等等。另外，在文章中，可以是"单"线直贯，也可以是"双线交叉"。如鲁迅的《药》，就是以华老栓给小栓治病为一条线，夏瑜被杀为一条线，一明一暗、一虚一实的"双线结构"。著名事件通讯《为了六十一个阶级弟兄》，也是以时间为经，地点为纬，组织材料，穿起全文的。

2. 有开有合法

即在主干事件的描述中，不时巧妙地穿插一些有关的内容，写得时放时收，有合有开。理由的报告文学《扬眉剑出鞘》反映的是我国击剑名将栾菊杰在马德里参加国际击剑比赛，带伤上场、勇夺胜利的事迹。文章中多次进行插叙，或介绍欧洲击剑运动史，或介绍中国的击剑活动开展情况，或介绍栾菊杰的家庭及她学习击剑的经历等等，巧妙的插叙，时开时合，既丰富了文章内容，又使其增添了波澜。

3. 欲擒故纵法

即文章开头之后，并不立即进入主要事件的叙述，而是把笔墨荡开去，酿成"千呼万唤"之势，然后欲写之事"始出来"，大笔浓抹，集中抒写。例如刘白羽的散文《日出》，中心是写自己在万仞高空之上的飞机中所看到的日出奇观，但文章开头抒写自己早有观看日出美景的强烈愿望之后，却接着写"落日"的美景，文势一跌；进而引进了海涅散文和屠格涅夫小说中描写日出的两段文字，然而这并不是作文本意，只是诱发起读者对日出的神往，读者要看的是作者所见的日出的景象。而后，作者笔锋一转，分别叙写了在印度科摩林海角和黄山狮子林两次去观看日出的情景，抑在作者心头的愿望眼看就要实现了，然而，这两次因天气不好，都未看到日出。这不仅使作者感到遗憾，也使读者深觉惋惜。就在这种主观愿望和客观可能的矛盾几乎无法解决之时，文章突然起笔："但是，我看到了一次最雄伟，最瑰丽的日出景象"，然后通过多层次、多角度、多色调的精细描绘把宇宙中"那无与伦比的光华，丰彩"展现在读者面前。欲擒故纵的这种安排方法，形成了文章波澜迭宕，形散神聚的优美结构。

欲扬先抑也是同样的道理。马烽的小说《我的第一个上级》，主旨是赞扬上级老田带病抗洪的精神品格。但作者先不去写老田，而是先叙我"骑车"上任时在路上与"怪"老头的相撞；次写报到后所闻所见，感到在"怪人"老田这个上级领导下工作真是"倒霉"；接着，写汛期将过前的一个"夜晚"山洪暴发后老田的种种作为（睡觉听汇报），然后挺身而上使"我"的思想开始转变；然后，写三岔河"决口"后抢险拦洪时的战斗情景，写老田的带病下水，老病发作，昏迷不醒，使"我"对自己的"上级"由衷赞佩。这样就形成了欲扬先抑，波澜迭起的结构。

4. 张弛结合法

古人说："张而不弛，文武弗能也；弛而不张，文武弗为也；一张一弛，文武之道也。"（《礼记·杂记下》）写文章也是这个道理。如果一味地紧张，毫无余地；或通体松弛，迂缓平静，就很难吸引读者，很难写出生动多姿的客观事物。因此，时缓时急，时高时低，时热时冷，时强时弱，变化多姿，文章才能波澜曲折，余味无穷。如《水浒》中的武松打虎，这应当是一场很紧张的"战斗"了，但文章却从容不迫层层写来。先写武松在酒店不听店伙计劝告，悠闲自得，喝了十八大碗酒；又写上冈前看到冈上有虎告示，但他若无其事。接着上到山冈时，未写老虎，却着力描写空山落阳，呈现一种非常平静的景象和气氛。这些松弛之笔，是有意为后面的紧张局面做烘托，铺垫的。及至老虎出现，才详写其殊死搏斗场面。正是这样一层一层，一步步，由远及近，由弛到张，把故事推到了高潮，使武松的形象得到了充分的显示。如果文章直写武松一下子就和老虎相遇，然后几拳把老虎打死，那么武松的形象大概就不会像现在这样深入人心了，这个故事也就失去了曲折性，失去了扣人心弦的力量。就是写老虎打完以后的情节也是极好的，当又出现两只老虎时，武松胆怯了，劲已用完了，酒已醒了，可正好是两个披了虎皮的人。这又是补充的一张一弛，并且说明武松是人，而不是神。

总之，文章的中段，应努力做到"直中有曲"，不能做"直头布袋"。除上面讲的几种外，还有浓淡相间法，正反对照法，突转的艺术，衬托的写法等等，可在实践中灵活运用，并不断创新。

（四）结尾

结尾，即"收笔"，是文章的总收束。它是正文的自然延伸，内容发展的必然结果，犹如百川归海，飞瀑注谷，要能收束得拢，承受得住，涵蕴得下，实非易事。世界"短篇小说之王"契诃夫就有过这样的苦恼。他说："我有一个有趣的……题材，不过还没有把结局想出来，谁……发明了新结局，谁就开辟了新纪元。"由此可见结尾的重要和安排的困难。

好的结尾如"豹尾"，刚劲有力，或如"撞钟"清音有余，正如清人林纾在《春觉斋论文》中指出的："大家之文，于文之去路，不惟能放异光，而且长留余味。"

1. 总结全文，"卒章显志"或加深主旨

在我们这里，金钱并没有裹天地的价值，人民在金钱面前所以能经起得考验，是因为我们党赋予了他们一种比金钱更可贵的东西，一种用

全世界的金钱都不能买到的东西，那就是共产主义的高尚情操和革命的精神。

李峰：《在金钱面前》

这是典型的点睛式结尾，在文章收尾点明题旨，明确主旨。

2. 展示未来，鼓舞斗志

　　新中国站在每个人民的面前，我们应该迎接它。新中国航船的桅杆已经冒出地平线了，我们应该拍掌欢迎它。

　　举起你的双手吧，新中国是我们的。

毛泽东：《新民主主义论》

3. 饱含哲理，发人深省

　　我在朦胧中，眼前展开一片海边碧绿的沙地来，上面深蓝的天空中挂着一轮金黄的圆月。我想：希望是本无所谓有，无所谓无的。这正如地上的路；其实地上本没有路，走的人多了，也便成了路。

鲁迅：《故乡》

4. 委婉含蓄，余味无穷

　　但是从那时起，每逢春节，我就想起那盏小桔灯了，十二年过去了，那小姑娘的爸爸一定早回来了，她妈妈也一定好了吧！因为现在我们"大家"都好了！

冰心：《小桔灯》

　　这黑夜，我做了这个奇怪的梦，梦见自己变成一只小蜜蜂。

杨塑：《荔枝蜜》

　　好的结尾极多。再如莫泊桑的《项链》结尾，写为偿还一条"金刚钻"项链赔进了十年时光、青春和幸福。玛蒂尔德夫人见到借给她项链的太太，说起这事，这位太太非常激动，抓住她的手："哎哟！我可怜的玛蒂尔德！我那串是假的呀！顶多也就值上五百法郎呀！……"这种出人意料而又嘎然而止的结尾，巧酿余味，言尽意不尽，带给读者的是深长的体味与思考。

　　上面讲了文章结构内容中的开头、中段、结尾。明人谢榛用巧妙妥帖的比喻把这个问题讲得更为形象。他说：起句当如爆竹，骤响易彻；结句当如撞钟，清音有余。

　　开头要像放炮，使人耳目为之一震；结尾要像敲钟，使人觉得余音绕梁，不绝于耳。

　　我们有些作者，在文章"开头"上常犯的毛病，一是入题太慢，常常从"开天辟地"落笔,从"猴子变人"说起,罗哩罗唆,动辄就是一大堆废话。

在结尾方面常犯的毛病也有两个:一是"草草了事"。常常是虎头蛇尾,不当结而硬结,使人感到似完未完。二是"画蛇添足"。当断而不断,絮絮叨叨,拖泥带水。意思本已说完,总爱再喊两句口号,凑成一个前进式(让我们努力进步吧!),奋斗式(为……的尾巴)。

这些都是能够克服的。具体在写作中,如何巧结构,巧安排还在于自己的琢磨。

四、结构的主要形式

古人对写文章曾提出四个基本要求:言之有物,言之成理,言之有序,言之有文。一般说,"积累能力"解决"言之有物"问题;"思维能力,构思能力"解决"言之成理"问题;"语言能力"解决"言之有文"问题;而"言之有序"则是剪裁布局,结构所要解决的问题。下面我们看"序"的几种主要的形式。结构的具体形式虽然千变万化,不拘一格的,但它们又都具有某些规律性的东西。

(一)记叙型结构

这是文章最基本的结构方式。它按照事物发展的顺序来进行结构,它把事物发生、发展、变化的过程作为文章的线索,体现一种时序性,使文章层次安排的顺序总体上与事物发展的次序相一致。这种结构形式,既符合事物发展的本身进程,又能使读者获得脉络清晰的感觉。

所谓"大倒叙"结构,中心部分仍按事件的发展顺序写,不妨看作事件发展式的"变式"。

方位变换式:这种结构方式以空间位置的转换来组织全篇文章,体现一种存在性。这种结构的段落和层次之间,是场地转移或方位变换的关系。较多地出现在参观、游览或以写景、状物为主的记叙性文章中。

复合式结构,是由两个或两个以上的中心、主人公、情节线、故事等等组成,以产生比原材料更大的整体功能。这有三种类型:

第一,并列式。两种不同观点的比较,两个乃至多个不同画面的并列,似电影蒙太奇的手法。

第二，套环式。一个故事套着一个故事，有些是连环的，有些是包孕的，构成一个完整和谐的整体。

第三，网状式。几个中心、几个故事交织在一起。作者将不同的观点不同的状态交织成网，多方面展示事物复杂性和生活的多彩多姿。

（二）论证型结构

这是议论说理文章的结构方式，它根据提出问题、分析论证问题和解决问题的总体程序布局谋篇。王蒙的《一个值得探讨的问题》，开头提出中国作家中非学者化的倾向影响了作家队伍的质量，应该把作家和学者统一起来，才能产生文化巨人式的大家。然后文章以大量的材料从正面、反面分析论证这个问题，最后顺理成章解决问题。

（三）说明型结构

按照事物本身固有的条件来安排的结构。主要分为：

空间格局式。这种方法多用于介绍建筑物的构造、地域的方位等类的说明文章。

生产程序式。这种方式多用于介绍物体或产品的制作工艺流程的说明文章。例如叶圣陶的《景泰蓝的制作》，就是根据制胎、掐丝、涂色、浇蓝、打磨这五道生产程序来安排说明。

内部构造式。多用于商品说明书中机器及其内部构造说明，也用于某些物体的分解说明。

分类并举式。这种结构使用非常广泛，对概念的解释，对事物的性状、特征、功用的说明都要用到。如展览会的说明，展览馆展品的说明，某一类流行品牌的说明，某一评奖中对产品的说明。

说明型结构用于说明文章，商品说明书、经济知识文章介绍、广告、旅游指导、产品工艺流程介绍等等，经济合同、生产计划书等也常常用到。

【例文选读】

从百草园到三味书屋

鲁　迅

我家的后面有一个很大的园,相传叫作百草园。现在是早已并屋子一起卖给朱文公的子孙了,连那最末次的相见也已经隔了七八年,其中似乎确凿只有一些野草;但那时却是我的乐园。

不必说碧绿的菜畦,光滑的石井栏,高大的皂荚树,紫红的桑椹;也不必说鸣蝉在树叶里长吟,肥胖的黄蜂伏在菜花上,轻捷的叫天子(云雀)忽然从草间直窜向云霄里去了。单是周围的短短的泥墙根一带,就有无限趣味。油蛉在这里低唱,蟋蟀们在这里弹琴。翻开断砖来,有时会遇见蜈蚣;还有斑蝥,倘若用手指按住它的脊梁,便会拍的一声,从后窍喷出一阵烟雾。何首乌藤和木莲藤缠络着,木莲有莲房一般的果实,何首乌有臃肿的根。有人说,何首乌根是有象人形的,吃了便可以成仙,我于是常常拔它起来,牵连不断地拔起来,也曾因此弄坏了泥墙,却从来没有见过有一块根象人样。如果不怕刺,还可以摘到覆盆子,象小珊瑚珠攒成的小球,又酸又甜,色味都比桑椹要好得远。

长的草里是不去的,因为相传这园里有一条很大的赤练蛇。

长妈妈曾经讲给我一个故事听:先前,有一个读书人住在古庙里用功,晚间,在院子里纳凉的时候,突然听到有人在叫他。答应着,四面看时,却见一个美女的脸露在墙头上,向他一笑,隐去了。他很高兴;但竟给那走来夜谈的老和尚识破了机关。说他脸上有些妖气,一定遇见"美女蛇"了;这是人首蛇身的怪物,能唤人名,倘一答应,夜间便要来吃这人的肉的。他自然吓得要死,而那老和尚却道无妨,给他一个小盒子,说只要放在枕边,便可高枕而卧。他虽然照样办,却总是睡不着,——当然睡不着的。到半夜,果然来了,沙沙沙!门外象是风雨声。他正抖作一团时,却听得豁的一声,一道金光从枕边飞出,外面便什么声音也没有了,那金光也就飞回来,敛在盒子里。后来呢?后来,老和尚说,这是飞蜈蚣,它能吸蛇的脑髓,美女蛇就被它治死了。

结末的教训是:所以倘有陌生的声音叫你的名字,你万不可答应他。

第二章 结构文章的能力

　　这故事很使我觉得做人之险,夏夜乘凉,往往有些担心,不敢去看墙上,而且极想得到一盒老和尚那样的飞蜈蚣。走到百草园的草丛旁边时,也常常这样想。但直到现在,总还没有得到,但也没有遇见过赤练蛇和美女蛇。叫我名字的陌生声音自然是常有的,然而都不是美女蛇。

　　冬天的百草园比较的无味;雪一下,可就两样了。拍雪人(将自己的全形印在雪上)和塑雪罗汉需要人们鉴赏,这是荒园,人迹罕至,所以不相宜,只好来捕鸟。薄薄的雪,是不行的;总须积雪盖了地面一两天,鸟雀们久已无处觅食的时候才好。扫开一块雪,露出地面,用一支短棒支起一面大的竹筛来,下面撒些秕谷,棒上系一条长绳,人远远地牵着,看鸟雀下来啄食,走到竹筛底下的时候,将绳子一拉,便罩住了。但所得的是麻雀居多,也有白颊的"张飞鸟",性子很躁,养不过夜的。

　　这是闰土的父亲所传授的方法,我却不大能用。明明见它们进去了,拉了绳,跑去一看,却什么都没有,费了半天力,捉住的不过三四只。闰土的父亲是小半天便能捕获几十只,装在叉袋里叫着撞着的。我曾经问他得失的缘由,他只静静地笑道:你太性急,来不及等它走到中间去。

　　我不知道为什么家里的人要将我送进书塾里去了,而且还是全城中称为最严厉的书塾。也许是因为拔何首乌毁了泥墙罢,也许是因为将砖头抛到间壁的梁家去了罢,也许是因为站在石井栏上跳下来罢,……都无从知道。总而言之:我将不能常到百草园了。Ade,我的蟋蟀们!Ade,我的覆盆子们和木莲们!

　　出门向东,不上半里,走过一道石桥,便是我的先生的家了。从一扇黑油的竹门进去,第三间是书房。中间挂着一块匾道:三味书屋;匾下面是一幅画,画着一只很肥大的梅花鹿伏在古树下。没有孔子牌位,我们便对着那匾和鹿行礼。第一次算是拜孔子,第二次算是拜先生。

　　第二次行礼时,先生便和蔼地在一旁答礼。他是一个高而瘦的老人,须发都花白了,还戴着大眼镜。我对他很恭敬,因为我早听到,他是本城中极方正,质朴,博学的人。

　　不知从哪里听来的,东方朔也很渊博,他认识一种虫,名曰"怪哉",冤气所化,用酒一浇,就消释了。我很想详细地知道这故事,但阿长是不知道的,因为她毕竟不渊博。现在得到机会了,可以问先生。

　　"先生,'怪哉'这虫,是怎么一回事?……"我上了生书,将要退下来的时候,赶忙问。

"不知道！"他似乎很不高兴，脸上还有怒色了。

我才知道做学生是不应该问这些事的，只要读书，因为他是渊博的宿儒，决不至于不知道，所谓不知道者，乃是不愿意说。年纪比我大的人，往往如此，我遇见过好几回了。

我就只读书，正午习字，晚上对课。先生最初这几天对我很严厉，后来却好起来了，不过给我读的书渐渐加多，对课也渐渐地加上字去，从三言到五言，终于到七言。

三味书屋后面也有一个园，虽然小，但在那里也可以爬上花坛去折腊梅花，在地上或桂花树上寻蝉蜕。最好的工作是捉了苍蝇喂蚂蚁，静悄悄地没有声音。然而同窗们到园里的太多，太久，可就不行了，先生在书房里便大叫起来：——

"人都到哪里去了？"

人们便一个一个陆续走回去；一同回去，也不行的。他有一条戒尺，但是不常用，也有罚跪的规矩，但也不常用，普通总不过瞪几眼，大声道：——

"读书！"

于是大家放开喉咙读一阵书，真是人声鼎沸。有念"仁远乎哉我欲仁斯仁至矣"的，有念"笑人齿缺曰狗窦大开"的，有念"上九潜龙勿用"的，有念"厥土下上上错厥贡苞茅橘柚"的……先生自己也念书。后来，我们的声音便低下去，静下去了，只有他还大声朗读着：——

"铁如意，指挥倜傥，一座皆惊呢～～；金叵罗，颠倒淋漓噫，千杯未醉嗬～～……"

我疑心这是极好的文章，因为读到这里，他总是微笑起来，而且将头仰起，摇着，向后面拗过去，拗过去。

先生读书入神的时候，于我们是很相宜的。有几个便用纸糊的盔甲套在指甲上做戏。我是画画儿，用一种叫作"荆川纸"的，蒙在小说的绣像上一个个描下来，象习字时候的影写一样。读的书多起来，画的画也多起来；书没有读成，画的成绩却不少了，最成片断的是《荡寇志》和《西游记》的绣像，都有一大本。后来，因为要钱用，卖给一个有钱的同窗了。他的父亲是开锡箔店的；听说现在自己已经做了店主，而且快要升到绅士的地位了。这东西早已没有了罢。

我所知道的康桥

徐志摩

（一）

我这一生的周折，大都寻得出感情的线索。不论别的，单说求学。我到英国是为要从卢梭。卢梭来中国时，我已经在美国。他那不确的死耗传到的时候，我真的出眼泪不够，还做悼诗来了。他没有死，我自然高兴。我摆脱了哥仑比亚大博士衔的引诱，买船票过大西洋，想跟这位二十世纪的福禄泰尔认真念一点书去。谁知一到英国才知道事情变样了：一为他在战时主张和平，二为他离婚，卢梭叫康桥给除名了，他原来是 Trinity College 的 fellow，这来他的 fellowship 的也给取消，他回英国后就在伦敦住下，夫妻两人卖文章过日子。因此我也不曾遂我从学的始愿。我在伦敦政治经济学院里混了半年，正感着闷想换路走的时候，我认识了狄更生先生。狄更生——Galsworthy Lowes Dickinson——是一个有名的作者，他的《一个中国人通信》（Letters from John Chinaman）与《一个现代聚餐谈话》（A Modern Symposium）两本小册子早得了我的景仰。我第一次会着他是在伦敦国际联盟协会席上，那天林宗孟先生演说，他做主席；第二次是宗孟寓里吃茶，有他。以后我常到他家里去。他看出我的烦闷，劝我到康桥去，他自己是王家"学院（Kings College）的 fellow。我就写信去问两个学院，回信都说学额早满了，随后还是狄更生先生替我去在他的学院里说好了，给我一个特别生的资格，随意选科听讲。从此黑方巾、黑披袍的风光也被我占着了。初起我在离康桥六英里的乡下叫沙士顿地方租了几间小屋住下，同居的有我从前的夫人张幼仪女士与郭虞裳君。每天一早我坐街车（有时自行车）上学，到晚回家。这样的生活过了一个春，但我在康桥还只是个陌生人谁都不认识。康桥的生活，可以说完全不曾尝着，我知道的只是一个图书馆，几个课室，和三两个吃便宜饭的茶食铺子。狄更生常在伦敦或是大陆上，所以也不常见他。那年的秋季我一个人回到康桥整整有一学年，那时我才有机会接近真正的康桥生活，同时我也慢慢的"发见"了康桥。我不曾知道过更大的愉快。

（二）

"单独"是一个耐寻味的现象。我有时想它是任何发见的第一个条件。你要发见你的朋友的"真"，你得有与他单独的机会。你要发见你自己的真,你得给你自己一个单独的机会。你要发现一个地方(地方一样有灵性),你也得有单独玩的机会。我们这一辈子,认真说,能认识几个人?能认识几个地方?我们都是太匆忙,太没有单独的机会。说实话,我连我的本乡都没有什么了解。康桥我要算是有相当交情的,再次许只有新认识的翡冷翠了。啊,那些清晨,那些黄昏,我一个人发痴似的在康桥!绝对的单独。

但一个人要写他最心爱的对象,不论是人是地,是多么使他为难的一个工作?你怕,你怕描坏了它,你怕说过分了恼了它,你怕说太谨慎了辜负了它。我现在想写康桥,也正是这样的心理,我不曾写,我就知道这回是写不好——况且又是临时逼出来的事情。但我却不能不写,上期预告已经出去了。我想勉强分两节写:一是我所知道的康桥的天然景色;一是我所知道的康桥的学生生活。我今晚只能极简的写些,等以后有兴会时再补。

(三)

康桥的灵性全在一条河上;康河,我敢说是全世界最秀丽的一条水。河的名字是葛兰大(Granta),也有叫康河(River Gam)的,许有上下流的区别,我不甚清楚。河身多的是曲折,上游是有名的拜伦潭——"Byron's Pool"——当年拜伦常在那里玩的;有一个老村子叫格兰骞斯德,有一个果子园,你可以躺在累累的桃李荫下吃茶,花果会吊入你的茶杯,小雀子会到你桌上来啄食,那真是别有一番天地。这是上游;下游是从骞斯德顿下去,河面展开,那是春夏间竞舟的场所。上下河分界处有一个坝筑,水流急得很,在星光下听水声,听近村晚钟声,听河畔倦牛刍草声,是我康桥经验中最神秘的上种:大自然的优美、宁静,调谐在这星光与波光的默契中不期然的淹入了你的性灵。

但康河的精华是在它的中权,著名的"Backs",这两岸是几个最辈声的学院的建筑。从上面一来是Penbroke, St. Katharine's, King's, Clare, Trinity, St. John's。最令人留连的一节是克莱亚与王家学院的毗连处,克莱亚的秀丽紧邻着王家教堂(King's Chapel)的闳伟。别的地方尽有更美更庄严的建筑,例如巴黎赛因河的罗浮宫一带,威尼斯的利阿尔多大桥的两岸,翡冷翠维基乌大桥的周遭;但康桥的"Backs"自有它的特长,这不容易用一二个状词来概括,它那脱尽尘埃气的一种清彻秀逸的意境可说是超出了画图而化生龙活虎音乐的神味。再没有比这一群建筑更调谐更匀称的了!论画,可比的许只有柯罗(Corot)的田野;论音乐,可比的许只有萧班(Chopin)的夜曲。就这也不能给你依稀的印象,它给你的美感简直是神灵性的一种。

假如你站在王家学院桥边的那棵大桔树荫下眺望，右侧面，隔着一大方浅草坪，是我们的校友居（fellow sbuilding），那年代并不早，但它的妩媚也是不可掩的，它那苍白的石壁上春夏间满缀着艳色的蔷薇在和风中摇颤，更移左是那教堂，森林似的尖阁不可漶的永远直指着天空；更左是克莱亚，啊！那不可信的玲珑的方庭，谁说这不是圣克莱亚（St. Clare）的化身，那一块石上不闪耀着她当年圣洁的精神？在克莱亚后背隐约可辨的是康桥最潢贵最骄纵的三清学院（Trinity），它那临河的图书楼上坐镇着拜伦神采惊人的雕像。

但这时你的注意早已叫克莱亚的三环洞桥魔术似的摄祝你见过西湖白堤上的西冷断桥不是？（可怜它们早已叫代表近代丑恶精神的汽车公司给铲平了，现在它们跟着苍凉的雷峰永远离别了人间。）你忘不了那桥上斑驳的苍苔，木栅的古色，与那桥拱下泄露的湖光与山色不是？克莱亚并没有那样体面的衬托，它也不比庐山楼贤寺旁的观音桥，上瞰五老的奇峰，下临深潭与飞瀑；它只是怯伶伶的一座三环洞的小桥，它那桥洞间也只掩映着细纹的波鳞与婆娑的树影，它那桥上枒比的小穿兰与兰节顶上双双的白石球，也只是村姑子头上不夸张的香草与野花一类的装饰；但你凝神的看着，更凝神的看着，你再反省你的心境，看还有一丝屑的俗念沾滞不？只要你审美的本能不曾泯灭时，这是你的机会实现纯粹美感的神奇！

但你还得选你赏鉴的时辰。英国的天时与气候是走极端的。冬天是荒谬的坏，逢着连绵的雾盲天你一定不迟疑的甘愿进地狱本身去试试；春天（英国是几乎没有夏天的）是更荒谬的可爱，尤其是它那四五月间最渐缓最艳丽的黄昏，那才真是寸寸黄金。在康河边上过一个黄昏是一服灵魂的补剂。啊！我那时蜜甜的单独，那时蜜甜的闲暇。一晚又一晚的，只见我出神似的倚在桥栏上向西天凝望：——看一回凝静的桥影，数一数螺钿的波纹：我倚暖了石栏的青苔，青苔凉透了我的心坎；……还有几句更笨重的怎能仿佛那游丝似轻妙的情景：难忘七月的黄昏，远树凝寂，像墨泼的山形，衬出轻柔暝色密稠稠，七分鹅黄，三分橘绿，那妙意只可去秋梦边缘捕捉。

（四）

这河身的两岸都是四季常青最葱翠的草坪。从校友居楼上望去，对岸草场上，不论早晚，永远有十数匹黄牛与白马，胫蹄没在恣蔓的草丛中，从容的在咬嚼，星星的黄花在风中动荡，应和着它们尾鬃的扫拂。桥的两端有斜倚的垂柳与桔荫护祝水是澈底的清澄，深不足四尺，匀匀的长着长条的水草。这岸边的草坪又是我的爱宠，在清朝，在傍晚，我常去这天然的织锦上坐地，有时读书，有时看水；有时仰卧着看天空的行去，有时反仆着搂抱大地的温软。

但河上的风流还不止两岸的秀丽，你买船去玩。船不止一种：有普通的双桨划船，有轻快的薄皮舟（canoe），有最别致的长形撑篙船（punt）。最末的一种是别处不常有的：约莫有二丈长，三尺宽，你站直在船梢上用长竿撑着走的。这撑是一种技术。我手脚太蠢，始终不曾学会。你初起手尝试时，容易把船身横住在河中，东颠西撞的狼狈。英国人是不轻易开口笑人的，但是小心他们不出声的绉眉！也不知有多少次河中本来优闲的秩序叫我这莽撞的外行给捣乱了。我真的始终不曾学会；每回我不服输跑去租船再试的时候，有一个白胡子的船家往往带讥讽的对我说："先生，这撑船费劲，天热累人，还是拿个薄皮舟溜溜吧！"我那里肯听话，长篙子一点就把船撑了开去，结果还是把河身一段段的腰斩了去。

你站在桥上去看人家撑，那多不费劲，多美！尤其在礼拜天有几个专家的女郎，穿一身缟素衣服，裙裾在风前悠悠的飘着，戴一顶宽边的薄纱帽，帽影在水草间颤动，你看她们出桥洞时的姿态，捻起一根竟像没分量的长竿，只轻轻的，不经心的往波心里一点，身子微微的一蹲，这船身便波的转出了桥影，翠条鱼似的向前滑了去。她们那敏捷，那轻盈，真是值得歌咏的。

在初夏阳光渐暖时你去买一支小船，划去桥边荫下躺着念你的书或是做你的梦，槐花香在水面上飘浮，鱼群的唼喋声在你的耳边挑逗。或是在初秋的黄昏，近着新月的寒光，望上流僻静处远去。爱热闹的少年们揣着他们的女友，在船沿上支着双双的东洋红纸灯，带着话匣子，船心里用软垫铺着，也开向无人迹处去享他们的野福——谁不爱听那水底翻的音乐在静定的河上描写梦意与春光！

住惯城市的人不易知道季候的变迁。看见叶子掉知道是秋，看见叶子绿知道是春；天冷了装炉子，天热了拆炉子；脱下棉袍，换上夹袍，脱下夹袍，穿上单袍；不过如此罢了。天上星斗的消息，地下泥土里的消息，空中风吹的消息，都不关我们的事。忙着哪，这样那样事情多着，谁耐烦管星星的移转，花草的消长，风云的变幻？同时我们抱怨我们的生活、苦痛、烦闷、拘束、枯燥，谁肯承认做人是快乐？谁不多少间咒诅人生？

但不满意的生活大都是由于自取的。我是一个生命的信仰者，我信生活

第二章 结构文章的能力

决不是我们大多数人仅仅从自身经验推得的那样暗惨。我们的病根是在"忘本"。人是自然的产儿,就比枝头的花与鸟是自然的产儿,但我们不幸是文明人,入世深似一天,离自然远似一天。离开了泥土的花草,离开了水的鱼,能快活吗?能生存吗?从大自然,我们取得我们的生命;从大自然,我们应分取得我们继续的资养。那一株婆娑的大木没有盘错的根只深入在无尽藏的地里?我们是永远不能独立的。有幸福是永远不离母亲抚育的孩子,有健康是永远接近自然的人们。不必一定与鹿豕游,不必一定回"洞府"去;为医治我们当前生活的枯窘,只要"不完全遗忘自然"一张轻淡的药方我们的病象就有缓和的希望。在青草里打几个滚,到海水里洗几次浴,到高处去看几次朝霞与晚照——你肩背上的负担就会轻松了去的。

这是极肤浅的道理;当然。但我要没有过过康桥的日子,我就不会有这样的自信。我这一辈子就只那一春,说也可怜,算是不曾虚度。就只那一春,我的生活是自然的,是真愉快的!(虽则碰巧那也是我最感受人生痛苦的时期。)我那时有的是闲暇,有的是自由,有的是绝对单独的机会。说也奇怪,竟像是第一次,我辨认了星月的光明,草的青,花的香,流水的殷勤。我能忘记那初春的睥赐吗?曾经有多少个清晨我独自冒着冷去薄霜铺地的林子里闲步——为听鸟语,为盼朝阳,为寻泥土里渐次苏醒的花草,为体会最微细最神妙的春信。啊,那是新来的画眉在那边调不尽的青枝上试它的新声!啊,这是第一朵小雪球花挣出了半冻的地面!啊,这不是新来的潮润沾上了寂寞的柳条?

静极了,这朝来水溶溶的大道,只远处牛奶车的铃声,点缀这周遭的沉默。顺着这大道走去,走到尽头,再转入林子目里的小径,往烟雾浓密处走去,头顶是交枝的榆荫,透露着溇楞楞的曙色;再往前走去,走尽这林子,当前是平坦的原野,望见村舍,初青的麦田,更远三两个锲形的小山掩住了一条通道。天边是雾茫茫的,尖尖的黑影是近村的教寺。听,那晓钟和缓的清音。这一带是此帮中部的平原,地形像是海里的轻波,默沉沉的起伏;山岭是望不见的,有的是常青的草原与沃腴的田壤。登那土阜上望去,康桥只是一带茂林,拥戴着几处娉婷的尖阁。妩媚的康河也望不见踪迹,你只能循着那锦带似的林木想像那一流清浅。村舍与树林是这地盘上的棋子,有村舍处有佳荫,有佳荫处有村舍。这早起是看炊烟的时辰;朝雾渐渐的升起,揭开了这灰苍苍的天幕(最好是微汲后的光景),远近的炊烟,成丝的、成缕的、成卷的、轻快的、迟重的、浓灰的、淡青的、惨白的,在静定的朝气里渐渐的上腾，渐渐的不见，仿佛是朝来人们的祈祷，参差的瞥入了天听。朝阳是难得见的，这初春的天气。但它来时是起早人莫大的愉快。顷刻间这周遭弥漫了清晨富丽的温柔。顷刻间你的心怀也分润了白天诞生的光荣。

"春"！这胜利的晴空仿佛在你的耳边私语。"春"！你那快活的灵魂也仿佛在那里回响。

伺候着河上的风光，这春来一天有一天的消息。关心石上的苔痕，关心败草里的花鲜，关心这水流的缓急，关心水草的滋长，关心天上的云霞，关心新来的鸟语。怯伶伶的小雪球是探春信的小使。铃兰与香草是欢喜的初声。窈窕的莲馨，玲珑的石水仙，爱热闹的克罗克斯，耐辛苦的蒲公英与雏菊——这时候春光已是烂漫在人间，更不须殷勤问讯。

瑰丽的春放。这是你野游的时期。可爱的路政，这里不比中国，那一处不是坦荡荡的大道？徒步是一个愉快，但骑自转车是一个更大的愉快，在康桥骑车是普遍的技术；妇人、稚子、老翁，一致享受这双轮舞的快乐。（在康桥听说自转车是不怕人偷的，就为人人都自己有车，没人要偷。）任你选一个方向，任你上一条通道，顺着这带草味的和风，放轮远去，保管你这半天的逍遥是你性灵的补剂。这道上有的是清荫与美草，随地都可以供你休憩。你如爱花，这里的是锦绣似的草原。你如爱鸟，这里多的是巧啭的鸣禽。你如爱儿童，这乡间到处是可亲的稚子。你如爱人情，这里多的是不嫌远客的乡人，你到处可以"挂单"借宿，有酪浆与嫩薯供你饱餐，有夺目的果鲜恣你尝新。你如爱酒，这乡间每"望"都为你储有上好的新酿，黑啤如太浓，苹果酒、蕃酒都是供你解渴润肺的。……带一卷书，走十里路，选一块清静地，看天，听鸟，读书，倦了时，和身在草绵绵处寻梦去——你能想像更适情更适性的消遣吗？

陆放翁有一联诗句："传呼快马迎新月，却上轻舆趁晚凉"；这是做地方官的风流。我在康桥时虽没马骑，没轿子坐，却也有我的风流：我常常在夕阳西晒时骑了车迎着天边扁大的日头直追。日头是追不到的，我没有夸父的荒诞，但晚景的温存却被我这样偷尝了不少。有三两幅画图似的经验至今还是栩栩的留着。只说看夕阳，我们平常只知道登山或是临海，但实际只须耳阔的天际，平地上的晚霞有时也是一样的神奇。有一次我赶到一个地方，手把着一家村庄的篱笆，隔着一大田的麦浪，看西天的变幻。有一次是正冲着一条宽广的大道，过来一大群羊，放草归来的，偌大的太阳在它们后背放射着万缕的金辉，天上却是乌青青的，剩这不可逼视的威光中的一条大路、一群生物,我心头顿时感着神异性的压迫,我真的跪下了,对着这冉冉渐瞑的金光。再有一次是更不可忘的奇景,那是临着一大片望不到头的草原,满开着艳红的罂粟,在青草里亭亭像是万盏的金光,阳光从褐色云斜着过来,幻成一种异样紫色,透明似的不可逼视,霎那间在我迷眩了的视觉中,这草田变成了⋯⋯不说也罢,说来你们也是不信的!

一别二年多了,康桥,谁知我这思乡的隐忧?也不想别的,我只要那晚钟撼动的黄昏,没遮拦的田野,独自斜倚在软草里,看第一个大星在天边出现!

【思考练习】

1. 浅谈美国快餐在中国流行的原因。

要求运用发散性思维去思考,从一点出发,辐射到多侧面。例如经济的原因,政治的原因,文化的原因等。要求以麦当劳、肯德基为,对比中国快餐的发展。

2. 评论下列故事,从不同角度出发,至少列出七种观点:

一个老翁和他的孙子,用驴子驮着货物去卖。卖了货物,孩子骑驴,老翁跟着往回走。一个路人指责孩子不懂事,自己骑驴,却让老年人走路。于是老翁骑上驴,孩子下地走。又有一个路人说老人太忍心,让孩子走路。于是老翁把孩子抱上驴,两人同骑。又有一路人说他们太残忍,两个人骑一头驴,把驴压垮了。他们便都下来走路。又有一个路人讥笑说,他们是呆子,有驴不骑却走路。他们想现在只剩下最后一个办法了,就是两个人抬着驴子回家。

3. 阅读材料,综合概括其共同的观点。

雷锋说:一滴水只有放进大海里才永远不会干涸,一个人只有当他把自己和集体事业融合在一起的时候,才能最有力量。

牛顿说:如果说我比别人看得略为远些,那是因为我站在巨人的肩膀上的缘故。

别林斯基说:人民是土壤,它含有一切事物发展所必需的生命汁液,而个人则是这土壤上的花朵与果实。

卢瑟福说:科学家不是依赖于个人的思想,而是综合了几千人的智慧,所有的人想一个问题,并且每个人做它的部分工作,添加到正建立起来的伟大知识大厦之中。

4. 你见过最典型的中国园林是哪一座，请凭回忆写下它的布局。

【作文题目】

1. 世界杯足球赛
2. 最远的与最近的
3. 心底的秘密

第三章 语言文字的能力

明人吴从先说:"语快令人舞,语悲令人泣,语幽令人冷,语怜令人惜,语险令人危,语缜令人密,语激令人投笔,语高令人入云,语低令人下石。"这句话是说,语言是有调子高低的,是有软硬的,是有温度的,也是有轻重缓急的。语言表达人的情感,更凸现作者的思想。

一、汉语的特色

语言是什么?语言是思想的外壳。

海德格尔说:语言是存在的家。语言是人生的言说。

摇动的树是风的语言,满山的野花是春的语言,影子是光的语言,波涛是海的语言。那么,我们的语言是什么?汉语!一种古老而优美的艺术。

汉语的一笔一划多是对大自然的勾勒,对生活的会意。有时,即使我们呼唤不出它的名字,也能领会其中的意义。作为我们生活忠实的伴侣,我们用语言交流。

汉语的一扬一顿都是对生活的咏叹,对情感的抒发。

汉语是世界上最古老的语言,它的精炼、优雅和丰盈,世所公认。如果你的记忆里有"大漠孤烟直,长河落日圆",有"今宵酒醒何处,杨柳岸晓风残月",有"哀吾生之须臾,羡长江之无穷",有"满纸荒唐言,一把辛酸泪",那么,本已远去的岁月,本已消逝的面容,就随时复活,随时在语言里和你重逢。谁又能说这些纸上的行旅,不是真实人生的延续和扩展?

汉语的优美随处可见,三字经,百家姓……

汉语琅琅上口,歌唱似的:

> 登高而招,臂非加长也,而见者远;顺风而呼,声非加疾也,而闻者彰。假舆马者,非利足也,而致千里;假舟楫者,非能水也,而绝江河。君子生非异也,善假於物也。

大学生写作能力教程

积土成山，风雨兴焉；积水成渊，蛟龙生焉；积善成德，而神明自得，圣心备焉。故不积跬步，无以致千里；不积小流，无以成江海。骐骥一跃，不能十步；驽马十驾，功在不舍。

——荀子《劝学》

天下大势，纷争不断，此起彼伏。媒体报道，迅速及时。百姓居家，统统知道。汉字太美啦。美的使者，美的知音。好人好事，榜上有名。坏人恶事，也不隐埋。弘扬真善美，鞭挞假恶丑。出现不良现象，有正义感的人，口诛笔伐，齐声讨，正气压倒歪风，使老鼠过街，人人喊打。

花开两朵，各表一枝。

要知后事如何，且听下回分解。

好听的好看的汉语段落顺手拈来，不胜枚举，读起来令人会心微笑，心情舒畅。

能否获得语言的恩惠，能否领悟语言的秘密，实在是关乎每个人生存质量的大事，不容轻视。语言丰富，则人生饱满；语言贫瘠，则人生寡淡；语言性灵，则人生优雅。很多古代文人之所以过着风雅的人生，就在于他们的生活处处都与优雅的汉语为伴，或吟诗作赋，或月下清谈，乐在其中。因此，那些传世的诗词曲赋，是他们在茶楼叙旧、送别亲友或游山玩水时的即兴咏叹。这种风雅人生，至今还令我们心向往之。

王蒙先生说："汉语特别是汉字，是讲究审美，讲究联想，讲究灵性与神性的语言文字。"舒婷说："魅力汉语对我们的征服，有时是五脏俱焚的痛，有时是透心彻骨的寒，更多的是酣畅淋漓的洗涤和'我欲乘风归去'的快感。"

贾平凹说："如同在路上走，路弯弯曲曲，它们就是一棵棵树站在路的拐弯处，让我明确了方向，靠着歇气、乘凉，或者那树长得好，树梢上有鸟美丽的叫声。"余光中说："阅读是一种链接方式，链接着文字与生活，文字里的优雅让生活变得坚强，让爱情变得更韧性，让人性变得更有尊严。"

汉语五大特色：

（1）汉语汉字是当今世界上历史最悠久的语言文字体系，承载的文化信息极为丰富厚重，堪称一座挖掘不尽的文化宝藏。

（2）汉语汉字是当今世界上惟一仍在使用的方块字体系，便于人们的

第三章　语言文字的能力

理解和记忆，并且衍生出举世罕有、美仑美奂的书法艺术。

（3）汉语的表意功能丰富而严谨，无论是表达细微感情的文艺创作，还是拟定严谨周密的契约文本，汉语均能胜任。

（4）汉语汉字精练高效，同其他语种相比，汉语汉字可以用同样的篇幅表达更多的内容，既节省纸张，也节省时间。

（5）曾经为人们担忧不已的汉字计算机输入难关已经彻底突破，如今汉字已成为世界上电脑输入速度最快的文字。全国计算机输入比赛的冠军获得者达到了每分钟输入370多字的神奇纪录。普通人，也可以达到每小时输入两三千字的速度。

二、语言是写作的工具

语言是什么？语言是写作的工具，语言更是一个国家民族的根。语言体现着国家民族的文化，语言的背后是思维。从历史上的事例看，要灭掉一个国家，就是首先灭掉他的语言。日本人曾经在台湾推行日语，限制国语就是这样的。都德的《最后一课》中说的也是这样的故事。

语言是人类最重要的交际工具。人们利用它来传达信息，交流思想，达到互相了解的目的。在有文字的社会里，语言有口语和书面语两种形式，作为写作工具的语言主要是书面语言。写作就是运用书面语言来总结经验、传达思想、抒发感情的一种活动。

语言对于写作来说，正如同武器对于战士一样重要。作战而没有武器就打不了胜仗；写作离开语言，再典型的材料、深刻的思想、精巧的构思都无法表达。写作者必须熟练地掌握语言这一工具，并认真地锤炼语言，才能把人们的经验、思想、感情完美地表达出来，写出好的文章来，这就是古人说的"工欲善其事，必先利其器"。

我们前面说过，文章的主旨犹如人的"灵魂"，文章的材料好比人的"血肉"，文章的结构就像人的"骨架"；现在我们说，文章的语言恰似人的"细胞"。细胞是构成人体的最小的单位，是文章的基础。谁见过没有任何语言（文字）的"文章"呢？

写文章主要是给别人看的，因此写作中语言的使用不能看作是个人的事情，它对于我们思想的精确程度和工作效率的提高，甚至对国家和民族的利益，都有极重要的意义。周恩来同志对语言极度重视，他说："不能错用一个字。应该认清每一个字的分量，它有时甚至与四亿五千万人民的利益有关！"周恩来同志的话正说明语言的作用是一个至关重要的问题，决不能有半点粗心大意。在语言使用中"差之毫厘，谬以千里"的情况是经常会出现的，有时甚至会产生极其严重的后果。下面举一个外国历史的事例。

  1889年，意大利和埃塞俄比亚签订了一个乌查里条约，这个条约的第十七条有这样一句话："埃塞俄比亚万王之王陛下，在其与其他列强或政府所发生的一切交涉中，可以借助于意大利国王陛下的政府。"这句话的意思很明白，当埃塞俄比亚一旦与外国发生纠纷，他们可以请意大利帮忙，自然，也可以不请。这个决定权在埃塞俄比亚国王那里。但是，这个条约的意大利文本中，意大利有意把十七条中的"可以"改为"必须"，这样，这句话的意思就发生了根本性的变化。当时，埃塞俄比亚人忽略了两个文本中的一词之差，致使在条约签字生效以后，意大利便得意洋洋地宣布埃塞俄比亚为它的保护国。因为根据意大利文的解释，埃塞俄比亚只能在意大利的卵翼之下了。后来，意大利的阴谋被揭穿了，埃塞俄比亚断然宣布废除乌查里条件，于是两国爆发了战争。最后在埃塞俄比亚人民的迎头痛击下，迫使意大利于1896年重新签订条约，承认了埃塞俄比亚的独立。

  这可以说是由于语言使用中的一词之差而产生的一个惊心动魄的事件。

  古往今来的许多伟大作品，没有一个不是建立在精湛语言基础之上的。那些创造出伟大作品的作家，都是善于使用语言的巨匠。马克思主义经典作家无一不是"严格的修辞家"。像马克思"他对于语言的简洁和正确是一丝不苟的"，"他常常花很多时间力求找到需要的字句"，他绝不把还没有经过精心斟酌、润色的未完成品公之于众。他所写的经典巨著《资本论》，正像他自己所说的那样，是一件无可挑剔的"艺术品"。毛泽东同志也是这样，他对于语言文字的讲究是始终一贯、极为严格的。他的许多政论著作，是文章大家，他的著作极大地丰富了我国现代语言的宝库。

  作为一个中国人，无时无刻不使用汉语。汉语是中国人生活与工作须臾不可离开的工具。如果汉语不过关，话说不利索，字写不通顺，对一个中国人的影响就是全天候、全方位的，其影响显然要远远大于英语。再往深了说，汉语不单单是沟通的工具，也是中国人安身立命的根基。

  语言文字不但是文化的基本载体，而且语言文字本身就是一种文化，是祖先留给我们的宝贵遗产。掌握了它，你就掌握了一把关键的钥匙，博大精深的中华文明宝库就向你敞开了，从中探寻文明的瑰宝，吸吮传统的精华，

第三章　语言文字的能力

用中华优秀文明把自己武装起来，才不枉为一个中国人。

三、语言是思想的直接现实

人类是通过语言进行交际和交流思想的。但是，只有思风发于胸臆，言泉才能流于唇齿。所以，不论是口头语言还是书面语言，都要受思想的领导和制约。

唐朝诗人杜牧说过："意全胜者，辞愈朴而文愈高；意不胜者，辞愈华而文愈鄙。是意能遣辞，辞不能成意。"可见，辞（言）与意（理）之间是一种主从关系："意"为主，"辞"为从，意在笔先，辞随意生。

思想的清晰决定语言的明确。为什么有人发言东拉西扯，甚至牛头不对马尾呢？为什么有的文章含糊其辞，甚至不知所云呢？

主要原因就是作者对他所描绘的事物没有看准，对他所阐述的道理没有吃透，于是，只能说一些"差不多"、"也许是"、"大概是"之类的糊涂话。秦牧说："文字的暧昧由于思想的朦胧。"只有思想上十分清晰，才能够以畅达美妙的文字表达出所要描述的一切，也只有在充分了解描写对象的时候，才能够运用通俗的形式来表现它。所以要想写得清楚、通顺，必须想得明确、畅通。要想写得深刻，就必须先思考得深刻。想不清楚，写出来也就糊涂。想不深，写出来也只能是浅而已。思想的深刻决定了语言的深刻，思想的清晰决定语言的明确。

思想的新意决定语言的新颖。读者总是想从文章里受到新的启发，得到美的感受。可是，有些文章只会蹈袭前人的词句，毫无新鲜动人的地方。比如，描述黎明，总是"东方现出鱼肚白"；谈起感受来，总是"心情久久不能平静"；写模范人物，总有一句"他是这样说的，也是这样做的"；说到形式，非戴一顶"改革开放，经济发展"的帽子不可。这说明作者思想上没有新意。文章首先要有真切的体会和见解，然后见之于文字，才能给人以新的启发。只有在认识上有新的见解，"道人之所不道，到人之所不到"，才能在语言上有所创造，达到"独自胸出，萌发新意，创意造言，皆不相师"的境地。如果没有感人的内容，决不会出现感人的语言。

如此可见，语言是一种从属于思想的东西。"其事异，故其情异；其情异，故其辞异。"写文章必须有真情实感，才可以缘情为文，顺理成章；没有真情实意，硬去"缘文生情"，那就本末倒置了，再漂亮的词句也没有用处。

以上我们侧重说了语言对于思想的依从性，但这只是问题的一面，此刻，还必须看到问题的另一面：思想是不能脱离语言而存在的。斯大林同志明确讲过："不论人的头脑中会产生什么样的思想，以及这些思想什么时候产生，它们只有在语言材料的基础上，在语言的词和句的基础上才能产生和存在。没有语言材料、没有语言的自然物质的赤裸裸的思想，是不存在的。所以，思想和语言是紧密联系、互为依存的。"

四、语言的运用要求

我们写文章，尽管是写同一题材，可一百个人就能写出一百个样子，并且只能写出一百个样子。就象无数的绿叶中，没有两片的叶脉是长得一模一样。我们看《红楼梦》，那绝对是《红楼梦》，而不是《儒林外史》，或《水浒》。这些传之久远的古典作品，一方面是因为它们有好的思想内容，另一方面也是因为它们有好的语言格调。

（一）语言要一句顶一句

大家也许会笑。笑这个问题的幼稚，一句不是顶一句，还能顶多少句呢？文革时候，很多人把毛主席当神看，敲明叫响说他的话一句顶一万句。于是也像对皇帝似地，对他喊万寿无疆。其实，我要说的是我们同学文章中的话往往一句不顶一句，直写下去，自以为表达了自己的思想感情，结果连作者自己也不知道写到哪里去了。这当然只能是糊涂文章。有些人故意学西方一些作品的派头，一直往下写，半篇没有一个标点，岂不知自己只学了"皮毛"而不是真正的"内核"。有的人甚至不会用标点，觉得省事，一篇文章不用一个标点，或写几句才来一个句点。这些都表现了对写作语言运用的盲目和无知。那么，应该如何一句顶一句呢？

我们说应该先想好了句子，念一下或是心里念一下，看站得稳站不稳，一句站住了再往下写第二句。必须一句是一句，一句顶一句。一句一句连上，能贯通，没有闲杂的句子，没有无中生有的句子，可有可无的句子。老舍曾说过自己的写作语言："我自己写文章，总希望七八个字一句，或十个字一句，不要太长的句子。每写一句时，我都想好了，这一句到底说什么，表现什么感情，我希望每一句话都站得往。当我写了一个很长的句子，我就想法子把它分成几段，断开了就好念了，别人愿意念下去；断开了也好听了，别人也容易懂。"他的这段话讲的极好。我们写文章主要是为了让人明白，读者是很厉害的，一下就看出了高下，掂出了份量，句子的优劣。

再就是，一句与一句之间的联系应该是逻辑的、有机的联系，这就跟人周身的血脉一样，是一贯相通的。我们有的同学写东西，往往不大注意这一点。一句一句不清楚，不知道说到哪里去了，句子与句子之间没有必要的内在的联系，一句不管一句，一句不连着一句，上下句子不相照应。读者的心理就是，你上句说了个什么，就希望你下句接着说。这一方面是直感，另一方面也是最普遍顺溜的思维形式。例如你说"今天天阴了"，读者看了，就希望你顺着天阴往下说。你的下句要是说"大家都高兴极了"，这就连不住。天阴了这高兴什么呢。当然，除非是农民需要雨的时候。所以，你要说"今天天阴了，一会儿要下雨的"，这就连上了。老舍有这样的话："我们写文章要一句是一句，上下连贯，切不可错用一个字。每逢用一个字，你就要考虑到它会起什么作用，人家会往哪里想。写文章的难处，就在这里。"他还说："我的文章写的那样白，那样俗，好像毫不费力。实际上，那不定改了多少遍！有时候一千多字需写两三天，看有些青年同志们写的东西，往往吓我一跳。他下笔万言，一笔到底，很少句点，不知道到哪里才算完，看起来让人喘不过气来。"这的确是著名作家的经验之谈。我们初学写作者应体味琢磨。我们有些同学，一写作文，唰唰唰就是两三千字，甚至上万字，同学们都说他能写，但并不说他写得好。写得不好，能写又怎么样呢？假如都是废话，一万个字还不如一百个有用的字好。

（二）语言要准确

对语言运用的第二个要求是要准确。语言首先是准确，才能求更深层次的追求。我们写文章，字句不清楚、不明白、不正确的例子很多。准确的基础是清楚，例如："那个长得像驴脸的人"，这个句子就不清楚，不明确，也不正确。这是说那个人的整个身子长得像驴脸呢，还是那个人压根没胳膊及腿，全身长得像一张驴脸呢。要是这般模式，怎么还像人呢？当然，这位作者的本意是说：那个人的脸长得像驴脸。所以，要先老老实实地把要说的话写清楚，然后再求生动、鲜明等等。在写的时候，最好少用修辞，非到不用不可的时候再用。在一篇文章里面写女孩，就是一个"靓"，写男孩，就是一个"酷"，再不就是一个"帅"。这样的字眼多了，就不发生作用了。

一篇写人的文章，乱用比喻，这个人的耳朵像什么，眼睛像什么，口像什么，鼻子像什么……老天爷，这会叫人觉得这人不像人了，并且使文章单调无力。老舍先生说过："要知道，不用任何形容，只是清清楚楚写下来的文章，而且写得好，就是最大的本事，真正的功夫。"这句话说得非常好，它说出了文章语言的追求就是写"清楚"写好。

我们有些人，之所以爱用形容词修饰，极爱用修辞格，一则是一种不良的习惯，再则是自己并不明白自己要写的东西，要说的话并不是从心底里流淌出来的。如果你真正明白了你所要写的东西，你就可以不用那些无聊的修辞与形容，而能直截了当，开门见山地写出来。我们就古诗来举例吧。像王维的"隔牖（yǒu 窗）风惊竹"，就是说早上起来，听到窗子外面竹子响了。听到竹子响后，当然要打开门看看，这一看，下一句就惊人了，"开门雪满山"！这没有任何形容，就那么直接说出来了。没有形容雪，可使我们看到了雪的全景。如果是写他打开门就大呼"哟！伟大的雪啊！""多漂亮的雪呀！"便不会惊人。所以，我们说，在写作时尽量少用或不用感叹词，就是说不要随便用，在非用的时候再用，在到了火候的那里用一个半个。有的人喜欢一开头来个"啊！我们伟大的祖国啊！我的亲娘啊！"这是没有感人力量的，只能叫人感到生硬、做作，甚至浅薄。你应该在写祖国的时候想清楚写什么，怎样写，少用那些乱七八糟的修辞或是感叹词语。老舍还说过："你要是真看明白了一件事，你就能一针见血地把它写出来，写得简练有力！"这的确是语言大师由实践而来的经验之谈。

再就是有些人为了能使文章的字句连贯起来，爱用关联词语。这也是一个坏习惯。上下句，甚至上下文的联系就是内在的，而不要老在字面上用关系词。当然，在理论性的文章中应适当地运用。在一般性的文章里，就是要少用"然而"、"所以"、"因此"、"不仅……并且……"、"但是"等等，不要老用这些词转来了又转去了。一会儿你用"然而"，一会儿又用"但是"，一会儿又来个"所以"，总是这么绕弯子，那么兜圈子，当然减弱了文章的力量，读者还要惊奇："这人到底想怎么样？这人一定不能直截了当地说话，这人很可能有病！"有这样一个故事。我们的大文学家写了两句最得意的诗："落霞与孤鹜齐飞，秋水共长天一色。"传说，后来他在水里淹死了，死后还不忘这两句，天天在水上闹鬼，反复念着这两句。后来有一个过路人听见了，就说："你这两句话还不算太好。要把'与'字和'共'字删去，改成'落霞孤鹜齐飞，秋水长天一色'，不是更挺拔更好吗？"据说，从此

第三章　语言文字的能力

就不闹鬼了。

准确的基础是清楚，所谓"准确"，从逻辑上讲，一要概念明确，二要判断恰当，三要推理有逻辑性，这就是说我们的思想应该正确地反映客观事物。从语言运用的角度讲，就是要先用恰当的词语，组织通顺的句子，准确地表达思想。一篇文章的语言质量如何，与用词造句的准确和合乎法则关系极大。

1. 写字要正确无误

"工欲善其事，必先利其器。"语言要准确，必须先不写错别字，必须先掌握正确无误的一定数量的字。

"字"，在古汉语里实在是包括了"词"的概念在内的。因为，在古汉语里，单音字居多，"字"和"词"往往是一身二任，一而二，二而一的东西。但在现代汉语里就不同了，双音词、多音词大大加多，"词汇"的概念就写作来说比"文字"要重要、突出得多了。所以，现在人们讲写作，通常是讲"字"、"词"、"句"、"篇"。而古代则是讲"字"、"句"、"章"、"篇"。这里增了"词"，而省了"章"。其实，"章"是段落。我们讲的"篇"自然包括了"章"。"篇"的问题是结构能力，而"字、词、句"则属于语言能力的范畴。

就写作能力而言，一般人认为字不重要，但是，绝对不可轻视。一个连起码的字都不会写的人，要写出文采飞扬的文章是不可能的，因为语言能反作用于写作时的思维，它会限制你的思维能力。据统计，我们的汉字大约有六万多个，这个数字之"大"、数量之"多"是惊人的。这表明了汉语的无比丰富，高度精确。在全世界的诸多语言中，汉语可以说是最优美、最富于表现力的语言之一。但是，这就造成了识字的困难，即使是语言学家，文字的考证家穷其一生，也往往不可能将中国的汉字都认完全。反过来说，认得差不多就行了，认完也不需要。一般文化水准较高的人也只认得四、五千字。据文字学家研究，实际常用的汉字只有大约三千个左右。有人统计，《毛泽东选集》一至四卷共用字两千九百八十一个，差一点不到三千，正好是常用汉字的数目。《毛泽东选集》第五卷所有的单字也只有两千二百多字。一部偌大的《红楼梦》，据有人统计，所用单字也不过四千二百多个。所以，认识常用的三千汉字或再稍多一些，就应该说具有写好文章的一定的文字基础了。而这个"标准"，一般人都不难达到。所以，从这个意义上讲，"字"的问题不是决定写作能力高下、强弱的关键问题。

　　关键的问题是,有些人把学会的字又写错,或写成别字。我们所说的"认识字"是包括了对一个字的"音"、"形"、"义"三个方面的全面掌握。特别是字形,弄错一点都不行。例如"染"字,从"水"从"木"从"九",是个会意字。"木"代表染料;放在"水"中去染;"九"代表染的次数,是说要多次浸染。但是很多人把三点水"氵"写成了两点"冫",把"九"字写成了"丸"字,这就是错字了。其实,凡是带两点"冫"的字,都和"冰冷"有关,如"冰"、"凝"、"冻"、"凋"、"冬"、"冷"、"凛"等等。因为这两点("冫")最初就是"冰"字的本字,而"染"东西是和"冰"冷无关的。这种写错的例子是很多的。当然,也有因字音和字义之错造成错字的,也有不认真而造成错字的。事实上,我们说一个人"错别字太多,文字水平较差",这不能说是冤枉他的。如果你连常用常见的一些字都写不正确,你说你"语言能力"很强,"写作水平"很高,这能说得过去吗?所以,字写得正确、规范与否,表明着一个人的语言文字水平素养,不可等闲视之。

2. 用词要精确无误

　　词汇,是语言的建筑材料。不论多么优美的语句,多么动人的表达,都离不开一个一个的"词"。汉语的词汇共有多少?这简直是一个很难于弄清的问题。如果字有六万多个,那么,这么多的字按不同的方式组合成词,其数量就很难统计了。从一定意义上说,占有词汇的多少比掌握句式类型的多少,对提高写作能力和提高语言文学的素养更为现实,更为重要。因为,词汇是语言的材料,在语言"宝库"里没有较多的语汇,你是很难谈得上周密、严谨、简洁生动地表达思想感情的。冰心说:"一块积木摆不出东西来,两块就有了对立面,三块就可以搭个过门,四、五、六块就更好,可以摆个比较复杂的东西了。拿词汇来说,你没有积累到相当多的话,就没法挑选,因时因地制宜地把它放在适当的地方。"这话是极有道理的。

　　词汇的海洋辽阔无比。每个词代表着不同的事物的概念和状貌,反映着不同的景象和感情。法国著名作家福楼拜说过,世上没有两粒相同的粒子,没有两只相同的苍蝇,没有两双相同的手掌,没有两个相同的鼻子,因此,"我们不论描写什么事物,要表现它,惟有一个名词,要赋予它运动,惟有一个动词,要得到它的性质,惟有一个形容词。我们必须继续不断地苦心思索,非发现这惟一的名词、动词和形容词不可,仅仅发现与这些名词、动词、形容词类似的词句是不行的,也不能因思索困难,用类似的词句敷衍了事。"

从纷繁富丽的词汇海洋里，选取那惟一的、完善的词语去准确地叙事、状物、表情、达意，这是一项十分艰苦的劳动。马克思常常花很多时间力求找到需要的字句，一丝不苟，"有时到了咬文嚼字的程度"。列宁也非常重视"文字"上的修饰，因此斯大林说他的文章："每一句话都是一颗子弹。"鲁迅是运用语言的大师。他的语言最突出的特色之一，就是用词准确、精巧。鲁迅最善于在他丰富的词汇中，挑选出一些有共同意味的词语，形成一种浓重的感人气氛。我们学过他的《故乡》，开头是这样描写的：

> 时候既然是深冬，渐近故乡时，天气又阴晦了，冷风吹进船舱中，呜呜的响，从篷隙向外一望，苍黄的天底下，远近横着几个萧索的荒村，没有一些活气。我的心禁不住悲凉起来了。

这里，作者正是以深冬、阴晦、冷风、呜呜、苍黄、萧索、荒村、没有活气、悲凉等词在意义色彩上的一致性，构成一幅沉寂灰暗的图景，使读者历历在目。作者那种沉郁思索之苦，便重重地压在读者的心头，可见鲁迅是非常善于用词的颜料，来绘制极其动人的生活图景的，如果不能精确全面地掌握丰富的词汇，是描画不出这样生动景象的。再比如《药》里老栓和刽子手交易人血馒头的情景：

> 老栓还踌躇着；黑的人便抢过灯笼，一把扯下纸罩，裹了馒头塞给老栓，一手抓过洋钱，捏一捏，转身去了。

这句话用"抢、扯、裹、塞、抓、捏"这几个动词，把"黑的人"（刽子手）的蛮横、霸道、粗鲁，以及贪婪全表现出来了。相对地也衬出了老栓的被动、麻木。

总之，"词"的精确无误在文章的具体运用中是很重要的。在造词、用词上是否具有"分寸感"即"精确感"，是语言文字素养高下的一个重要标志。

（三）语言要鲜明与生动

生动是在准确、简练基础上对于语言的进一步要求。一篇文章如果内容很好，但是语言不形象、不新鲜、没趣味，不讲究一点形式美、音乐感，那是很难引起读者兴趣的。

1. 要有形象感

为了把事物的形状和事件的情景，或把抽象的道理变成具体可感的，就必须绘声绘色地呈现给读者，就必须认真考究语言的色彩和明暗、感触的软硬及声调的响亮与沉郁，使人读完文章以后，有一种身临其境的感觉，好象摸得着，看得见似的。这就是语言的形象感，我们有时也叫立体感。

例如《水浒传》第三回："鲁提辖拳打镇关西"，写鲁达用拳头打郑屠。"只打在鼻子上，打得鲜血迸流，鼻子歪在半边，却便似开了个油酱铺：咸的，酸的，辣的，一发都滚出来。郑屠挣不起来，那把尖刀也丢在一边，口里只叫：'打得好！'鲁达骂道：'直娘贼！还敢应口！'提起拳头来就眼眶际眉梢只一拳，打得眼棱缝裂、乌珠迸出，也似开了个彩帛铺的：红的、黑的、绛的，都绽将出来。"这段话里一拳打得"鼻子歪在半边"，咸的、酸的、辣的，一发都滚出来。又一拳头打得"乌珠迸出"，红的、黑的、绛的，都绽将出来"。第三拳打得"挺在地上"。这三拳用了三个有感触的字眼，"歪"、"迸"、"挺"，又配合了咸的、酸的、辣的这些味觉感触，和红的、黑的、绛的这些色彩的视觉形象，构成了一幅生动、具体的图象，把事件的情态活灵活现地展示给了读者。唤起读者的丰富联想，构成了形象感。

再比如，毛泽东的《星星之火，可以燎原》中，对于革命高潮快要到来的"快要"二字，作的是这样的描绘：

> 它是站在海岸，遥望海中已经看得见桅杆尖头了的一只航船，它是立于高山之巅远看东方已见光芒四射喷薄欲出的一轮朝日，它是躁动于母腹中的快要成熟了的一个婴儿。

这段话用了三个比喻，三个比喻又构成排比句式。这种语言的可贵，不仅仅在于把抽象的东西具体化，展现出作者的思想，使人感到明朗、充实、容易理解，而且烘托出鲜明的图景，使人感到清晰、健美，感受到一幅艺术的形象的图画，感受到一种语言美的享受。

《红楼梦》是大家熟悉的，众口一词的好书，曹雪芹的语言的确是"言简而事丰"，有很大的容量。《红楼梦》第三十二回里写贾宝玉向林黛玉表达爱情有这样一段话：

> 宝玉瞅了半天，方说道："你放心。"黛玉听了，怔了半天，说道："我有什么不放心的？我不明白你这个话。你倒说说，怎么放心不放心？"

第三章 语言文字的能力

　　作者没有写他们两人卿卿我我地甜言蜜语，而是用这样精炼而含蓄的语言表达他们藏在心头的千言万语。"你放心"这三个字隐含着宝玉对黛玉的难以言状的炽烈感情，这种感情黛玉是完全能够理解的，但黛玉却又故意设问，这一设问正是黛玉对宝玉作出的最坚定的回答，是藏在黛玉心头的爱情烈火的熊熊燃烧。在这段有限的文字里，读者仿佛看到了他们在爱情问题上的痛苦和烦恼、向往和追求、斗争和勇气，真有无穷的弦外之音。这种简练含蓄的语言真是上乘之作的内涵。我们学习语言的各种运用要求，就是要力图学习这样的语言。有句俗话说："宁吃鲜桃一口，不吃烂桃一筐。"鲜桃虽是吃一口，但有香甜的回味，叫人还想吃，而烂桃人往往就不会去吃一筐的。

　　古人认为，藏锋不露，读之有滋有味的文章，才是有较大容量的上乘文章。就好比黄山那数不清的、引人入胜的奇峰怪石，其景致只有一隔一层薄薄的、轻纱般的云雾，才隐约可见；如果云消雾散，露出赤裸裸的山石，游人失去遐想的余地，也就索然无味了。《红楼梦》第六回中，写刘姥姥在王熙凤住宅的东屋静候着凤姐回来。"只是小丫头们一齐乱跑，说：'奶奶下来了。'平儿和周瑞家的忙起身说：'姥姥只管坐着，等是时候儿，我们来请你。'说着迎了出去。"接下来，作品并没有直接描写王熙凤回府的情况，而是通过刘姥姥的耳朵来写动静："刘姥姥只屏声侧耳默候，只听远远有人笑声，约有一二十个妇人，都捧着大红细漆盒，进这边来等候。听得那边说道'摆饭'渐渐的人才散出去，只有伺候端菜的几个人。半日鸦雀不闻。"这种隐隐约约的间接透露，对读者所产生的效力，要比锋芒毕露的直接描写大得多。它更易于引起读者的想像，探索更多的内容。

2. 要有趣味感

　　趣味是指选择语言材料来增加文趣，使人们对你的语言发生兴趣。好的文章，哲理有理趣，形象有情趣，使人越读越有味，禁不住摇头晃脑，哑然失笑。在一般文章中，幽默感是常见的一种趣味感。恩格斯认为：幽默是具有智慧、教养和道德上的优越感的表现。他说，工人"大都是抱着幽默态度进行斗争的，这种幽默态度是他们对自己事业满怀信心和了解自己优越性的最好的证明"。这说明幽默是一种自信和机智的表现。生活中语言有幽默感的人大多是活泼快乐的人。一位同学将借来的书不小心撕掉了结尾的几页，虽然他已经知道对方并不在乎，但也还是说："没关系吧，你可以自己想像结尾，这样才更有趣！"对方终于笑了。一位同事刚结婚，他的妻子怀了孕,挺着大肚子。在来客面前难为情,丈夫就说"喝啤酒喝的!"于是大家伙都笑,笑过之后便没事了。

语言的致命伤是枯燥、晦涩、无趣;"文字要生动有趣,必须利于幽默"。幽默借助于想像,机智而巧妙地运用引人发笑的技巧,使读者在轻松的气氛中,通过笑的媒介,领悟到作者宣示的旨趣,甚至是深奥的哲理。

3. 要有音乐感

汉语的语言结构形式,特别是句式,是非常灵活的,而且各有其妙;主谓句完整严密,适于叙述一件事情。非主谓句简洁明快,宜于表达命令、请求、感叹等各种情感和语气;主动句强调执动者,被动句强调处置者;常式句平稳,宜于一般的叙议、描绘;而变式句多变,宜于表达突出的思想和情感;肯定句式直写事物,否定句式和反问句式文意曲折而语气强烈,如此等等。一句话的用词搭配不同,节奏就不同;软硬不同,语调就不同。再者不同的句子、变化的句子在一块相搭配的自有差参错落的美感;都一样的句式相连又有一种有劲有力的整齐的美感。这都是很有讲究的,也只有讲究语言的节奏快慢、音韵高低等等,语言才有特色。

(1)整齐美。我们汉语有一个用语习惯,就是一对一对地说话。说乱得很往往说"乱七八糟",说路远就说"山高水长",说前后说成"前前后后",说里外是"里里外外",高兴是"高高兴兴"。说个"百花齐放",就来个"百家争鸣","不是东风压倒西风,就是西风压倒东风。"我国历史上有名的汉赋,以及后来的骈文,都是对句,一句对一句。马克思的文章里也有很多的一对一对的句子,毛泽东的文章更是这样。古人是觉得这样善于表达、有力、完整,读起来上口。其实,这里面还有个辩证法问题。用辩证法思考问题,都是一对一对的。"在普及的基础上提高,在提高的指导下普及",这是一对。"无产阶级以哲学作为自己的精神武器,哲学以无产阶级作为自己的物质武器"。马克思这样的语言是很多的,很动人的。我们祖先老子的"信言不美,美言不信"、"祸兮福所倚,福兮祸所伏",这也是朴素的辩证思想。到后来欧阳修的"先天下之忧而忧,后天下之乐而乐"等等同样如此。既容易记,又容易读,读了叫人舒服。所以每家门前贴的就是"对子"(对联)。人们认为,在有限的两句话里要包含许多内容,而又要有力,好听,好记,莫过于对子。所以古时候孩子读书对对子便是一门主要的课。不会对对子,当然写不了好文章的。这就是"对偶"句,两两相对,比较整齐,读起来朗朗上口,很有气势,有一种整齐美。

比如毛泽东《改造我们的学习》里有这样的一段："或作演讲，则甲乙丙丁，一二三四的一大串；或作文章，则夸夸其谈的一大篇。无实事求是之意，有哗众取宠之心。华而不实，脆而不坚。自以为是，老子天下第一，'钦差大臣'满天飞。这就是我们队伍中若干同志的作风。"毛泽东为我们在语言上树立了光辉的实实在在的榜样。

（2）抑扬美。汉字的读音是分"四声"的，即阴平、阳平、上声、去声。由这"四声"的区分而有所谓"平"、"仄"。"阴平"、"阳平"类的字是所谓"平"声字；"上声""去声"类的字即所谓"仄"声字。平声字为"扬"（响亮、高亢），仄声字则为"抑"（低回、短促）。那么，利用"平""仄"的对应和交错就可以造成语言的抑扬之美。我国古代的"诗"、"词"就是利用汉语声音的平仄交错来作为自己的表现形式的。那么，一般散行的文章怎样才能做到平仄相交，具有语言的抑扬美呢？

老舍先生说过："其实，即使是散文，平仄的排列也还该考究。是'张三李四'好听，'张三王七'就不好听。前者是二平二仄，有起有落；后者是四字皆平，缺乏扬抑。四个字尚且如此，那么连说几句就更要好好安排一下了。'张三去了，李四也去了，老王也去了，会开成了'，这样一顺边的句子大概不如'张三、李四、老王都去参加，会开成了'简单好听。前面有一顺边的四个'了'，后者'加'是平声，'了'是仄声，扬抑有致。……如'今天你去，明天他来'，或'你叫他来，不如自己去'。'来'与'去'在尾句平仄互相呼应，相当好听。"从这段话我们可以得出这样的结论，即一句话内要注意词与词的平仄相交，而几句话连用则要注意尾句平仄的互相呼应。特别是后者，更为重要。例如："房子是应该经常打扫的，不打扫就会积满了灰尘；脸是应该经常洗的，不洗也就会灰尘满面。"（毛泽东：《论联合政府》）"积满灰尘"，"灰尘满面"，这样颠倒变化词语的目的主要是为了收住语言的抑扬之美。因为："尘"是阳平，"面"是去声，这样，一平一仄，高低相应，读起来抑扬顿挫，和谐悦耳，易于读诵，也易于记忆。

这种句子的抑扬美，除了安排平仄外，还有章节和停顿的配合。现代汉语以双音节词为主，双音节可以使句子整齐匀称；再用单音节相间，又可以使句子错落有致。

句子结构，为了节奏鲜明，可以在句中安排语言停顿，使句子平衡而又富有节奏感。汉语中还有不少现成的增加语言声响抑扬效果的语词，如双声叠韵词、叠音词等等，运用得好，不仅声美，且表义效果也非常鲜明。正如刘勰所说"灼灼"状桃花之鲜,"依依"尽杨柳之貌,"杲杲"为日出之容。

(3)参差(错落)美。长句是结构复杂而且词数多的句子,一般地说句子的各个中心都带有复杂的修饰成分。长句可以把话说得严密、精确,可以把各种关系准确地表达出来,可以使语意贯通、气势畅达。应用型文体语言多选用长句。文学语言为表达激动的心情时,为了增强抒情效果时,也常用长句。

短句是结构简单而词数少的句子。短句简练精悍,明快活泼,因此便于记叙紧急情况,渲染激烈紧张的气氛,也便于表达强烈的感情、激动的情绪。

长句、短句各有千秋,因此人们往往综合运用,从而构成语言形式的参差美。整和散的在篇为段,在段为群,一个句子里无所谓参差美的。整是整整齐齐,各句子结构相同或相近,散是各句子长短不齐,往往各种句子交织在一起,只要交织得好,便自有一种参差美。

从理论上说,我们的汉语如此丰富,如此精微,完全可以用语言来穷尽我们的思想感情的。但是,语言和思想是有某种差距的,必须不倦地学习语言,不懈地磨砺语言,这是写作者一个永无止境的重要任务。

五、培养语言能力

我们讲了写作语言运用的要求,那么,我们怎样才能达到这些要求呢?一句话,就是要下苦功夫学习语言。毛泽东在《反对党八股》一文中指出:"语言这东西,不是随便可以学好的,非下苦功不可。"

学习语言是有些方法的,有些窍门的。知道了这些方法,可以事半功倍,可以比较顺当地登堂入室,然而很少有人把兴趣当作一个窍门看。掌握语言艺术,对文学家是重要的,对其它行业一样重要。经济工作者是经济思想的收集者、加工者、创造者和传播者,为了准确地表达思想,有效地宣传真理,不可忽视语言艺术的修养。有人说《资本论》在"理论上,像钢铁那样紧密,利刃那样锋锐;内容上,像海洋那样渊博丰富;文章上,就像它的真理那样,健全、美丽、动人。"这是很中肯的赞语。不仅是《资本论》,所有马克思主义经典著作,没有不是既以思想内容的科学性博得人们的敬佩,又以语言形式的艺术性赢得人们的喜爱的。

第三章 语言文字的能力

（一）直接从生活里学习语言

为了学好语言，必须使自己的生活丰富起来。一个闭目塞听，与客观世界毫无接触的人是无所谓认识的。对于语言来说，也是这样。没有生活，就没有语言。凡你亲眼看过、亲耳听过、亲身体验过的事情，用语言表达时总比较容易一些。经济现象被分解成时间与空间的存在，你可以从每一分钟里面或者每一个空间里打捞经济现象或者说经济信息。

学习语言，首先要多听，从活人活事里学活话，"博采口语"。小孩子学语言，就是从凝神贯注地听大人讲话开始，一天一天地丰富起来的。成人应该有意识地去做。比如我们写文章常用程度副词"很"字，很黑、很快、很直、很香、很硬……在生活中，却有更精确、更简炼的口语表达，"漆黑、飞快、笔直、喷香、铁硬、焦黄、雪白、绯红、溜酸、水嫩"等等丰富多彩，活泼动人。

再者，多听群众的口语，并不是直接照抄写来。而是要写什么人，什么事，什么思想感情，多运用生活中学来的语言。就是先要学习群众语言，掌握群众语言，然后创造性地去运用它。例如《红楼梦》第三十九回刘姥姥进大观园和贾母的一段对话：

> 贾母道："老亲家，你今年多大年纪了？"刘姥姥忙起身答道："我今年七十五了。"贾母向众人道："这么大年纪了，还这么硬朗。比我大好几岁呢！我要到这个年纪，还不知怎么动不得呢！"刘姥姥笑道："我们生来是受苦的人，老太太生来是享福的，我们要也这么着，那些庄稼活也没人做了。"贾母道："眼睛牙齿还好？"刘姥姥道："还都好，就是今年左边的槽牙活动了。"贾母道："我老了……"

这两个老太太说的都是地道的北京话，没有雕琢，而且说的是同样的语言，作者并没有把他们的话写得一雅一俗，但是在表面的平易之中，却句句又有相对之意。两人的思想、性格、阶级地位都表现出来了（贾母是假谦虚，倚老卖老；刘姥姥表面奉承，内含相对之意）。这说明作者的语言的确是从生活中来，而又能巧妙地安排，不愧为语言大师的笔墨。

（二）精读已有定评的名著

"定评"的文章是经过淘汰而留下来的精华。

读书时，要心领神会，产生强烈的兴味，摸熟语言的筋肉组织和精微之处，唤起灵敏的感觉，熟悉名篇佳作的精彩妙笔，获得丰富的词汇，这样，自己写起文章来，优美的笔调慢慢地就会不召自来。这件事并不是办不到的，只要潜心苦读，持之以恒，勤记善想，揣摩寻味，找着传神之笔，尝到醇味，反复地看，不断地用，久而久之，就可以"于无法之中求得法，有法之后求其化了"。

我们试看两首不同格调的词：

　　怒发冲冠，凭栏处，潇潇雨歇。抬望眼、仰天长啸，壮怀激烈。三十功名尘与土，八千里路云和月。莫等闲，白了少年头，空悲切。靖康耻，犹未雪；臣子恨，何时灭！驾长车，踏破贺兰山缺。壮志饥餐胡虏肉，笑谈渴饮匈奴血。待从头、收拾旧山河，朝天阙。

岳飞《满江红》

"怒"、"冲"、"潇潇"、"仰天"、"长啸"、"激烈"等等这些词表"动"则刚劲有力，表"情"则威武强烈，给人以雷霆万钧，大气磅礴之感。

我们再看另外一首：

　　窗外雨潺潺，春意阑珊。罗衾不耐五更寒。梦里不知身是客，一晌贪欢。独自莫凭栏，无限江山。别时容易见时难。流水落花春去也，天上人间！

李煜《浪淘沙》

"潺潺""阑珊""寒""独自""无限""难""去也"这些词气弱意绵，这些弱字和冷字给人以幽暗、缠绵之感。我们可以从这两首词的节奏、韵律、格调、情绪等各方面进行比较，从中学习古典诗词用语的高妙。我们也可以从中感觉出两首词的语言软硬度不同。

总之，学习语言在于多听、多读、多记、多用，在于用心地仔细地琢磨和领悟。

古人说："……句句夜深得，心自天外归。吟成五字句，用破一生心。""两句三年得，一吟双泪流"、"语不惊人死不休"。这当然不是我们今天这个时代所要讲求"效率"所允许的。但是，我们从中可以知道古人学习语言的认真态度，而这执著的态度正是我们学习语言以及学习一切知识所需要的。

【例文选读】

与妻书

林觉民

　　意映卿卿如晤：吾今以此书与汝永别矣！吾作此书时，尚为世中一人；汝看此书时，吾已成为阴间一鬼。吾作此书，泪珠和笔墨齐下，不能书竟，而欲搁笔。又恐汝不察吾衷，谓吾忍舍汝而死，谓吾不知汝之不欲吾死也，故遂忍悲为汝言之。

　　吾至爱汝！即此爱汝一念，使吾勇于就死也！吾自遇汝以来，常愿天下有情人都成眷属，然遍地腥云，满街狼犬，称心快意，几家能够？司马青衫，吾不能学太上之忘情也。语云，仁者"老吾老以及人之老，幼吾幼以及人之幼"。吾充吾爱汝之心，助天下人爱其所爱，所以敢先汝而死，不顾汝也。汝体吾此心，于悲啼之余，亦以天下人为念，当亦乐牺牲吾身与汝身之福利，为天下人谋永福也。汝其勿悲。

　　汝忆否四五年前某夕，吾尝语曰："与使吾先死也，无宁汝先吾而死。"汝初闻言而怒，后经吾婉解，虽不谓吾言为是，而亦无辞相答。吾之意盖谓以汝之弱，必不能禁失吾之悲，吾先死留苦与汝，吾心不忍，故宁请汝先死，吾担悲也。嗟夫，谁知吾卒先汝而死乎！

　　吾真不能忘汝也！回忆后街之屋，入门穿廊，过前后厅，又三四折有小厅，厅旁一室为吾与汝双栖之所。初婚三四个月，适冬之望日前后，窗外疏梅筛月影，依稀掩映，吾与汝并肩携手，低低切切，何事不语，何情不诉！及今思之，空余泪痕！又回忆六七年前，吾之逃家复归也，汝泣告我："望今后有远行，必以告妾，妾愿随君行。"吾亦既许汝矣。前十余日回家，即欲乘便以此行之事语汝，及与汝相对，又不能启口；且以汝之有身也，更恐不胜悲，故惟日日呼酒买醉。嗟夫！当时余心之悲，盖不能以寸管形容之。

　　吾诚愿与汝相守以死。第以今日事势观之，天灾可以死，盗贼可以死，瓜分之日可以死，奸官污吏虐民可以死，吾辈处今日之中国，国中无地无时不可以死！到那时使吾眼睁睁看汝死，或使汝眼睁睁看我死，吾能之乎！抑汝能之乎！即可不死，而离散不相见，徒使两地眼成穿而骨化石，试问古来几曾见破镜能重圆，则较死为苦也。将奈之何？今日吾与汝幸双健；天下人人不当死而死，与不愿离而离者，不可数计；钟情如我辈者，能忍之乎？此吾所以敢率性就死不顾汝也！吾今死无余憾，国事成不成，自有同志者在。依新已五岁，转眼成人，汝其善抚之，使之肖我。汝腹中之物，吾疑其女也，女必像汝，吾心甚慰；或又是男，则亦教其以父志为志，则我死后，尚有二意洞在也，甚幸甚幸！

吾家后日当甚贫，贫无所苦，清静过日而已。

吾今与汝无言矣！吾居九泉之下，遥闻汝哭声，当哭相和也。吾平日不信有鬼，今则又望其真有。今人又言心电感应有道，吾亦望其言是实，则吾之死，吾灵尚依依旁汝也，汝不必以无侣悲！

吾生平未尝以吾所志语汝，是吾不是处。然语之，又恐汝日日为吾担忧。吾牺牲百死而不辞，而使汝担忧，的的非吾所忍。吾爱汝至，所以为汝谋者惟恐未尽。汝幸而偶我，又何不幸而生今日之中国！吾幸而得汝，又何不幸而生今日之中国，卒不忍独善其身！嗟夫！巾短情长，所未尽者尚有万千，汝可摹拟得之。吾今不能见汝矣！汝不能舍吾，其时时于梦中寻我乎！一恸！

辛亥三月念六夜四鼓，意洞手书。

家中诸母皆通文，有不解处，望请其指教。当尽吾意为幸

究竟怎么一回事

林徽因

写诗究竟是怎么一回事？

写诗，或可说是要抓紧一种一时闪动的力量，一面跟着潜意识浮沉，摸索自己内心所萦回，所着重的情感——喜悦，哀思，忧怨，恋情，或深，或浅，或缠绵，或热烈，又一方面顺着直觉，认识，辨味，在眼前或记忆里官感所触遇的意象——颜色，形体，声音，动静，或细致，或亲切，或雄伟，或诡异；再一方面又追着理智探讨，剖析，理会这些不同的性质，不同分量，流转不定的情感意象所互相融会，交错策动而发生的感念；然后以语言文字（运用其声音意义）经营，描画，表达这内心意象，情绪，理解在同时间或不同时间里，适应或矛盾的所共起的波澜。

写诗，或又可说是自己情感的，主观的，所体验了解到的；和理智的客观的所体察辨别到的，同时达到一个程度，腾沸横溢，不分宾主地互相起了一种作用，由于本能的冲动，凭着一种天赋的兴趣和灵巧，驾驭一串有声

音，有图画，有情感的言语，来表现这内心与外物息息相关的联系，及其所发生的悟理或境界。

写诗，或又可以说是若不知其所以然的，灵巧的，诚挚的，在传译给理想的同情者，自己内心所流动的情感穿过繁复的意象时，被理智所窥探而由直觉与意识分着记取的符录！一方面似是惨淡经营，——至少是专诚致意，一方面似是藉力于平时不经意的准备，"下笔有神"的妙手偶然拈来；忠于情感，又忠于意象，更忠于那一串刹那间内心整体闪动的感悟。

写诗，或又可说是经过若干潜意识的酝酿，突如其来的，在生活中意识到那么凑巧的一顷刻小小时间；凑巧的，灵异的，不能自己的，流动着一片浓挚或深沉的情感，敛聚着重重繁复演变的情绪，更或凝定入一种单纯超卓的意境，而又本能地迫着你要刻划一种适合的表情。这表情积极的，像要流泪叹息或歌唱欢呼，舞蹈演述；消极的，又像要幽独静处，沉思自语。换句话说，这两者合一，便是一面要天真奔放，热情地自白去邀同情和了解，同时又要寂寞沉默，孤僻地自守来保持悠然自得的完美和严肃！

在这一个凑巧的一顷刻小小时间中，（着重于那凑巧的）你的所有直觉，理智，官感，情感，记性和幻想，独立的及交互的都迸出它们不平常的锐敏，紧张，雄厚，壮阔及深沉。在它们潜意识的流动，——独立的或交互的融会之间——如出偶然而又不可避免地涌上一闪感悟，和情趣——或即所谓灵感——或是亲切的对自我得失悲欢；或辽阔的对宇宙自然；或智慧的对历史人性。这一闪感悟或是混沌朦胧，或是透彻明晰。像光同时能照耀洞察，又能揣摩包含你的所有已经尝味，还在尝味，及幻想尝味的"生"的种种形色质量，且又活跃着其间错综重叠于人于我的意义。

这感悟情趣的闪动——灵感的脚步——来得轻时，好比潺潺清水婉转流畅，自然的洗涤，浸润一切事物情感，倒影映月，梦残歌罢，美感的旋起一种超实际的权衡轻重，可抒成慷慨缠绵千行的长歌，可留下如幽咽微叹般的三两句诗词。愉悦的心声，轻灵的心画，常如啼鸟落花，轻风满月，夹杂着情绪的缤纷；泪痕巧笑，奔放轻盈，若有意若无意地遗留在各种言语文字上。

但这感悟情趣的闪动，若激越澎湃来得强时，可以如一片惊涛飞沙，由大处见到纤微，由细弱的物体看它变动，宇宙人生，幻若苦谜。一切又如经过烈火燃烧锤炼，分散，减化成为净纯的茫焰气质，升处所有情感意象于空幻，神秘，变移无定，或不减不变绝对，永恒的玄哲境域里去，卓越隐奥，与人性情理遥远的好像隔成距离。身受者或激昂通达，或禅寂淡远，将不免挣扎于超情感，超意象，乃至于超言语，以心传心的创造。隐晦迷离，如禅偈玄诗，便不可制止地托生在与那幻想境界几不适宜的文字上，估定其生存权。

写诗……

总而言之，天知道究竟写诗是怎么一回事。在写诗的时候，或者是"我知道，天知道"；到写了之后，最好学 Browning 不避嫌疑的自讥的，只承认"天知道"，天下关于写诗的笔墨官司便都省了。

我们仅听到写诗人自己说一阵奇异的风吹过，或是一片澄清的月色，一个惊讶，一次心灵的振荡，便开始他写诗的尝试，迷于意境文字音乐的搏斗，但是究竟这灵异的风和月，心灵的振荡和惊讶是什么？是不是仍为那可以追踪到内心直觉的活动；到潜意识后面那综错交流的情感与意象；那意识上理智的感念思想；以及要求表现的本能冲动？灵异的风和月所指的当是外界的一种偶然现象，同时却也是指它们是内心活动的一种引火线。诗人说话没有不打比喻的。

我们根本早得承认诗是不能脱离象征比喻而存在的。在诗里情感必依附在意象上，求较具体的表现；意象则必须明晰地或沉着地，恰适地烘托情感，表征含义。如果这还需要解释，常识的，我们可以问：在一个意识的或直觉的，官感，情感，理智，同时并重的一个时候，要一两句简约的话来代表一堆重叠交错的外象和内心情绪思想所发生的微妙的联系，而同时又不失却原来情感的质素分量，是不是容易或可能的事？一个比喻或一种象征在字面或事物上可以极简单，而同时可以带着字面事物以外的声音颜色形状，引起它们与其他事关系的联想。这个办法可以多方面地来辅助每句话确实的含义，而又加增官感情感理智每方面的刺激和满足，道理甚为明显。

无论什么诗都从不会脱离过比喻象征，或比喻象征式的言语。诗中意象多不是寻常纯客观的意象。诗中的云霞星宿，山川草木，常有人性的感情，同时内心人性的感触反又变成外界的体象，虽简明浅现隐奥繁复各有不同的。但是诗虽不能缺乏比喻象征，象征比喻却并不是诗。

诗的泉源，上面已说过，是意识与潜意识的融会交流错综的情感意象和概念所促成；无疑地，诗的表现必是一种形象情感思想合一的语言。但是这种语言，不能仅是语言，它又须是一种类似动作的表情，这种表情又不能只是表情，而须是一种理解概念的传达。它同时须不断传译情感，描写现象诠释感悟。它不是形体而须创造形体颜色；它是音声，却最多仅要留着长短节奏。最要紧地是按着疾徐高下，和有限的铿锵音调，依附着一串单独或相联的字义上边；它须给直觉意识，情感理智，以整体的快惬。

因为相信诗是这样繁难的一列多方面条件的满足，我们不能不怀疑到纯净意识的，理智的，或可以说是"技术的"创造——或所谓"工"之绝无能为。诗之所以发生，就不叫它做灵感的来临，主要的亦在那一闪力量突如其来，或灵异的一刹那的"凑巧"，将所有繁复的"诗的因素"都齐集荟萃于一俄顷偶然的时间里。所以诗的创造或完成，主要亦当在那灵异的，凑巧的，偶然的活动一部分属意识，一部分属直觉，更多一部分属潜意识的，所谓"不以文而妙"的"妙"。理智情感，明晰隐晦都不失之过偏。意象瑰丽迷离，转又朴实平淡，像是纷纷纭纭不知所从来，但飘忽中若有必然的缘素可寻，理解玄奥繁难，也像是纷纷纭纭莫明所以。但错杂里又是斑驳分明，情感穿插联系其中，若有若无，给草木气候，给热情颜色。一首好诗在一个会心的读者前边有时真会是一个奇迹！但是伤感流丽，铺张的意象，涂饰的情感，用人工连缀起来，疏忽地看去，也未尝不像是诗。故作玄奥渊博，颠倒意象，堆砌起重重理喻的诗，也可以赫然惊人一下。

写诗究竟是怎么一回事，真是惟有天知道得最清楚！读者与作者，读者与读者，作者与作者关于诗的意见，历史告诉我传统的是要永远地差别分歧，争争吵吵到无尽时。因为老实地说，谁也仍然不知道写诗是怎么一回事的，除却这篇文字所表示的，勉强以抽象的许多名词，具体的一些比喻来捉摸描写那一种特殊的直觉活动，献出一个极不能令人满意的答案。

【思考练习】

1. 仔细阅读本章例文选读里的两篇文章，要求把准确、鲜明、生动的语言摘录下来，最少摘录20个句子。
2. 写出50个最具时代感的词和短语。
3. 用一句话定位你所在的城市在你心中的形象。
4. 摘录同学最有个性的一段对话。
5. 言为心声，把你想对自己说的话写下来，给自己看。

【作文题目】

1. 话有九种说法
2. 母亲，我想对你说
3. 浅谈语言对于写作的重要性

第四章 表达方式的能力（上）

写文章不但要善于立意，还要善于达意。有了好的思想感情，好的构思，表达能力不好，会破坏整个文章系统的和谐性。常用的表达方式有叙述、描写、议论、抒情和说明。采用哪种表达方式要根据表达的内容和目的灵活掌握，多种表达方式通常交错使用，相映成辉。下面我们就叙述与描写作以说明。

一、叙　　述

叙述，就是对人物的经历和事件发展变化的过程作出介绍和交代。时间、地点、人物、事件、原因、结果是叙述的六个要素。一般来说，这六个要素是缺一不可的。在新闻体裁中尤其是这样。但是，在文学体裁中为了达到某种艺术效果，有时不一定将六要素都写出来，而是让读者去想像或猜测。它是最基本的表达方式，一般文章的写作都离不开它，但它在不同文体中的作用是有区别的。在议论文中主要用来概括事实，在说明文中主要用来介绍事物的发展变化。在记叙性文章中，叙述是主要表达方式，用来交代人物的经历、事件发生开展的来龙去脉。

（一）叙述的要素

时间、地点、人物、事件、原因、结果是叙述的六个要素。这六个要素在叙事时是不可缺少的。如果缺乏其中某个要素，就会影响到叙事的效果。新闻体裁尤其如此。任何事情，不论其简单还是复杂，总有一个发生、发展和结束的过程，这个过程，必须是伴着一定的人物，有一定的地点（场景），一定的时间，这是紧紧相交融的事情的六个方面，我们把这六个方面都表达出来了，这就是叙述，且是完整的叙述。

在新闻文体中，总是要求讲清楚何人何事何时何地最后怎么样了，为什么要这样。在散文、小说等文学作品中，有时为了达到某种艺术效果，故意省略了叙事六要素中的某几个要素。这样做，只要不影响表达效果，是完全允许的。例如《四封电报》：

　　伊莉薇娜的弟弟佛莱特伴着她的丈夫——巴布去非洲打猎。不久，她在家里接获弟弟的电报："巴布猎狮身死。——佛莱特。"

　　伊莉薇娜悲不自胜，回电给弟弟："运其尸回家。"三星期后，从非洲运来了一个大包裹，里面是一只狮尸。她又赶发了一个电报："狮收到。弟误，请运回巴布尸。"

　　很快得到了非洲的回电："无误，巴布在狮腹内。——佛莱特"

这是微型小说《四封电报》的全文。在这篇微型小说中，没有交待巴布的妻子伊莉薇娜所在的地点，没有交待伊莉薇娜收到她弟弟佛莱特电报的具体时间，也没有写巴布死的经过，没有写狮子是怎么死的，没有写佛莱特为什么要运回狮尸。对一篇新闻文体来说，也许这是不允许的。然而，作为文学作品的小说不仅可以，而且还应该充分肯定。没有全部都写，这篇微型小说才能这样文字精炼。没有全部都写，但是，读者可以根据各自的阅历去细细寻味。英国俗话说，"有一千个读者就会有一千个哈姆雷特"。读者可以展开想像的翅膀，去补充小说的描述，不必寻求共同的答案。

（二）叙述的人称

在叙述中，总有一个人称的问题。叙述的人称，虽然是叙述中的一个小问题，但却是不容忽视的；否则，人称错乱，叙述的线索也就不清楚了。进行叙述，首先要处理好人称问题。叙述人物的经历和事情的经过，总要有个叙述的主体，表现出来就是用什么人称进行叙述。这个问题，实质上是作者的观察点和叙述时的立足问题。

1. 第一人称

作者以当事人、见证人的身份，讲述所见、所闻、所经历的事情，使读者能够亲切地感受到，这便是第一人称的叙述。第一人称常常使用代词"我"或"我们"。也就是说以"我"的口吻或角度展开叙述的是第一人称。第一人称可以是作者自己，也可以是虚构的人物。一般在日记、书信、游记、自述性的文章中，行文中的第一人称代词代替作者。有时也不一定，有些文学作品是以书信或日记体写的，那个"我"就不是作者了，只是作品中的一个人物。一般地说，文学作品因为虚构的成分较多，所以文学作品的第一人称"我"，有时不能看作就是作者自己。鲁迅的《孔乙己》是第一人称，但作者并不等于文中的"我"。《故乡》中的"我"身上明显地透视出了作者的影子，但也不能说文中的"我"就是作者。"我"在作品中可以是主要人物，也可以是次要人物。如萧红写的自传《永久的憧憬和追求》，这篇文章中的"我"无疑应该是主要人物。魏巍的散文通讯《谁是最可爱的人》通过"我"与志愿军战士的接触，了解到大量感人的事迹，从而感到志愿军是最可爱的人，文章是通过"我"的所见所闻，以及具体感受来写的，所以"我"只是起陪衬的作用，是次要的人物。在文章中，特别是一些抒情味浓的文章，譬如抒情诗、抒情散文中，一般常用第一人称的叙述方式。在这些文章中用这样的人称来写，便于直抒胸臆，便于议论抒情，以情感人，以理服人，读起来具有一种真实性和亲切感。还有这样一种情况，"我"在以视觉形象为主的画面中不出现，而代之以画外音，这也是一种第一人称的叙述方式。

　　事情总是两方面的，一分为二的。第一人称叙述虽然有它的长处，但也有局限性。因为从"我"所见所闻去写，在描写人物和景物上，就不能有更广阔的天地，在反映生活时不免有一定的限制，也就是说，因为第一人称手法会受到"我"的经历和阅历的种种限制，所以采用第一人称叙述有时不大灵活、自由。所以，较为长篇的作品，多数还是用第三人称。

2. 第三人称

　　第三人称的叙述是比较常见的。作者站在比较客观的立场，用"第三者"的口吻，叙述人物的经历和事情的过程。这种叙述常用的代词是他、她、他们等。第三人称叙述能比较直接地展现丰富的生活，不受时间和空间的限制，反映现实比较灵活自由。但是，却缺乏第一人称的亲切感。为了弥补它的不足，叙述者常常利用人物的对话或独白，即通过人物的口，讲种种经历和感受，来增加文章的客观效果。第三人称没有第一人称的长处，也没有第一人称的局限，可叙述的范围很广。尤其是第三人称的小说，作者扮演着无所不知无所不晓的角色。

　　一篇文章，一般只用一种人称，要么第一人称，要么第三人称。不过也有些文章将两种人称交替使用，这叫混合人称。混合人称以开头结尾第一人称和中间第三人称最为常见。应注意的是，混合人称在人称改换处要注意交待清楚。鲁迅的《祝福》，开头和结尾用第一人称，中间叙述祥林嫂悲惨遭遇用第三人称。开头部分改换人称处是这样过渡衔接的：

  我静听窗外似乎瑟瑟作响的雪花声，一面想，反而渐渐的舒畅起来。
  然而先前所见所闻的她的半生事迹的断片，至此也联成一片了。
  她不是鲁镇人，有一年的冬初，四叔家里要换女工，做中人的卫老婆子带她进来了……

结尾处，对叙述人称也做了交待，转换："我给那些因为在近旁而极响的爆竹声惊醒，看见豆一般大的黄色的灯火，接着又听得毕毕剥剥的鞭炮声，是四叔家正'祝福了'……"鲁迅的《祝福》，是人称改换处理得好的典范作品。作者进入故事用第一人称，处处表明身份（用"我"字）；讲述故事用第三人称，客观地叙述，退出故事则又回到第一人称。

写一篇文章交替使用两种人称，要注意人称改换不可过于频繁，改换时要交代清楚，不要打乱了叙述的线索。为了眉目清楚，可以使用过渡性的句子或段落，起提示作用。以《祝福》为例，在由第一人称改称第三人称时，有一句是："然而先前所见所闻的她的半生事迹的断片，至此也联成一片了。"这句话独占一行，成为过渡段，这是告诉读者下边要客观地叙述祥林嫂的故事了。过渡得自然巧妙。接着是："她不是鲁镇人，有一年冬初……"由此改换了人称，线索很清楚。作者在两种人称改换时，还特别空了一行，以醒眉目，在祥林嫂的故事讲完后，又改为第一人称叙述时，作者用了一个过渡段：

  然而她总如此，全不见有伶俐起来的希望。……然而她是从四叔家出去就成了乞丐的呢，还是先到卫老婆子家然后再成乞丐的呢？那我可不知道。

这里换成了第一人称，并以第一人称收束全文，人称改换处理得极妥贴。这个过渡段承上启下，从过去讲到了现在，为收尾一段做了铺垫。全文的线索、人称都极为明晰，转换、过渡井然有序。

  3．第二人称
  到底有没有第二人称的叙述，这是目前看法不一致的问题。在叙述中，会出现第二人称的代词"你"、"你们"，有的文章（文学作品）通篇全作第二人称代词来写，这些是不是第二人称的叙述呢？说法不一。我认为，没有第二人称叙述。一般的文章出现第二人称代词，但并不是第二人称的叙

述，不过是第一人称或第三人称的叙述变形。对这种文章，我们只从立足点、观察点上来分析，就可以准确地认出是第几人称的叙述了。研究这些文章的叙述人称，要看作者叙述时的立足点，看他在作品中是否出现了，看那个第三人称代词到底代替了谁。例如魏巍的《谁是最可爱的人》是第一人称，在写志愿军战士的时候用"他""他们"一类代词。和读者谈心时，称祖国的人民为"你""你们""朋友"，这样能使读者感到亲切动人。但作者叙述的立足点，始终没有变，第二人称代词的出现，并没有影响叙述人称，文章还是第一人称叙述的。

还有的文章，第二人称代词不代替读者，而是代替作品中的人物。这些文章，多数还是第一人称叙述的。如朱自清的《给亡妇》是纪念他的夫人武钟谦的。作者讲述她的种种好处。文中提到她时不用"她"而用"你"，仿佛作者在和亡夫人谈心。这其实还是第一人称在叙述，第二人称代词称呼武女士，并不改变叙述的人称，只是使读者缩短文中人物的距离，能对叙述的内容产生强烈的共鸣。用第二人称代词代替作品中的人物，也有第三人称用到第二人称叙述的，不过这类文章比较少。

现在文学在进行文体上的大胆尝试突破、创新。有的小说、散文，通篇用第二人称代词来贯穿连接。但只要你仔细地进行分析，就会发现，它不是第一人称便是第三人称，而不是第二人称。因为人称问题是观察立足点的问题，那就不能有第二人称的叙述。也就是说，在一篇文章中，作者总是用第一人称或第三人称告诉读者些什么，他是不可能站在"你"或"你们"这第二人称的立场上来叙述的。这类作品，大多还是第一人称，只有较少的篇什，是第三人称的，而第二人称则是没有的。

那么，为什么如今会出现通篇以"你"、"你们"为线索的作品呢？是因为，作者想让读者直接感受体验文中人物的命运，就是想让读者扮演文中的人物，参与人物的一举一动，一言一行，以至人物的心理活动，这可以缩短作者与读者的距离，并且让读者参与人物或事件的完成。这可能使小说的力量更大，更接近于读者。

总之，非全知全能型是叙述者站在局内，以事件参与者或目击者的身份叙述事情。由于是站在局内，所以只能写自己感知范围以内的事情，感知范围以外的事情（如别人的思想活动）就无法写。通常把这种叙述叫第一人称叙述。

全知全能型是叙述者站在局外，以无所不知无所不晓的姿态叙述事情。

无论是两个人的悄悄话还是某一个人的心理活动,都可以叙述出来,通常把这种叙述叫作第三人称叙述。

从被叙述者即叙述对象的角度看,全知全能型的作品一般不出现叙述者"我",而用"某某与某某干了什么事"这种叙述方式。但也有例外,在某些现代小说中,叙述者"我"(说书人或作者)也出面说话,那属于插入议论性质,即中断正常叙述,叙述者出面讲几句感想之类的题外话。这类插入部分一般所占篇幅不多,而且也不影响事件本身的叙述——当转入事件本身叙述时,"我"又不出面了。

在非全知全能型的作品中,叙述者"我"一般出现在应用性文章和散文中,这个"我"多来指作者自己;在小说中,这个"我"通常指作品中的一个人物。

没有第二人称叙述的作品。叙述对象和叙述者是两回事。这些作品有一些是全知全能型的,"你""你们"和其他人物的心理活动都可以写;有一些是非全知全能型的,如某些书信,可以写"你"怎样怎样,但不能写"你"的心理活动。

(三) 叙述的方法

叙述是一种最基本的表达手段,差不多各类文章都需要叙述。叙述固然是记叙文的基础,就是议论文,一般也离不开某些事情的叙述。叙述要按照一定的顺序进行,否则就令头绪杂乱。清朝刘熙载在《艺概·文概》里就将叙述给予分类。他说:"叙事有特叙,有类叙,有正叙,有带叙,有实叙,有借叙,有详叙,有顺叙,有倒叙,有连叙,有截叙,有豫叙,有补叙,有跨叙,有插叙,有原叙,有推叙,种种不同。惟能线索在手,则错综变化,惟吾所施。"这样的分类,不仅过于繁琐,而且不是从一个角度说的。目前谈到叙述方式,一般都是讲顺叙和倒叙,详叙和简叙,插叙和补叙这几种。

1. 顺叙和倒叙

顺叙是按照客观事物发生、发展的先后次序进行的叙述。也就是按照事物发展的顺序进行叙述,从开端、发展、高潮,写到结局,文章的层次、段落和事情发展的过程基本上一致的,因此首尾分明,脉络清楚。莫泊桑的《项链》就是如此。小说的主人公罗瓦赛尔夫人为了参加一个盛大的晚会,想方设法,买到衣裙,借得项链。后来晚会虽参加了,但项链丢失了。为赔还项链，女主人公含辛茹苦。结尾交待项链是赝品时戛然而止，采用顺叙的方法容易平铺直叙。但是《项链》却自始至终跌宕起伏，扣人心弦，表现莫泊桑叙事的卓越才能。

所谓倒叙，并不是整个叙述逆行上去，那种叙述是没有的，也是不能进行的。倒叙也是从头到尾地叙述，这种顺序没有区别，所不同的只是把事件的结局或某个突出的片断提到开始来，以造成悬念，使文章多一层波澜。倒叙把结尾提到开始的比较常见，如鲁迅的《一件小事》《祝福》等。还有一种是把事件中最突出的部分提前。有的破案电影一开始就是警车与摩托，一具死尸，然后开始叙述被害者的行为等都属于倒叙这一方法。

2. 详叙与简叙

详叙往往是用在作者要着重告诉读者的地方，它是作品成功的关键，因此要求泼墨如水，而且写的时候格外用心。怎样写详叙呢？秦牧认为："我自己在写作散文的时候，碰到这些节骨眼的地方，往往放慢速度，特别细心地写。有时甚至另起纸稿，以一两个小时来写那创意求工的三五百字；再三修改之后，才把它誊到正稿上去。"

简叙又称概叙。简叙往往是不怎么重要的地方，如文章中的过渡段。或者虽然重要，但是要让给读者去思考，所以就不得详细。

3. 插叙和补叙

插叙是在叙述过程中，由于某种需要，暂时把叙述线索中断一下，插进有关的另一件事情的叙述。例如鲁迅的小说《风波》写七斤嫂在土场上吃晚饭，"看见又矮又胖的赵七爷正从独木桥上走来，而且穿着宝蓝色竹布长衫"，写到这里，宕起一笔，暂且不写赵七爷到场后的事情，接着就来了一段插叙，介绍赵七爷的身份和来历，特别是着重点了他的竹布长衫，让读者预感到他的来意不善。

补叙是在叙述过程中对情况或事物作某些解释或说明。例如《水浒传》第二十九回"施恩重霸孟州道，武松醉打蒋门神"："蒋门神见了武松，心里先欺他醉，只顾赶将入来。说时迟，那时快，武松……"这中间写武松两拳在蒋门神脸上虚影一影，先左一脚又转身，右一脚。然后就写这"左一脚""右一脚"是一种"玉环步、鸳鸯脚"，是武松生平最好的真才实学。这段对"玉环步""鸳鸯脚"的解释说明就是补叙。它与整回小说情节发展顺序无甚关系，但在内容上却是不可缺少的。

（四）叙述的要求

叙述的主要内容是人的行为和事的经过，因此，叙述的语言表达必须有鲜明的动作感和画面的连贯性等要求。

1. 动作感

人的经历、遭遇，人的举止、行为，都是由大大小小的具体动作构成的。在叙述表达中，用以表示各种动作的词语，常常起着关键性的作用。它们可以表示动作的势态、趋向、程度、范围以及感情色彩。这往往取决于精选准确而生动的动词，产生鲜明的动作感。

在文学作品中，精选动词增强叙述语言动作感的例子就更多了，就以鲁迅的《孔乙己》为例，其中有这样几句：

> 他不回答，对柜里说："温两碗酒，要一碟茴香豆。"便排出九文大钱。

> 他从破衣袋里摸出四文大钱，放在我手里，见他满手是泥，原来他便用这手走来的。

> 只有穿长衫的，才踱进店面隔壁的屋子里，要酒要菜，慢慢地坐喝。

第一句的"排"字，似乎仅仅是写手的动作，但是，这能引起人们的联想，这个"付钱"的动作，活生生地表现了孔乙己穷要装富，傲然自得的情态。

第二句的"摸"字，既反映了孔乙己囊中空空的困境，又表现了行动艰难的愁苦。第三句的"踱"字，使人仿佛看到了穿长衫的人悠然自得地踱着方步迈入后堂。

2. 连贯性

人的行为是连续不断的，事的经过是有始有终的。因此，叙述表达就要有前后衔接、上下呼应、疏密相间、动静有致的整体性要求。动作的有机结合，事件的变化有序，需要连贯自如的语言加以表达。当然，叙述表达的贯通是与思路有关系的，贯通的语言来自清晰、条理的思路，这是无疑的。一定要做到语言跟得上思路。叙述是"过程"的行进，一个短的"过程"，一气叙完，这是贯通。一个长的"过程"，有断有续，才见多姿多彩，叙述暂时中断，断而又续，续而又断，断断续续使得叙述文字有张有弛，有离有合，波澜曲折，错综复杂，但这复杂的长"过程"的叙述，仍要贯通，这是一种巧妙的贯通，如"层云断山，悬崖隔水"，其实这山和水并没有真正被隔断。

二、描　写

（一）描写的含义和作用

描写，顾名思义，描是描绘、描画；写是摹写、刻画。概括地讲，描写就是用生动、具体、形象、可感的语言，对客观事物、社会生活的形态、状貌、性质、特征作有声有色的描绘和摹写，把景象再现出来，让人如临其境，如闻其声，如见其人。

描写作为一种表达能力和写作手段，它不仅有别于议论、说明、抒情，而且也别于叙述。叙述侧重于记写述说过程，偏重于人物、事件的介绍和交待。读者只能得到概括的综合的认识，使之清楚明白。描写着重事物栩栩如生的形象描绘，使之生动传神，历历在目，使读者获得鲜明的感觉和具体明晰的认识。高尔基说："作品要能够相当强烈地打动读者的心胸，只有作家所描写的一切——情景、形象、状貌、性格等等能历历浮现在读者的眼前，使读者也能各式各样地想像他们，而以读者自己的经验、印象及知识的积蓄去补充和增补。"由此可知描写对于作品的重要。即使是议论说理的文章中，使用描写，也会增加文章的生动性。

描写在文章中起的作用是多种多样的。描绘自然景观，再现自然风貌，可以表现地方色彩、民族风情，可以给人以身临其境的感受。

（二）人物描写

人物、景物、场面的描写是按照描写的内容和对象的不同区分的。任何文章，都是社会生活的反映；社会生活最根本的内容是人们在一定的社会历史条件下所从事的各种实践活动。因此，描写实践中的人，是记叙性文章的首要任务，必须掌握多种多样的人物描写手法。

1. 肖像描写

提起关云长，不要说读过书的人，就是目不识丁的人，眼前也会马上出现他的红脸美髯；讲到张翼德，眼前马上出现他的黑脸钢须。这里黑脸钢须和红脸美髯，是他们的外貌，也就是他们的肖像。读文学作品，有时我们可能忘记了人物性格的某些特点，却忘不了他们的肖像特征。像阿Q的黄辫子和癞疮疤，像孔乙己青白的脸，像杨二嫂圆规一样张开的双脚等等。这些肖像特征，又使人追忆起人物的各种性格，加深了对人物的理解。成功的肖像描写，不但能使人物生动真实地跃然纸上，而且让人看后有亲见其人，呼之欲出的亲切感觉。

肖像描写，是一种塑造人物，以形传神的艺术方法。它要求通过描绘人物的身材、姿态、面貌、表情、服饰等外部的各种特征，提示人物性格的内在特点。就是说文章中人物的肖像描写，要透视出人物性格里的东西，而不单纯地为肖像描写而肖像描写。人的外形不单是某种装饰和生理的天然标志，有时也有一定的社会属性。肖像描写，总是直接或间接地显示着人物的内心世界，透视人物性格的变化，或是标明人物的身份、文化教养、道德品质和生活阅历。

《红楼梦》中对林黛玉的肖像描写：

宝玉早已看见了一袅袅婷婷的女儿，便料定是林姑妈之女，忙来见礼；归了坐细看时，真是与众各别。只见：两弯似蹙非蹙笼烟眉，一双似喜非喜含情目。态生两靥之愁，娇袭一身之病。泪光点点，娇喘微微。闲静似娇花照水，行动如弱柳扶风。心较比干多一窍，病如西子胜三分。

这段肖像描写，突出她美丽、多情、柔弱的一面，也暗示了她以泪洗面的悲剧一生。

赵树理的《李有才板话中》，对阎家祥的肖像描写：

鬼眨眼，阎家祥，眼睫毛，二寸长，大腮蛋，塌鼻梁，说句话儿眼皮忙。两眼一忽闪，肚里有主张，张占三分理，总要沾些光。便宜占不足，气得脸皮黄，眼一挤，嘴一张，好像母猪打哼哼！

无疑，我们看出，作者用的是夸张的手法，可的确漫画般地刻画出了丑恶、奸诈、凶狠的恶霸地主的形象。

当然，神情毕肖的肖像描写，使人物形象栩栩如生，有助于表现人物性格和增强作品的表现力。但是，并不是任何肖像描写都能表现人物性格。那种描写好人永远是两道剑眉，高大魁梧，描写坏人总是獐头鼠目，奸相毕露的文章是不可取的，那样千人一面地处理人物肖像，是失败的肖像描写。俗话说"人人不同,各如其面",必须抓住人物本质特征,真实而准确传神。雨果不愧为大师,他在《巴黎圣母院》里的肖像描写是独树一帜的。漂亮英俊又潇洒的卫队长是个爱情的骗子,而丑陋又哑的加西莫多则是有美好心灵的。

  ……那四面体的鼻子,那马蹄形的嘴,那猪鬃似的赤红色的眉毛下面的小小的左眼,那完全被一个大瘤遮没了的右眼,那像城垛样参差不齐的牙齿,那坚硬的嘴唇——一颗门牙如象牙一样地从唇上突伸出来——那弯曲的下巴,尤其是那布满全脸的轻蔑、惊奇和悲哀的混合表情。假若你们能够,请想像那整个情形吧。

  ……他全身差不多就是一个滑稽像。一个巨大的头颅上长满着红色头发;两个肩膀之间隆起着一个驼背,当他摇摆时,从前面都能看得出来;两股和两腿看起来奇怪极了,好像他们只能用膝盖动作;从前面看去,好像两把镰刀,刀柄同刀柄相联起来;两脚肥大,两手粗壮;而且,在种种的畸形之中,有一种不容怀疑的坚强、严肃、勇敢态度;对于那希望"强力"也能像"美"一样是从和谐产生的永恒的定律,要算是一个奇特的例外。这就是民众将要献出的愚人之王。

他看起来仿佛一个被打碎了而没有好好拼拢来的巨人像。加西莫多的外貌奇丑无比,内心却美好无比。作者描写的是一个外貌和内在性格矛盾的人物。对于卫队长法比的描写也是一理。

2. 语言描写

  语言,是心灵的声音,人总是要说话的。写人必须写人的语言,写出人物的心灵声音来。这样,人的性格才会饱满,才能活灵活现。我们说的语言描写,主要指人物语言的描写。精美的文章,人物语言也一定是精美的,是具有鲜明个性的。语言描写像肖像描写一样,要注意千人一面、千人一腔是不可取的。生活里不同职业,不同身份,不同生活经历,不同政治文化教养的人,讲话都有各自的语汇和特点。人们平常说话,一般总要符合自己的年龄、性别、身份、政治文化教养等特征的,尽管是自然地表露出来的。因此,写作时,必须注意考虑人的性格特点,让什么人说什么样的话,好让人如闻其声,如见其人。人和人是绝对不一样的。一个老实人,在划火柴点烟而没有点燃的时候,便会说:"唉!真没用,连根烟也点不着!"一个性情暴躁的人呢,就不可能说这话,而就会高叫一声:"他妈的!"

语言描写，要惜墨如金，宜精不宜多。但在需要时也可精雕细刻，淋漓尽致，用墨如泼。主要是要做到音压弦外，意在群中，以简炼的话语，表现丰富深刻鲜明的性格。

请欣赏《红楼梦》第八回中，宝玉、黛玉、宝钗等在薛姨妈家饮酒时的一段对话：

这里宝玉又说："不必烫暖了，我只爱喝冷的。"薛姨妈道："这可使不得；吃了冷酒，写字手打颤儿。"宝钗笑道："宝兄弟，亏你每日家杂学旁收的！难道就不知道酒性最热？要热吃下去，发散的就快；要冷吃下去，就凝结在内，拿五脏去暖它，岂不受害？从此还不改了呢。快别吃那冷的了。"

宝玉听这话有理，便放下冷的，令人烫来方饮。黛玉磕着瓜子儿，只管抿着嘴儿笑。可巧黛玉的丫环雪雁来给黛玉送小手炉儿。黛玉因含笑问她，说："谁叫你送来的？难为她费心。那里就冷死我了呢！"雪雁道："紫鹃姐姐怕姑娘冷，叫我送来的。"黛玉接了，抱在怀中，笑道："也亏了你，倒听她的话！我平日和你说的，全当耳旁风；怎么她说了你就依，比圣旨还快呢！"

宝玉听这话，知是黛玉借此奚落，也无回复之词，只嘻嘻的笑了一阵罢了。宝钗素知黛玉是如此惯了的，也不理她。薛姨妈因笑道："你素日身子单弱，禁不得冷，她们惦记着你倒不好？"黛玉笑道："姨妈不知道。幸亏是姨妈这里，倘若在别人家，那不叫人家恼吗？难道人家连个手炉也没有，巴巴儿打家里送了来？不说丫头们太小心，还只当我素日这么轻狂惯了的呢。"薛姨妈道："你是个多心的，有这些想头；我就没有这些心。"

鲁迅先生曾说："……《红楼梦》的有些地方，是能使读者由说话看出人来的。"的确如此。曹雪芹在这里对宝黛等人对话的描写，确实能使读者由说话看出人来。贾宝玉、林黛玉、薛宝钗每个人都有自己独特的说话方式、语调和神情。读这些话就会感到，这些话就是贾宝玉说的，就是林黛玉说的，就是薛宝钗说的，而不会是别的什么人说的。

作者对林黛玉的话写得尤为精彩。她借故奚落宝钗、宝玉。宝玉要喝冷酒，宝钗劝他不要喝，并给他讲喝冷酒的害处。宝玉听着有理，便令人烫了来饮。"黛玉磕着瓜子儿，只管抿着嘴笑"，作者真把人写活了。这里林黛玉的神情、态度栩栩如生。正巧雪雁来送手炉儿，她借机奚落宝钗、宝玉。"谁叫你送来的？难为她费心。那里就冷死我了呢！"这是对宝钗说的。"倒听她的话！这平日和你说的，全当耳旁风，怎么她说了你就依，比圣旨还快呢！"这是对宝玉说的。这些话说得锋利、尖刻，恰当地体现了她的个性特征。

孙犁的《荷花淀》里有一段人物对话，几个青年妇女商量探夫：

女人们到底有些藕断丝连。过了两天，五个青年妇女集在水生家里来，大家商量：

"听说他们还在这里没走。我不拖尾巴，可是忘下了一件衣裳。"

"我有句要紧的话得和他说说。"

水生的女人说：

"听他说鬼子要在同口安据点……"

"哪里就碰得那么巧，我们快去快回来。"

"我本来不想去，可是俺婆婆非叫我再去看看他，有什么看头啊！"

于是这几个女人，偷偷坐在一只小船上，划到对面马庄去了。

这是五个青年妇女的对话，表现他们对丈夫的"藕断丝连"之情。然而表达的方式却各不相同。第一个"忘下了一件衣裳"，这显然是借口，感情表达委婉含蓄，说明这是个文静羞涩的青年妇女。第二个"我有句要紧的话和他说说。"性格外向，爽朗豁达，心直口快，是否真有要紧话说，无需细究。第三句水生嫂子的话，看似与念夫相去甚远，而实质上仍是"丝连"夫身。她的话显示了她谨慎细心，深沉稳重的性格。第四个"哪里就碰得那么巧，我们快去快回来"，心情殷切，难免有些冒失。最后一位，羞羞答答，说的分明是句假话。然而"假"话传"真"情，情味更足。短短的五句对话，便画出了五个青年妇女不同的性格。

3. 行动描写

生活里的人，不是生活在与外界事物隔绝的心理体验的真空世界。人，总是不停地行动着，并且在行动里表现自己。一切思想活动，总有相应的外表，总会有意无意地表现出来。要使人物"活"起来，成为有血有肉的形象，就离不开记写他们的行为活动。一些成功的艺术形象，他们个性化的行动，令人难忘。例如，孙悟空的"大闹天空"，武松的"景阳冈打虎"，关云长的"单刀赴会"等等，都是能充分表现人物性格的行动。描写得生动

逼真，人物便活了。

《三国演义》第二十一回"曹操煮酒论英雄"中，写曹操请刘备小饮。刘备小心翼翼深恐言谈之间，让曹操识破自己有天下之志，故作闲散，谨小慎微，表示自己不过是一个无能之辈而已；可是曹操却咄咄逼人，想把刘备的志向逼出来，他从龙一直论到当世英雄，当"操以手指玄德，后自指曰：'今天下英雄，惟使君与操耳！'玄德闻言吃了一惊，手中所执匙箸，不觉落于地下。时正值天雨将至，雷声大作。玄德从容俯首拾箸曰：'一震之威，乃至如此。'"这段精彩描写出神入化。执箸、失箸、拾箸，看起来只不过是一个连贯性的动作，可是却把刘备当曹操识破自己想法时的一刹间的复杂的心理活动，表现得细致而深刻。刘备的畏惧、机智，通过这一行动，得到了维妙维肖的表现。

《红楼梦》第四十回，描写刘姥姥来大观园参加一次家宴，在吃饭时，她故意逗乐，引起众人不同的笑的动作：

贾母这边说声"请"，刘姥姥便站起身来，高声说道："老刘、老刘，食量大如牛，吃一个老母猪不抬头。"自己却鼓着腮不语。众人先是发怔，后来一听，上上下下都哈哈的大笑起来，史湘云撑不住，一口饭都喷了出来；林黛玉笑岔了气，伏着桌子嗳哟；宝玉早滚到贾母怀里，贾母笑的搂着宝玉叫"心肝"，王夫人笑的用手指着凤姐儿，只说不出话来；薛姨妈也撑不住，口里茶喷了探春一裙子；探春手里的饭碗都合在迎春身上；惜春离了座位，拉着他奶母叫揉一揉肠子。地上的无一个不弯腰屈背，也有躲出去蹲着笑去的。也有忍着笑上来替她姊妹换衣裳的，独有凤姐鸳鸯二人撑着，还只管让刘姥姥。

这些笑展示了不同人物的鲜明个性。湘云的笑态豪爽，具有男儿气概；黛玉的笑态，表现了她弱不禁风的体态；宝玉则"滚"到贾母怀里，显示了他的娇纵；贾母的动作，确切地表达了老祖宗的欢快心情和她对宝玉的溺爱。

4. 心理描写

心理活动，是言行活动的根源。抒写人物言行中没有表露出来的，深藏在内心深处的无声语言，揭示人们的内心世界，描写人们复杂的内心活动，也是刻画人物性格不可忽视的重要表达手段。"盖写其形，必传其神；传其神，心写其心。"描写人物的心理和心境活动，是刻画人物性格的"传神"

第四章 表达方式的能力（上）

之笔。心理描写是绘声绘色地刻画人物的内心活动，写出人物在不同时间、地点、事物、环境和遭遇中的思想感受、体会和愿望，从而表现人物性格的一种写作手法。

不同的文章，不同的作者，采用的心理描写方法是不同的。

1）以叙述的口吻，直接地描写人物的内心独白，是最基本最常见的一种方法。

2）在言行中写出人物的内心世界，写出人物为什么会有这样的活动，也是心理描写的常用手法。

3）通过景物描写，或烘托气势，或反衬心理，或融情入景，或情景交融，也能够把人物的内心活动清晰而有层次地表现出来。这有许多方法，如梦幻等。

应该注意的是，在进行心理描写时，不要冗长。如果描写心理活动，一味的只注意人物是怎样想怎样感觉的，一定平板和枯燥，会减弱作品的生动性和形象性。

我们举一个最常见的人物内心独白的例子。《红楼梦》中，史湘云跟宝玉谈到"仕途经济"的话，引起了宝玉的不快，从而转向对林黛玉的评价："林姑娘从未说过这些混账话不曾？"正巧，这话无意中让黛玉听到了，作者极为细腻、真切地写她的喜、惊、叹、悲，把她内心复杂的思想感情和对爱情的追求和盘托出，原文是：

> 原来林黛玉知道史湘云在这里，宝玉又赶来，一定说麒麟的原故。因此心下忖度着，近日宝玉弄来的外传野史，多半才子佳人都因小巧玩物上撮合，或有鸳鸯，或有玉环金佩，或鲛帕鸾绦，皆由小物而遂终身。今忽见宝玉有麒麟，便恐借此生隙，同史湘云也做出那些风流佳事来。因而悄悄走来，见机行事，以察二人之意。不想刚走来，正听见史湘云说经济一事，宝玉又说："林妹妹不说这样混账话，若说这话，我也和他生分了。"林黛玉听了这话，不觉又喜又惊，又悲又叹。所喜者，果然自己眼力不错，素日认他是个知己，果然是个知己。所惊者，你既为我之知己，自然我亦可为你之知己矣；既你我为知己，则又何必有金玉之论哉；既有金玉之论，亦该你我有之，则有何必来一宝钗哉！所悲者，父母早逝，虽有铭心刻骨之言，无人为我主张。况近日每觉神思恍惚，病已渐成，医者更云气弱血亏，恐致劳怯之症，你我虽为知己，但恐自不能久持；你纵为我知己，奈我薄命何！想到此间，不禁滚

下泪来。待进去相见，自觉无味，便一面拭泪，一面抽身回去了。

5. 细节描写

任何成功的作品，任何伟大的主旨，任何动人的情节，都必须依靠一定的细节描写来体现。只用"干得欢"来形容积极，只用"真是能"来形容能干，只用"实在美"来形容好，只用"很高兴"来形容愉快，作者所赞扬人物究竟怎样积极、能干、美好、愉快，读者无从想像。这种描写，如果也算得是描写的话，它是抽象的、空洞的、乏味的。这以及一切只有故事梗概和情节大纲的作品，由于缺乏具体的细节，读者不能确切了解描写对象值得赞扬的特点之所在，不能体会作者赞扬的热情是不是发自内心。因此，善于描写人物的作者，善于阐明主题的作品，总都是伴随着一定的细节描写，选择和组织富于特征性的细节，适当地处理细节，使各细节取得有机联系，从而具体描写景物和现实的特征。

在《儒林外史》中，吴敬梓写严监生临死时，有一个极为典型的细节描写，常被人们引用和称赞。

> ……晚间挤了一屋的人，桌上点着一盏灯。严监生喉咙里痰响得一进一出，一声不倒一声的，总不得断气，还把手从被单里拿出来，伸着两个指头。大侄子走上前来问道："二叔，你莫不是还有两个亲人不曾见面？"他就把头摇了两三摇。二侄子走上前来问道："二叔，莫不是还有两笔银子在哪里，不曾吩咐明白？"他把两眼睁得溜圆，把头又狠狠摇了几摇，越发指得紧了。奶奶抱着哥子插口道："老爷想是因两位舅爷不在跟前，故此记念。"他听了这话，把眼闭着摇头，那手只是指着不动。赵氏慌忙揩揩眼泪，走近上前道："爷，别人都说的不相干，只有我知道你的心事。你是为那灯盏里点的是两茎灯草，不放心，恐费了油。我如今挑掉一茎就是了。"说罢，忙走去挑掉一茎，众人看严监生时，点一点头，把手垂下，登时就没了气。……

为了这一根灯草，怕费了一点油，行将就木的严监生久久不能咽气，逼真地写出这个吝啬鬼的形象。可见，一个典型生动的细节描写，能够胜过许多的其它笔墨，并能使人物性格传神。

再例如，《红楼梦》中有一段描写林黛玉看见宝钗坐在宝玉房中时的情景：

> 宝钗只顾看着活计，便不留心，一蹲身，刚刚的也坐在袭人方才坐

第四章　表达方式的能力（上）

的那个所在，因又见那个活计实在可爱，不由的拿起针来，就替他作。

不想黛玉因遇见湘云，约她来与袭人道喜，二人来至院中，见静悄悄的，湘云便转身先到厢房里去找袭人去了。那黛玉却来至窗外，隔着窗纱往里一看，只见宝玉身着银红纱衫子，随便睡着在床上，宝钗坐在身旁做针线，旁边放着蝇刷子。

黛玉见了这个景况，早已呆了，连忙把身子一躲，半日又抿着嘴笑，却不敢笑出来，便招手儿叫湘云。湘云见她这般，只当有什么新闻，忙也来看，方要笑，忽然想起宝钗素日待她厚道，便忙掩住口。知道黛玉口里不让人，怕她取笑，便忙拉过她来，道："走罢。我想起袭人来，她说晌午要到池子里去洗衣裳，想必去了，咱们找她去罢。"黛玉心下明白，冷笑了两声，只得随她去了。

这一段细节描写很精彩！黛玉看见"宝玉穿着银红纱衫子"睡觉，"宝钗坐在身旁做针线"，心里酸甜苦辣，啥滋味都有。林黛玉看见这个场面时"早已呆了，连忙把身子一躲"。为什么？因为林黛玉最怕看见这样的场面。她爱贾宝玉，她最担心的是贾宝玉爱上其他人，或与其他人干出蠢事来。平素大家说的"金玉良缘"是她的心病。现在看到这个场面，当然会把她惊"呆"，她不愿看这样的场面，"连忙把身子一躲"是很自然的。不愿看，但这是现实。她招手让湘云看，原想与湘云一起狠狠取笑宝钗一番，以泄胸中不平之气。但湘云不愿取笑宝钗，拉她去找袭人，她只得"冷笑了两声"恨恨然地随湘云去了。

契诃夫在《醋栗》中用细节描写人的吝啬：

从前我们城里有个垂危的商人。他临死时叫人给他端来一碟蜜，把他所有的钱钞和彩票就着蜜一古脑儿吃到肚子里，让谁也得不着。有一回我正在一个火车站检查牲口，正巧有个驴贩子摔倒火车底下，压断了一条腿。我们把他抬到候车室里，血汩汩地流，样子真是可怕，可是他老求大家找回他的腿，老是着急；原来那条压断的腿所穿的靴子里有二十卢布，他深怕那点钱丢了。

契诃夫在这里写了两个吝啬鬼。这个商人，临死时竟会将"他所有的钱钞和彩票"，全部吃到肚子里，谁也不给。这个细节，把商人极端自私的丑恶灵魂凸现出来了。马贩子的情况稍有不同，作者通过对他腿被压断后不顾伤痛、流血，还求人找回那条腿的细节描写，突出地表现了他爱财如命、爱财胜命的性格。

（三）环境描写

1. 自然环境描写

所谓自然环境描写，主要指的是自然景色和自然物的描写。自然环境描写，或用来展现人物生活的环境，渲染气氛；或衬托人物的心理活动，表现人物的思想品德；或穿插在故事情节之间，增强故事的真实性，推动情节的发展；或寄情于景物，抒情言志等。总之，在不同的体裁中有不同的作用。孙犁的《荷花淀》里有典型的自然环境描写：

月亮升起来，院子里凉爽得很，干净得很，白天破好的苇眉子潮湿湿的，正好编席。女人坐在院当中，手指上缠绞着柔滑修长的苇眉子，苇眉子又白又细，在她怀里跳跃着。

女人编着席，不久在她的身子下面，就编成了一大片。她像坐在一片洁白的雪地上，也像坐在一片洁白的云彩上。她有时望望淀里，淀里也是一片银白的世界。水面笼罩一层薄薄透明的雾，风吹过来，带着新鲜的荷叶荷花香。

这是一幅湖光水色的白洋淀图画。荷花淀写得很美，但文中不是单纯地写景，而是为了写这美丽环境中有美好心灵的白洋淀人。文章是写战争年月的白洋淀人。白洋淀人一边与日本鬼子打斗，一边心胸有成竹地建设家园，不慌不忙地编席。这让读者感到，这样沉稳有数的民族是有希望的民族，这个民族的人民心里怀着必胜的信念，他们会胜利的。我们平日里写文章时应注意的就是不能专为写景而写景，要让景物附着于一定的情绪、心理等。物地既定的，可人的心情有异，所以各人眼中的太阳也不定都是鲜红夺目的。肖洛霍夫的名著《静静的顿河》里男主人公哥里高里得知阿克西娅死后，眼中看到的是一颗黑色的太阳呢。

2. 社会环境描写

社会环境指的是人们在生活中的活动的、人与人组成的活动场所。描写这个环境，既交待了人物活动的背景，写明了事件发生的时候、地点，也可以渲染气氛，表现人物。鲁迅的小说，很是善于描写社会环境，往往几笔便勾勒出人物生活的环境来。《孔乙己》便是如此：

鲁镇的酒店的格局，是和别处不同的：都是当街一个曲尺型的大柜台，柜台面预备着热水，可以随时温酒。做工的人，傍午傍晚散了工，每每花四文铜钱，买一碗酒……靠柜外站着，热热的喝了休息；倘肯多花一文，便可以买一碟盐煮笋，或者茴香豆，做下物了，如果出到十几文，那就能买一样荤菜，但这些顾客，多是短衣帮，大抵没有这样阔绰。只有穿长衫的，才踱进店面的屋子里，要酒要菜，慢慢地坐喝。

这是当时江南小镇的风俗画面。作者把种种酒客的样子，把酒店的格局都生动地描绘出来了，既交待了孔乙己故事发生的环境，又介绍了社会习俗，增强了作品的真实性。

（四）描写的方法

1. 直接描写和间接描写

直接描写和间接描写是以描写角度的不同来区分的。

直接描写也就是我们通常的正面描写，它直接描绘人物的肖像、心理、语言和行动，也就是正面地直接地写来。间接描写也就是我们常说的侧面描写，它是从其他人物描写里烘托出所写人物，或通过别的评价来描写人物。这种描写的方法，按习惯又称为烘托法，即烘云托月的方法。古代有一很有名的例子，那便是《陌上桑》。在这首汉乐府中，塑造了一个机智、勇敢的少女形象，描写罗敷的美丽时，是这样写的：

> 秦氏有好女，自名为罗敷。罗敷喜蚕桑，采桑城南隅……行者见罗敷，下担捋髭须，少年见罗敷，脱帽著帩头；耕者忘其耕，锄者忘其锄，来归相怨怒，但坐观罗敷。使君从南来，五马立踟蹰。使君遣吏往，问是谁家姝？……

这首诗中，极力写罗敷的美丽，但主要笔墨放在侧写上，从行者、少年、耕者、使君等见到罗敷最后的行动上，烘托出了这个少女的美丽。这一段描写，是极高明的，文字不多，富于特色，很好地完成了描写的任务。这样的描写方法，值得我们学习、借鉴。

在赵树理的《小二黑结婚》中，赵树理描写小芹的漂亮，也用了类似的侧面烘托。文章写道：

> 小芹今年十八了……青年小伙子们，有事没事，总想跟小芹说句话。小芹去洗衣服，马上青年们也都去洗；小芹上树采野菜，马上青年们也都去采。

作者从青年小伙子的表现上，烘托了小芹的漂亮。如果不这么写，当然也可以，但人长得漂亮，怕也难于诉诸笔墨，往往容易抽象或一般化。因为俊人和丑人原是大同小异的，都是两只眼睛一只鼻子的模样儿。作者用侧写，着墨不多，效果却好，给读者脑子里留了一份想像的补充，"一千个观众就有一千个哈姆雷特"，一千个读者脑子里会想像出一千个漂亮的小芹姑娘。这才是写作的高妙技法。

我们举了两个侧面描写的例子，其实，在文章中，大都是正面描写和侧面描写并用在一起的，才能起到更好的效果。以上举的这样的侧面描写，在文章中要用得少也要用得妙，是地方，恰到好处。不要一写漂亮就来这一段，一写丑陋也来这么一手，一篇文章中尽是些自以为高妙的段落，实际上就空了，不高妙了。这就是说运用烘云托月法，一定要恰当。

清代方熏说："石翁（沈周）风雨归舟图，笔法荒率。作迎风堤柳数条，远沙一抹，孤舟蓑笠，宛在中流。或指曰，雨在何处？仆曰：雨在画处，又在无画处。"（《山静居画论》）所谓"雨在无画处"，画雨而无雨，只画迎风带柳，蓑笠孤舟，淡淡远沙，使人有风雨满天的实感，这就是烘云托月之法。只要用得好，效果就好，但须是成功的运用。

2. 工笔细描与简朴白描

细描，是对描写对象的形态、声容、颜色、特征作细致入微的刻画。这种描写纤毫毕现，重彩浓墨，文辞绚丽，像"工笔画"一样，所以又叫工笔细描。这种描写手法常运用比喻、拟人、夸张、象声等修辞手段。比如，朱自清的《荷塘月色》中有这样一段描写：

> 曲曲折折的荷塘上面，弥望的是田田的叶子，叶子出水很高，像亭亭的舞女的裙。层层的叶子中间，零星地点缀着些白花，有袅娜地开着的，有羞涩地打着朵儿的；正如一粒粒的明珠，又如碧天里的星星。微风过处送来缕缕清香，仿佛远处高楼上渺茫歌声似的。这时候叶子与花也有一丝的颤动，像闪电般，霎时传过荷塘那边去了。叶子本是肩并肩密密地挨着，这便宛然有了一道凝碧的波痕。叶子底下是脉脉的流水，遮住了，不能见一些颜色，而叶子却更见风致了。

这段话作者用浓厚色彩的词语，借助比喻、拟人等修辞手法，从荷叶写到荷花，从花香写到流水，写出荷花的丰姿，荷塘的雅致，描写十分细腻动人。

第四章 表达方式的能力（上）

白描则不同。白描是一种不尚修饰，以质朴的文字，抓住事物的特征，寥寥几笔就勾勒出事物形象的写法。它本来是中国国画传统技法，即只着重于人和物本身的描绘，黑线勾勒，不着颜色，没有背景，古代叫"白画"。后人将这一技法借用到文章的描写手法上，称之为"白描"。白描没有浓烈的色彩，也少用形容词、修饰语，但同样能把具体的形象再现于读者的眼前。鲁迅曾说："白描并没有秘诀，如果说有，也不过是和障眼法反一词，有真意，去粉饰，少做作，勿卖弄自己。"这话高度概括了白描的特征。许地山的《落花生》便是这样的语言。

【例文选读】

雪

鲁迅

暖国的雨，向来没有变过冰冷的坚硬的灿烂的雪花。博识的人们觉得他单调，他自己也以为不幸否耶？江南的雪，可是滋润美艳之至了；那是还在隐约着的青春的消息，是极壮健的处子的皮肤。雪野中有血红的宝珠山茶，白中隐青的单瓣梅花，深黄的磬口的蜡梅花；雪下面还有冷绿的杂草。蝴蝶确乎没有；蜜蜂是否来采山茶花和梅花的蜜，我可记不真切了。但我的眼前仿佛看见冬花开在雪野中，有许多蜜蜂们忙碌地飞着，也听得他嗡嗡地闹着。

孩子们呵着冻得通红，像紫芽姜一般的小手，七八个一齐来塑雪罗汉。因为不成功，谁的父亲也来帮忙了。罗汉就塑得比孩子们高得多，虽然不过是上小下大的一堆，终于分不清是葫芦还是罗汉；然而很洁白，很明艳，以自身的滋润相粘结，整个地闪闪地生光。孩子们用龙眼核给他做眼珠，又从谁的母亲的脂粉奁中偷得胭脂来涂在嘴唇上。这回确是一个大阿罗汉了。他也就目光灼灼地嘴唇通红地坐在雪地里。

第二天还有几个孩子来访问他；对了他拍手，点头，嬉笑。但他终于独自坐着了。晴天又来消释他的皮肤，寒夜又使他结一层冰，化作不适明的水晶模样；连续的晴天又使他成为不知道算什么，而嘴上的胭脂也褪尽了。

但是，朔方的雪花在纷飞之后，却永远如粉，如沙，他们决不粘连，撒在屋上，地上，枯草上，就是这样。屋上的雪是早已就有消化了的，因为屋里居人的火的温热。别的，在晴天之下，旋风忽来，便蓬勃地奋飞，在日光中灿灿地生光，如包藏火焰的大雾，旋转而且升腾，弥漫太空；使太空旋转而且升腾地闪烁。

在无边的旷野上，在凛冽的天宇下，闪闪地旋转升腾着的是雨的精魂……

是的，那是孤独的雪，是死掉的雨，是雨的精魂。

鲁迅翁杂忆

夏丏尊

我认识鲁迅翁，还在他没有鲁迅的笔名以前。我和他在杭州两级师范学校相识，晨夕相共者好几年，时候是前清宣统年间。那时他名叫周树人，字豫才，学校里大家叫他周先生。

那时两级师范学校有许多功课是聘用日本人为教师的，教师所编的讲义要人翻译一遍，上课的时候也要有人在旁边翻译。我和周先生在那里所担任的就是这翻译的职务。我担任教育学科方面的翻译，周先生担任生物学科方面的翻译。此时，他还兼任着几点钟的生理卫生的教课。

翻译的职务是劳苦而且难以表现自己的，除了用文字语言传达他人的意思以外，并无任何可以显出才能的地方。周先生在学校里却很受学生尊敬，他所译的讲义就很被人称赞。那时白话文尚未流行，古文的风气尚盛，周先生对于古文的造诣，在当时出版不久的《域外小说集》里已经显出。以那样的精美的文字来译动物植物的讲义，在现在看来似乎是浪费，可是在三十年前重视文章的时代，是很受欢迎的。

周先生教生理卫生，曾有一次答应了学生的要求，加讲生殖系统。这事在今日学校里似乎也成问题，何况在三十年以前的前清时代。全校师生们都为惊讶，他却坦然地去教了。他只对学生提出一个条件，就是在他讲的时候不许笑。他曾向我们说："在这些时候不许笑是个重要条件。因为讲的人的态度是严肃的，如果有人笑，严肃的空气就破坏了。"大家都佩服他的卓见。据说那回教授的情形果然很好。别班的学生因为没有听到，纷纷向他来讨油印讲义看，他指着剩余的油印讲义对他们说："恐防你们看不懂的，要么，就拿去。"原来他的讲义写得很简，而且还故意用着许多古语，用"也"字表示女阴，用"了"字表示男阴，用"幺"字表示精子，诸如此类，在无文字学素养未曾亲听过讲的人看来，好比一部天书了。这是当时的

第四章　表达方式的能力（上）

一段珍闻。

周先生那时虽尚年青，丰采和晚年所见者差不多。衣服是向不讲究的，一件廉价的羽纱———当年叫洋官纱———长衫，从端午前就着起，一直要着到重阳。一年之中，足足有半年看见他着洋官纱，这洋官纱在我记忆里很深。民国十五年初秋他从北京到厦门教书去，路过上海，上海的朋友们请他吃饭，他着的依旧是洋官纱。我对了这二十年不见的老朋友，握手以后，不禁提出"洋官纱"的话来。"依旧是洋官纱吗？"我笑说。"呃，还是洋官纱！"他苦笑着回答我。

周先生的吸卷烟是那时已有名的。据我所知，他平日吸的都是廉价卷烟，这几年来，我在内山书店时常碰到他，见他所吸的总是金牌、品海牌一类的卷烟。他在杭州的时候，所吸的记得是强盗牌。那时他晚上总睡得很迟，强盗牌香烟，条头糕，这两件是他每夜必须的粮。服侍他的斋夫叫陈福。陈福对于他的任务，有一件就是每晚摇寝铃以前替他买好强盗牌香烟和条头糕。我每夜到他那里去闲谈，到摇寝铃的时候，总见陈福拿进强盗牌和条头糕来，星期六的夜里备得更富足。

周先生每夜看书，是同事中最会熬夜的一个。他那时不做小说，文学书是喜欢读的。我那时初读小说，读的以日本人的东西为多，他赠了我一部《域外小说集》，使我眼界为之一广。我在二十岁以前曾也读过西洋小说的译本，如小仲马、狄更斯诸家的作品，都是从林琴南的译本读到过的。《域外小说集》里所收的是比较近代的作品，而且都是短篇，翻译的态度，文章的风格，都和我以前所读过的不同。这在我是一种新鲜味。自此以后，我于读日本人的东西以外，又搜罗了许多日本人所译的欧美作品来读，知道的方面比较多起来了。他从五四以来，在文字上，思想上，大大地尽过启蒙的努力。我可以说在三十年前就受他启蒙的一个人，至少在小说的阅读方面。

周先生曾学过医学。当时一般人对于医学的见解，还没有现在的明了，尤其关于尸体解剖等类的话，是很新奇的。闲谈的时候，常有人提到这尸体解剖的题目，请他讲讲"海外奇谈"。他都一一说给他们听。据他说，他曾经解剖过不少的尸体，有老年的，壮年的，男的，女的。依他的经验，最初也曾感到不安，后来就不觉得什么了，不过对于青年的妇人和小孩的尸体，当开始去破坏的时候，常会感到一种可怜不忍的心情。尤其是小孩的尸体，更觉得不好下手，非鼓起了勇气，拿不起解剖刀，我曾在这些谈话上领略到他的人间味。

周先生很严肃，平时是不大露笑容的，他的笑必在诙谐的时候。他对于官吏似乎特别憎恶，常摹拟官场的习气，引人发笑。现在大家知道的"今天天气……哈哈"一类的摹拟谐谑，那时从他口头已常听到。他在学校里是一个幽默者。

【思考练习】

1. 观察下列类型的人物，作肖像描写练习
①无业游民 ②农民工 ③售货员 ④老人 ⑤"白领"
2. 对对联（给出上联，要求填写下联）
今世进士尽是近视
昔时西施嬉拾溪石膝湿
游西湖 提锡壶 锡壶落西湖 惜呼锡壶
鸿毛泽东 家小平安 长江泽民 平湖锦涛惊世界
昔天王闯王霸王难为王中王 只因胜者为王
东当铺西当铺东西当铺当东西
3. 仔细阅读欣赏对联《五百里滇池》

上联：五百里滇池奔来眼底披襟岸帻喜茫茫空阔无边看东骧神骏西翥灵仪北走蜿蜒南翔缟素高人韵世何妨选胜登临趁蟹屿螺洲梳裹就风鬟云鬓更萍天苇地点缀些翠羽丹霞莫孤负四围香稻万顷晴沙九夏芙蓉三春杨柳

下联：数千年往事注到心头把酒凌虚叹滚滚英雄谁在想汉习楼船唐标铁柱宋挥玉斧元跨革囊伟烈丰功费尽移山心力尽珠帘画栋卷不及暮雨朝云便断碣残碑都付与苍烟落照祗赢得几杵疏钟半江渔火两行秋雁一枕清霜

【作文题目】

1. 邻家小妹（阿姨、阿叔）
2. 我的家族
3. 幸福瞬间

第五章　表达方式的能力（下）

一、议　　论

议论就是运用逻辑推理阐述自己的观点。

议论就是用通俗的语言，讲明道理。要讲清一个道理，就要有论点、论据、论证三个最基本的要素。首先要言之成理，持之有故，还要言之有序，合乎逻辑。如果观点不明确，不能自圆其说，或者根据不足，那么别人就不信服，就不能达到以理服人的目的。因此，在进行说理的时候，弄清楚论点、论据、论证的基本要求是十分重要的。

（一）论点的基本要求

论点指作者在文章中所表明的主张、见解、思想、理论，它是论文的核心内容。一切论据、论证都要为证明论点服务。离开了论点，论据论证就失去了目标。

论点有中心论点和分论点。作为论点，不论是中心论点还是分论点，都必须具备以下几个条件：

1. 观点必须正确

中心论点是议论的中心。论点有错误，无疑会导致整个文章的失败。所以，首先要求论点是正确的。

现实生活中，有些问题，不同的作者所站的立场是不一致的，由于实践、环境、条件不同，主观因素有差别，认识也并不完全相同，因此，提出问题论点不仅要防止立场、观点的错误，同时也要避免认识上的主观性和片面性。

假如有同学写了篇论点为"老实人吃亏"的文章。他写道他站在饭堂的长蛇阵里买饭，夹三插四的乱挤一气的都买出来了，只有他们正儿八经站队的还在一动不动地站着。正在他恼火的时候，同班的一位同学夺了他的饭盒，三下两下挤进去为他买了饭。他吃上了，看一眼正儿八经曾和他一起排队的同学们仍在一动不动地排队。他叹道：真正是老实人吃亏！这篇文章的论点显然是片面性的。因为它不能说明社会生活的本质，它不过是生活主流里分割出来小主流的乐曲。如果由这样的排队买饭就得出如此的结论，认定这个社会是老实人吃亏，那就大错而特错了。

2. 论点必须明确

作为文章的基本观点，应当是明确的，不能模棱两可。基本观点一含糊，整篇文章的道理就讲不清楚。在一般情况下，一篇文章只能论述一个基本观点，不能同时论述两个或两个以上的基本观点。如果同时出现两种不同性质的论点，基本观点就不明确。因此，在处理时，一方面要防止与基本观点相矛盾的观点出现，另一方面又要防止与基本观点一致的或并列的观点与基本观点互争地位，以免主次不分。不仅如此，对构成基本观点的概念，判断也应当十分明确，有确定的含义，不应有引起歧义的解释。例如"行动起来，和不良的卫生习惯斗争！"就不明确。卫生习惯是褒义，不讲卫生、不良习惯、不卫生的习惯是贬义，和不良的卫生习惯斗争反而使人模糊。再如"要发明创造，就要以博取胜"也不明确，"博"在这里的含义不清楚，不能表明它与"发明创造""取胜"的关系。再例如"热烈欢迎女排挂冠归来！"也不明确，"挂冠归来"意思完全用反了，古时候罢了官回老家去，才叫挂冠而归，我国女排荣获冠军是凯旋。作者心里要表达的是胜利归来，在文字上用成了"挂冠归来"，意思上恰恰用反了。

总之，作者爱什么，恨什么，赞成什么，反对什么，其基本观点应当很明确。吞吞吐吐，含含糊糊，道理是不容易说清楚的。

3. 见解必须新鲜

如果一个作者提出的见解，没有独创性，总是旧话重提，那么就不会引起读者的兴趣。所以议论中提出的见解，应该给人以新的启示，使人有一种新感觉。

所谓新鲜，主要有四种：其一，这种见解是别人未曾提出过的。它是作者首先提出来，或首先发现的；其二，有些问题虽然别人提出过，但作者的看法与众不同，有独到之处；其三，前人或他人提出的看法，作者基本上同意，但感到不完善，需要作部分的补充、修正；其四，提出的问题新鲜。有些问题，作者从某一个侧面去认识，有比较深刻的体会。

总之，要有自己的认识，自己的感受，人云亦云的东西，别人不欢迎，且没有价值。

（二）论据的基本要求

论据是经过作者精心选择用来证明论点的材料。论点是果，论据是因，由因得果。论据一有疏忽，论点就难于成立。

1. 必须真实可靠

论据的真实是论文的生命。这个真实并不是应该由作者主观判断所能确定的，必须经过验证。只有这种真实性被证明是可靠的无疑义的，别人才会相信。我们不仅要研究材料的真实性，还要研究它的可靠程度。

（1）要交待材料的来源出处。比如你用了一个既新鲜又有价值的材料，但必须说明这个材料是从什么地方得来的。如果能说明这个材料摘自哪本书或哪篇文章，作者是谁，引文在该书的第几页上，这本书是哪一个出版社哪一年的版本，那么，人们就认为这个材料比较可靠。

（2）要检查验证材料的可靠程度。比如，有一些材料是从正史中抄来的。由于史书作者的局限，有意抹煞与改变了某些历史事实，而野史的有关记载倒反而比较真实，那么正史的可靠性就不如野史大。文革十年中出的史书这种情况很多，完全是一种歪曲。相反，有些材料，野史的记载虽然十分具体，但材料大都是道听途说的，那就是野史的可靠性又不如正史大了。

2. 必须充分典型

充分是数量上的要求，典型是质量上的要求。这个典型指典型材料，即具有普遍意义的材料，而不是指文学的典型人物、典型情节之类。典型就是能"以一当十"，能揭示事物的本质。比如，夏季迅雷击断树木，败坏房屋，甚至打死人，这是常见的自然现象。过去一般都用迷信来解释，王充认为这是不正确的。他在《论衡·雷虚篇》里用唯物主义观点，正确地解释了迅雷击木伤人这种自然现象，批判了"雷为天怒"的唯心观点。王充证明"雷者，火也"。他用火烧东西的气味、形状、鸣声、光耀、焚毁等特征验证"雷者，火也"。如第一个说人被雷打击了之后，就会死。打中头，头发胡子像火烧一样，被烧焦了，打中身体，皮肤被烧坏了，尸体有了火气味。虽然，这也可以证明"雷者，火也"，但总觉得不够充分。王充除了用这例子外，还从其他四个方面加以验证，证明"雷者，火也"。这就告诉人们："雷者，火也"的论述是无可辩驳的。

（三）论证的基本要求

论证的任务在于揭示论点与论据之间的逻辑联系。

1. 观点与材料必须统一

议论文的基本特点是讲道理。全部材料的组织安排都围绕说明一个基本的道理进行。如果作者提出的是一种观点，材料所能证明的又是另一种观点，或者材料不能完全揭示观点的内涵，或观点与材料的客观意义虽然一致，但观点不能概括材料的全部内容，那么论据就难于证明论点。

例如，有人根据"先天下之忧而忧，后天下之乐而乐"的命题，选择了这样的论据：即一位同学跳到珠江去救一位跳河自杀妇女的事迹。这个选择不好。这并不是说这位同学的事迹不好，而是这个例子的含义和论点之间并不完全一致。这个例子说明舍己救人这个观点是很好的，但要用来说明"先天下之忧而忧，后天下之乐而乐"的世界观，则不准确。材料与观点也不是很一致。

2. 推理必须合乎逻辑

论证的过程是离不开推理的。要推理当然要尊重逻辑规律，遵守推理规则。违犯了规则，道理就讲不清楚，论点也得不到证明。通常，我们应该避免这样一些逻辑错误。

第一，混淆概念所能概括的范围。有人在论述时把多种相关的概念混起来，到结论时，就会使人感到不确切，不妥贴。

第二，论证中随意联系实际，乱套结论。例如有人论难和易的辩证关系。他是这样论述的，先总提一句难和易是辩证的统一体，它们可以互相转化。接着就举例子。比如有的同学自由散漫，班干部说难管理，校团委举办各种形式的读书会后，转变了他们的思想。结论是，可见难和易是可以互相转化的。这是不准确的，其一，这里只讲了难转化为易，并没有讲易转化为难，"互相转化"的结论是不能令人信服的；其二，提了各种形式的读书会，没有说读书会怎样促使他们转化，没有说明转化的主观条件是什么，客观条件又是什么。这样，人们就感到结论缺乏根据，像套上去似的。

第三，不作具体分析，没有逻辑推理过程，结论简单。

第四，只有具体事实，而没有结论。

（四）论证中的证明

我们知道，论证是运用论据证实论点的真实性与合理性的方式。议论文一般都要依靠证明才能揭示论点与论据之间的逻辑联系。证明中常用的方法有这样几种：

1. 例证

这是一种直接列举事实证明论点的论证方法。这种事实可以是具体的事例，也可以是概括的事例，可以一一列举，也可只举个别典型例子进行分析解剖。

例如，毛泽东在《矛盾论》里谈到什么是片面性时说："所谓片面性，就是不知道全面地看问题。例如：只了解中国一方，不了解日本一方，只了解共产党一方，不了解国民党一方，只了解无产阶级一方，不了解资产阶级一方，只了解农民一方，不了解地主一方，只了解顺利情形一方，不了解困难情形一方，只了解缺点一方，不了解成绩一方，只了解原告一方，不了解被告一方，只了解革命的秘密工作一方，不了解革命的公开工作一方，如此等等。一句话，不了解矛盾各方的特点。这就叫做片面地看问题。"为了说明什么叫片面性，毛泽东一连举了几个例子，这些例子是并列的、概括的。这个例子叫我们感到了论据的充分，真理的朴素。

再例如，有人写一篇"谈自信"的文章，举了这样一个例子：心理学家从一班大学生中挑出一个最愚笨、最不招人喜爱的姑娘，并要求她的同学们改变已往对她的看法。在一个风和日丽的日子里，大家都争先恐后地照顾这位姑娘，向她献殷勤，陪送她回家，大家都以假作真地打心里认定她是位漂亮聪慧的姑娘。结果怎样呢？不到一年，这位姑娘出落得很好，连她的举止也同以前判若两人。她聪明地对人们说，自己获得了新生。这便是一个具体的事例。作者便是通过了个别典型例子的分析解剖，来证明了论点的正确。

2. 引证

引证也是论证中用得比较多的一种证明方法。它的主要特点是引用别人的论点或论据，以证明自己的论点。这些被引用的材料包括经典作家的言论、名人格言、民间谚语、寓言故事、公理、定律、法律条文等等。一切可证明自己观点的材料，都可以引用。

引用在议论文中，常常是立论的理论根据，使立论建立在坚固的基础上。

3. 喻证

喻证是用类比推理的方法，通过一些寓言故事，推出一个道理，以证明自己的论点。毛泽东同志的说理文章中就借用了"农夫和蛇"，还有我们最熟悉的"愚公移山"等大量寓言故事，来阐明深奥的道理，使文章生动形象，富于感染力。

4. 反证

反证法是一种间接证明。它是证明与原论题相矛盾的论题的虚假，从而证实原论题的真实。这种方法也可叫做"釜底抽薪"。人们常说，扬汤止沸，不如釜底抽薪，以此来比喻从根本上解决问题。作为一种证明的方法，它是指直接反驳对方的论据，即证明对方论点据以成立的事实，理由是虚假的、错误的。论据站不住脚被抽去了，那么建立在虚假论据上的论点就不攻自破。例如叶永烈的《科学无世袭》，在文章开头，作者先摆出对方论点"科学有世袭"所据以成立的论据，如居里夫人的女儿也是诺贝尔奖获得者，"非欧几何"的创始人之一，亚·鲍耶，他的父亲也是著名数学教授，等等。然后作者直接指出这些论据的虚假性，居里夫人的女儿伊伦·居里很是勤奋，结婚后都是夜以继日地与丈夫呆在实验室里，节假日也不休息，终于发现了人工放射性，小居里夫妇双双获奖。他们"袭"下来的只是父母为科学献身的宝贵精神。而亚·鲍耶小时的学习虽得到父亲教育，但他在数学上的见解却与父亲背道而驰，以至写出论文文章也不让发表，并且由学术分歧导致感情破裂，父亲成了他前进路上的绊脚石。他终于贫病交加而死，死后八年才得到世界公认。

作者通过对上述事实的分析，令人信服地说明了小居里夫妇等人的成就决不是"世袭"而来，而是苦苦奋斗的结晶。这样一来，对方的论点就不能成立了。釜底抽薪，其沸而止。

（五）论证中的反驳

反驳也是一种证明，它通过驳斥对方的错误来证明自己观点的正确。反驳的方式有三种：反驳论题，反驳论据，反驳论证。落实在具体的文章中，通常可以运用下列一些手法进行反驳。

1. 释义正名

释义即正确解释概念判断的内涵，揭示其本质意义。正名指纠正被歪曲的解释，恢复事物本来的意义，使概念做到名实相符。冯牧有篇《摄影艺术应当正名》的文章，针对有些人把不够形象不够典型的作品说成"像照相一样"，给予指正。在这些人眼里，照相就是刻板地照搬生活。冯牧认为照相并不是照搬生活，复制生活，而是一门独立的艺术。他首先考察了艺术反映生活的特点，再考察照相的人在观察生活、体验生活、形象思维过程、构思过程、典型化过程、集中概括过程同其他艺术有共同的特点，从而得出结论：照相是一门独立的艺术，摄影家是艺术家。因此，应给予摄影艺术一定的地位。

2. 攻其要害

这种方法中反驳的对象有一个重要特点，就是回避实质问题。针对这种现象，在驳斥时，不要停留在枝节问题上，而要抓住要害问题，给予重点的分析解剖，揭露其实质。俗话说"伤其十指不如断其一指"，抓住要害，给予充分揭露，其余论点也就站不住脚了。

3. 实践验证

一种理论的成立与否，不仅要看道理是否说得通，还要看在实践中是否行得通。经过检验，如果证明行不通，那么这种理论就是错的，如果实践检验，行得通，那么说明是正确的。王充正是运用这种方法揭露了形形色色的唯心主义形而上学的观点。在《论衡·书虚篇》中，引述了这样一件事。颜渊与孔子一道登上鲁国泰山。孔子向东南，望见吴门外，系着一匹白马，指给颜渊看，说："你看见吴国阊门吗？"颜渊说："看见了。"孔子说："阊门外有什么？"回答说："有一条像绳子一样的东西。"下山后，颜渊由于刚才用目过度，精华竭尽，发白齿落，不久就死了。这种无稽之谈，有人"以为载于竹帛上者，皆贤圣所传，无不然之事，故信而是之，讽而读之"。王充对这些说法进行了批评。他指出"盖人目之所见，不过十里"，鲁国距离吴国有千余里，不仅颜渊看不见，就是孔子也不能看见。王充又说，颜渊望远眼睛受不了，容易得眼病，发白齿落，不是因为望远的缘故，并指出，颜渊发白齿落年轻身死，是由于"用精于学，勤力不休，气力竭尽"，与站在泰山望阊门毫无关系。王充用生活中的例子进行推理，推翻了对方的论据，进而得出了"虚妄之书不可信"的论点。王充的方法就是拿书上说的同现实生活中的情形对照，从而判断正误与是非。在科学技术中，采用实验等方法进行检验的例子就更多了。

4. 显其荒谬

显其荒谬就是运用逻辑上的归谬法，从对方的论题出发，引出荒谬的结论，从而证明对方的论题是假的，是不能成立的。任晦的《废名论存疑》是一篇杂文。文章从学校的名字读起，批评了社会上"废名排号"的风气，"开明书店"的名称不见了，许多老百姓熟悉的老店铺纷纷改为"第七门市部"、"第八供应站"了。在文艺团体中什么都要加上一个"人民"、"中国"的字样，诸如"人民文学""人民音乐""中国评剧院"等。在外国漫画杂志有的叫"鳄鱼"，有的叫"箭"，有的叫"牧鹅少年马季"，而我们直截了当地叫"漫画"，就像在人的名片上印着：人。这当然是以前，现在好多了，可现在的某些名称，又显得故弄玄虚了。

二、抒　情

在理解什么是抒情之前，应先理解什么是感情。感情，是人的需要，是动机与客观事物相撞击而产生的一种心理活动。心理学家认为"情感，这是人对现实的对象和现象是否适合人的需要和社会要求而产生的体验"。

人的感情，有喜怒、哀乐、爱憎、好恶、激动、赞叹、紧张、恐惧等等。《礼记·礼运》中就说过："何谓人情？喜、怒、哀、惧、爱、恶、欲，七者弗学而能。"

抒情，就是作者在文章或文学作品中对所表现的对象抒发爱憎好恶的感情，是抒发和表露感情的一种表达方式。

在我们某些人的头脑中，一抒情就泛上来的"啊"一类的感叹词。大呼小叫是抒情的一种形式，并不是所有的抒情都用大呼小叫的感叹词。萧红曾说过："它渗透在形象里，是形象的血液；它渗透在细节里，是细节灵动的因子；它渗透在独白和对话里，是对话和独白可感的质；它渗透在每一个语汇和标点里，是标点和语汇的浆汁。"这就是说，不但文学作品离不开抒情，就是新闻文体和议论文体中也常要用到抒情这一表达方式。

（一）抒情的方法

抒情，根据抒情时借助不借助其他表达方式，可分为直接抒情和间接抒情两种。

1. **直接抒情**

直接抒情，就是作者在作品中抒发感情时不借助其他表达方式，而是直抒胸臆，直接倾泻自己的爱憎好恶的感情。例如：

> 宇宙呀，宇宙
> 我要努力地把你诅咒；
> 你脓血污秽着的屠场呀！
> 你悲哀充塞着的囚牢呀！
> 你群鬼叫号着的坟墓呀！
> 你群魔跳梁着的地狱呀！
> 你到底为什么存在？

郭沫若的《凤凰涅槃》，是借凤凰"集香木自焚，复从死灰中更生"的神话故事来象征旧世界旧中国的毁灭和新世界新中国的诞生，表现作者强烈憎恨旧世界，热烈向往新世界的爱国主义精神。这里引的"凤歌"中的这一节，是借凤凰所唱的歌来表现作者诅咒像屠场、囚牢、坟墓、地狱一样肮脏、惨苦、黑暗的旧中国的必将毁灭的感情。作者的这种感情是直接抒发出来的。

直接抒情，多在诗歌中，因为作者的感情强烈、激越，不吐不快，所以不得不直接倾泻出来。但是在其他文学作品，特别是散文作品中也是有的。直接抒情用得过多，会伤于空泛，并不好，但浓烈的感情直接抒发出来，是能深深打动读者的。例如，在汉民歌中的《上邪》：

> 上邪，我欲与君相知，长命无绝衰。山无陵，江水为竭，冬雷阵阵夏雨雪，天地合，乃敢与君绝。

这是一首古情歌，一个女子发出的爱情誓言，表示她那坚贞不渝的感情，用的便是直接抒情的方法，感染力很强。

2. **间接抒情**

间接抒情，就是借助叙述、描述、议论等表达方式来倾泻作者的感情，也就是让要抒发的感情粘附、渗透在一定的人物、事件、景物、哲理之中。间接抒情，可以使抽象的感情客观化、具体化、形象化。

（1）借助叙述抒情：就是在叙事时灌注着一股感情，有的还特意用上一两个抒情句子加以点明和强调。例如，陶斯亮（陶铸的女儿）的《一封终于发出的信》：

爸爸，您还记得江青他们策划的那次批判会吗？那是一个炎热的八月天，突有一群彪形大汉闯进来，说是开批判会，二话没说就把你押走了。妈妈正患病，可是这伙人仍硬拖妈妈去陪斗。

我站在围斗的人群后面，愤愤地看着……

这是叙述陶铸同志在十年浩劫中一次被江青反革命集团批斗的事情。在叙述中，倾注了对"四人帮"的恨，流露了对爸爸妈妈的热爱和崇敬，更反映了自己当时万分痛楚之情。这种叙述中抒发的感情是十分丰富而深厚的。

（2）借助描写抒情：就是在对客观的人、事、景、物的描写中渗透作者的感情，用的最多的就是我们平常说的"寓情于景"、"情景交融"。例如朱自清的《春》：

春天像刚落地的娃娃，从头到脚都是新的，它生长着。

春天像小姑娘，花枝招展，笑着，走着。

春天像健壮的青年，有铁一般的胳膊和腰脚，他领着我们上前去。

这是用拟人化的手法描绘春天到来时的美好景象。字里行间，作者对春天的独特感受也自然而然地流露出来了。景生情，情生景，情和景融合在一起了。

（3）借助议论抒情：借助议论抒情，又叫做寓情于理，就是在对客观事物进行议论的时候，渗透着自己的感情。例如杨朔的《荔枝蜜》中就有一段，抒发了对蜜蜂的那种精神的赞扬：

我的心不禁一颤，多可爱的小生灵啊，对人无所求，给人的却是极好的东西。蜜蜂是在酿蜜，又是在酿造生活；不是为自己，而是为人类酿造最甜的生活。蜜蜂是渺小的，蜜蜂却又多么高尚啊！

（4）借助修辞手法抒情：语言是人类特有的抒情手段。在日常生活中，人发出抒情语言，词调、节奏、速度、句式和词序，常常会与抒情语言不同。我们在用文学抒情时，可以借用修辞手法来达到上述某些抒情效果。抒情通常借助的修辞手法有呼告、重叠、排比、层递、夸张、拟人、双关、感叹等。例如呼告修辞法的抒情：

总而言之，我将不能常到百草园了。Ade，我的蟋蟀们！Ade，我的覆盆子们和木莲们！……

这无疑大家听得出来是鲁迅的《从百草园到三味书屋》。用呼告，把童年对百草园的留恋之情，表达得很生动。

例如感叹式的修辞法的抒情，"呜呼，我说不出话，但以此记念刘和珍君！"我们熟知这是鲁迅的《记念刘和珍君》，将说不尽的情含在这一句感叹中。

（二）抒情的要求

一篇文章写得好，它就应当是从作者的心里唱出来的。没有真情实感而装腔作势的叹息、忧伤只是无病呻吟。无病呻吟的文章是不能打动人的。有的文章并不是无病呻吟，而是对人物缺乏了解，没有饱满的激情，所以写出来只能是空空洞洞的口号、呐喊、呼叫等。

我们不能为文而造情，而只能为情而造文。所以我们主张在习作中写自己亲身感受过的东西，道理就在此处。感情真挚丰富，你就会在抒情时左右逢源，否则就难免显得空洞。

另外，抒情还要求有健康的情趣。不要唱着脱离现实社会的、伤感的、晦涩的歌，或宣扬对生活的绝望心理等。再者，感情是比较抽象的东西，抽象的感情抒发，不易打动读者、感染读者。因此，要善于通过具体的叙述、描写，把抽象的感情具体化，把自己的感情准确又生动细致地抒发出来。

还有一点，就是要服从主旨的需要。有时，人物的感情会一反常态。一个人高兴极了，会情不自禁地流出眼泪；一个人悲哀极了，也会长歌当哭，甚至还会哭出笑声。前几年发掘出来的老子竹简中就有"至乐不笑"的话。"世间有些微笑，比眼泪更悲惨。"（屠格涅夫语）我们在表达人物感情的时候，倘若能注意到这一特点，那么，这一人物就写得深刻传神了。

《渴睡》出于契诃夫的笔下，它塑造了小保姆瓦尔卡的形象。她父亲去世后，母亲养不起她，就被送到老板家去当小保姆，要她带一个很爱哭的婴儿，还要承担繁重的家务劳动。她几乎没有休息和睡觉的时间，"她的眼皮睁不开，脑袋耷拉下来，脖子酸痛。她的眼皮和嘴唇都动不得，她觉得她的脸仿佛干了，化成了木头，仿佛脑袋变得跟大头针的针头那么细小似的。"当然，在她这样的年龄，她是不能认识到造成她极端"渴睡"的真正原因和剥夺她睡眠权利的罪魁祸首。小说的结尾多次描写了她的笑，"她笑了"、"（她）脸上现出畅快的笑容"、"瓦尔卡笑着"、"（她）高兴得笑起来"。因为"她能睡了"，她似乎又重新获得了睡眠的权利。在瓦尔卡的笑容里，叠印着主人公悲惨的经历和作者同情的泪眼。

三、说　　明

（一）说明的特点

说明是运用简明的语言介绍人物、解说事物、剖析事理、阐明意象的一种写作方法。也就是用言简意明的文字，把事物的形状、性质、特征、成因、关系、功能等解说清楚。说明也是写文章的基本的表达方法之一。写说明文需要用说明的方法，写其他文章，如旅游读本、产品说明、项目介绍、招标投标等文章，以及各种议论文也都要运用说明的方法。

1. 用解说的方法指明事物的基本特征

例如对荔枝，我们就可以从多方面去揭示它的本质特点，而用的表达方法不同，效果就不同。

（1）描写：使事物形象鲜明。

> 形团团如帷盖。叶如桂，冬青；华如桔，春荣；
> 实如丹，朵如葡萄，核如枇杷，壳如红缯。夏熟。

（2）议论：直接指出事物的本质特征。

> 荔枝虽然甘美，芳香，但却难于离枝，若离本枝，一日而色变，二日而香变，三日而味变，四五日而外，色香味尽去矣。一个有才华的作家之于人民，何尝不如此。

（3）叙述：事物的发展与原因结果都很清楚。

> 荔枝生长在南方，果肉透明如凝脂，多汁，甘美，芳香。唐明皇为宠爱杨贵妃，常常派使臣坐铁骑从千里之外赶运鲜荔枝，引起了人民强烈不满。

（4）说明：指明事物的性状特征。

> 荔枝是常绿乔木，偶数羽状复叶，叶片圆形或披针形，花小无瓣，呈绿白色或淡黄色，果实呈心脏形勤圆形。

从这个对比的例子中，我们可以看到，说明在于通过解说事物的特征，让人们认识该事物的本质特点。说明的语言要简洁。关键在于要抓住事物的特征，给予说明，从而使人们认识这种事物的本质。比如说"铀是一种白色的金属"，这样说明事物的特征，就没能说明事物的本质特征。白色是铀的一种特征，但并不是最本质的特征。因为白色的金属很多，如银子也是白色的金属。铀除了是白色金属以外，还有其本质特征。它是一种放射性的元素，符号为U，银白色，质地坚硬，能蜕变，能量极大，是生产原子弹的重要元素。把铀熔合在钢中做成铀钢，非常坚硬，可以制造机器。这样，只有把铀的各种特点和功用介绍出来，才能说明铀的本质，人们才能把铀和银子等其他白色金属区别开来。

（二）说明的作用

1. 解释概念

文章中常常运用注释的方法，对概念作解释，通过注释使抽象的概念具体化通俗化。这种作用往往表现在先下定义，随后作出对这一定义中某些含义的解释，使人们明白这一概念。

2. 介绍人物

介绍人物包括介绍人物的姓名、年龄、职业、特征、经历、地位、相互关系，使人们对这个人的情况有一个概括的基本的了解。我们在学一篇文章的时候，教师往往要来个"作者介绍"，这便是介绍人物。这在中学我们接触了不少。

文学作品中运用说明介绍人物的情况很多。例如赵树理的《小二黑结婚》的开头说：

> 刘家峧有两位神仙，邻近各村无人不晓；一个是前庄上的二诸葛，一个是后庄上的三仙姑。二诸葛原来叫刘修德，当年做过生意，抬手动脚都要论一论阴阳八卦，看一看黄道黑道。三仙姑是后庄于福的老婆，每月初一十五都要顶着红布摇摇摆摆装扮天神。

这里介绍的是刘家峧的两个"神仙"，他们的姓名、住的地方、性格特点。文字十分概括，使人一开始就对这两个人有个大概的了解，印象鲜明。

3. 介绍事物

介绍事物的形状、性质、物点、构造功能、使用方法等等。例如介绍一种新药品，介绍一种新型炊事用具等都属这一类型。

4. 介绍历史事件

它侧重于说明历史事件的发生、发展过程及其原因、结果。在世界历史中，如介绍佛教的兴起、罗马共和国的建立、斯巴达起义、文艺复兴、哥白尼的太阳中心说、英国工业革命、日本明治维新，在中国历史中如商鞅变法、楚汉战争、鸦片战争、太平天国、辛亥革命、五四运动等等。例如介绍国际妇女节的由来：

1909年3月8日，美国芝加哥城的劳动妇女，包括体力劳动和脑力劳动的妇女，为争取妇女的自由平等，举行示威游行。这是历史上劳动妇女第一次进行有组织的斗争，显示了妇女的伟大力量，得到了广泛的同情和支持。

1910年，第二次国际社会主义者妇女代表大会在丹麦首都哥本哈根召开。根据德国杰出的共产主义者蔡特金的倡议，大会一致通过：为加强国际劳动妇女的团结和解放斗争，规定每年3月8日为国际妇女日。

这里介绍的是"三·八"妇女节的由来，对这个节日产生的经过作了具体而简洁的说明。

（三）说明的方法

1. 定义说明

定义说明，即通过对事物下定义进行说明。通过下定义明确事物的内涵与外延，指出事物的性质特点，使它与别的事物严格区别开来。因此，也有人称这种方法为"立界说"。这是一种比较严密、比较科学的说明方法，它既指明了事物的本质特点，又确定该事物的范围与界限。在科学著作与教科书里运用这种方法很普遍，我们接触过的也较多。

2. 解释说明

这种说明方法往往是由于下定义要求十分严格，而有些概念不易用下定义方法一下子说明白，于是用这种解释的方法来阐明事物的某些特点。这也叫诠解，比下定义自由灵活，它不要求下定义与被下定义的事物在外延上完全相等，也不要求完整地揭示定义的全部内涵。这也是极普遍的一种说明方法。

3. 分类说明

把被说明的事物，按照一个统一的标准划分成不同的类别，一类一类地分别加以说明，叫分类说明。

（按规模）戏剧：大型、中型、小型（短剧）；

（按表现手段）戏剧：戏曲、话剧、歌剧、舞剧、广播剧；

（按语言风格）戏剧：悲剧、喜剧、正剧、悲喜剧；

（按地方色彩、表演风格）戏剧：京剧、昆剧、越剧、汉剧、评剧、黄梅戏、川剧、闽剧、秦腔等。

4. 举例说明

有一些比较抽象比较复杂的事物，不举出例子加以解释说明，别人就不容易懂。通过举例使抽象的东西变成具体的、浅显的、人们就容易理解了。

5. 介绍说明

介绍说明用途极广。可以介绍人物，介绍事物，介绍自然风光，介绍产品、书籍、影剧，介绍天文、地理等等知识，几乎没有一样东西是不可以用作介绍的。但必须在说明时，抓住事物的特征。

6. 比喻说明

通过打比方说明事物的特点，虽然不十分准确，却比较形象，能帮助人们具体地把握事物的特征。

此外，还有对比说明、数字与图表说明等方法。

【例文选读】

思想解放

梁启超

要个性解放，必须从思想解放入手。怎样叫思想解放呢？无论什么人向我说什么道理，我总是穷原竟委想过一番，求得个真知灼见。当运用思想的时候，绝不许有丝毫"先入为主"的意见束缚自己。经过思想之后，觉得对，我便信从，觉得不对，我便反抗。

"曾经圣人手，议论安敢到。"这是韩昌黎极无聊的一句话。圣人做学问，便不是如此。孔子教人择善而从，不经一番择，何由知道他是善？只这个择字，便是思想解放的关目。欧洲现代文化，不论物质方面，精神方面，都从"自由批评"产生出来：对于社会上有力量的学说，不管出自何人，或今或古，总许人凭自己见地所及，痛下批评。批评岂必尽当，然而必经一番审择，才能有这批评，这便开了自己思想解放之路；因这批评又引起别人

的审择，这便开了社会思想解放的路。互相启发，互相纠正，真理自然日明，世运自然日进。倘若拿一个人的思想做金科玉律，范围一世人心，无论那人为今人，为古人，为圣人，无论他的思想如何好，总之是将别人的创造力抹杀，将社会的进步勒令停止了。试问那人若非经过一番思想，如何能创造出金科玉律来？我们既然敬重那人，要学那人，第一件便须学他用思想的方法。他必是摆脱了古代思想和并时思想的束缚，独立自由研究，才能建立一家的学说；不然，这学说也算不得他的了。既然如此，我们为什么不学他这一点，倒学他的反面？我国千余年来，学术所以衰落，进步所以停顿，都是为此。

　　有人说，思想一旦解放，只怕人人变为离经叛道。我说，这个全属杞忧。若使不是经，不是道，离他叛他不是应该吗？若使果是经，果是道，那么，俗语说得好，"真金不怕红炉火"。有某甲的自由批评攻击他，自然有某乙某丙的自由批评拥护他，经过一番刮垢磨光，越发显出他的真价。倘若说某家学说不许批评，倒像是这家学说经不起批评了。所以我奉劝国中的老师宿儒，千万不必因此着急，尽可以让青年纵任他们的思想力，对于中外古今学说随意发生疑问，就是闹得过火，"非尧舜，薄汤武"也不要紧。他们的话若没有价值，自然无伤日月，管他做甚？若认为够得上算人心世道之忧，就请痛驳起来呀！只要彼此应用思辩的公共法则，驳得针锋相对，丝丝入扣，谁是谁非，自然见个分晓。若单靠禁止批评，就算卫道，这是秦始皇"偶语弃市"的故技，有什么用处？

　　还有几句打破后壁的话，待我说来。思想解放，道德条件一定跟着动摇，同时社会上会发现许多罪恶，这是无可逃的。但说这便是人心世道之忧，却不见得。道德条件，本是适应了社会情形建设起来的。社会变迁，旧条件自然不能适用。不能适用的条件自然对于社会上失去了拘束力，成了一种僵石似的装饰品。旧条件既然不适用，在新社会组织之下适用的新条件却并未建设起来，道德观念的动摇如何能免？我们主张思想解放，就是受了这动摇的刺激，想披荆斩棘求些新条件，给大家安心立命。他们说解放思想便是破坏道德，道德二字作何解释，且不必辩，就算把思想完全封锁起来，试问他们所谓道德是否就人人奉行？旧道德早已成了"僵石"，新道德又不许商榷，这才真是破坏道德哩。至于罪恶的发现，却有两种原因；第一是不受思想解放的影响的。因为旧道德本已失了权威，不再能拘束社会，所以恶人横行无忌。你看武人、政客、土匪、流氓，做了几多罪恶，难道是新思想提

倡出来的吗？第二是受思想解放影响的。因为提倡思想解放的人自然爱说抉破藩篱的话，有时不免说的太过些。那些坏人就断章取义，把他们的话做护身符，公认作起恶来，须知这也不能算思想解放的不好，因为本来是满腔罪恶，从前却隐藏掩饰起来。如今索性尽情暴露，落得个与众共弃，还不是于社会有益吗？所以思想解放只有好处，并无坏处。我苦口谆劝那些关心人心世道的大君子，不要反抗这个潮流吧。

巴黎的书摊

戴望舒

在滞留巴黎的时候，在羁旅之情中可以算做我的赏心乐事的有两件：一是看画，二是访书。在索居无聊的下午或傍晚，我总是出去，把我迟迟的时间消磨在各画廊中和河沿上的书摊。关于前者，我想在另一篇短文中说及，这里，我只想来谈一谈访书的情趣。

其实，说是"访书"，还不如说在河沿上走走或在街头巷尾的各旧书铺进出而已。我没有要觅什么奇书孤本的蓄心，再说，现在已不是在两个铜元一本的木匣里翻出一本 Patissierfranco is 的时候了。我之所以这样做，无非为了自己的癖好，就是摩挲观赏一回空手而返，私心也是很满足的，况且薄暮的赛纳河又是这样地窈窕多姿！

我寄寓的地方是 Rue del'Echaudé，走到赛纳河边的书摊，只须沿着赛纳路步行约摸三分钟就到了。但是我不大抄这近路，这样走的时候，赛纳路上的那些画廊总会把我的脚步牵住的，再说，我有一个从头看到尾的癖，我宁可兜远路顺着约可伯路、大学路一直走到巴克路，然后从巴克路走到王桥头。

赛纳河左岸的书摊，便是从那里开始的，从那里到加路赛尔桥，可以算是书摊的第一个地带，虽然位置在巴黎的贵族的第七区，却一点也找不出冠盖的气味来。在这一地带的书摊，大约可以分这几类：第一是卖廉价的新书的，大都是各书店出清的底货，价钱的确公道，只是要你会还价，例如旧书铺里要卖到五六百法郎的勒纳尔（J. Renard）的《日记》，在那里你只须花二百法郎光景就可以买到，而且是崭新的。我的加棱所译的赛尔房德里的《模范小说》，整批的《欧罗巴杂志丛书》，便都是从那儿买来的。这一类书在别处也有，只是没有这一带集中吧。其次是卖英文书的，这大概和附近的外交部或奥莱昂东站多少有点关系吧。可是这些英文书的买主却并不多，所

以花两三个法郎从那些冷清清的摊子里把一本初版本的《万牲园里的一个人》带回寓所去，这种机会，也是常有的。第三是卖地道的古版书的，十七世纪的白羊皮面书，十八世纪饰花的皮脊书等等，都小心地盛在玻璃的书柜里，上了锁，不能任意地翻看，其他价值较次的古书，则杂乱地在木匣中堆积着。对着这一大堆你挨我挤着的古老的东西，真不知道如何下手。这种书摊前比较热闹一点，买书大多数是中年人或老人。这些书摊上的书，如果书摊主是知道值钱的，你便会被他敲了去，如果他不识货，你便沾了便宜来。我曾经从那一带的一位很精明的书摊老板手里，花了五个法郎买到一本一七六五年初版本的 Du Laurens 的 Imirce，至今犹有得意之色：第一因为 Imirce 是一部禁书，其次这价钱实在太便宜也。第四类是卖淫书的，这种书摊在这一带上只有一两个，而所谓淫书者，实际也仅仅是表面的，骨子里并没有什么了不得，大都是现代人的东西，与来骗骗人的。记得靠近王桥的第一家书摊就是这一类的，老板娘是一个四五十岁的老婆，当我有一回逗留了一下的时候，她就把我当做好主顾而怂恿我买，使我留下极坏的印象，以后就敬而远之了。其实那些地道的"珍秘"的书，如果你不愿出大价钱，还是要费力气角角落落去寻的，我曾在一家犹太人开的破货店里一大堆废书中，翻到过一本原文的 Cleland Fanny Hill，只出了一个法郎买回来，真是意想不到的事。

　　从加路赛尔桥到新桥，可以算是书摊的第二个地带。在这一带，对面的美术学校和钱币局的影响是显著的。在这里，书摊老板是兼卖板画图片的，有时小小的书摊上挂得满目琳琅，原张的蚀雕，从书本上拆下的插图，戏院的招贴，花卉鸟兽人物的彩图，地图、风景片，大大小小各色俱全，反而把书列居次位了。在这些书摊上，我们是难得碰到什么值得一翻的书的，书都破旧不堪，满是灰尘，而且有一大部份是无用的教科书，展览会和画商拍卖的目录。此外，在这一带我们还可以发现两个专卖旧钱币纹章等而不卖书的摊子，夹在书摊中间，作一个很特别的点缀。这些卖画卖钱币的摊子，我总是望望然而去之的（记得有一天一位法国朋友拉着我在这些钱币摊子前逗留了长久，他看得津津有味，我却委实十分难受，以后到河沿上走，总不愿和别人一道了）。然而在这一带却也有一两个很好的书摊子。一个摊子是一个老年人摆的，并不是他的书特别比别人丰富，却是他为人特别和气，和他交易，成功的回数居多。我有一本高克多（Coclc-au）亲笔签字赠给诗人费尔囊·提华尔（Fernand Divoire）的 Le Grund Ecurt，便是从他那儿以极廉

第五章　表达方式的能力（下）

的价钱买来的，而我在加里马尔书店买的高克多亲笔签名赠给诗人法尔格（Fargue）的初版本 Opera，却使我花了七十法郎。但是我相信这是他借给我的，因为书是用蜡纸包封着，他没有拆开来看一看；看见了那献辞的时候，他也许不会这样便宜卖给我。另一个摊子是一个青年人摆的，书的选择颇精，大都是现代作品的初版和善本，所以常常得到我的光顾。我只知道这青年人的名字叫昂德莱，因为他的同行们这样称呼他，人很圆滑，自言和各书店很熟，可以弄得到价廉物美的后门货，如果顾客指定要什么书，他都可以设法。可是我请他弄一部《纪德全集》，他始终没有给我办到。

　　可以划在第三地带的是从新桥经过圣米式尔场到小桥这一段。这一段是赛纳河左岸书摊中的最繁荣的一段。在这一带，书摊比较都整齐一点，而且方便也多一点，太太们家里没事想到这里来找几本小说消闲，也有；学生们贪便宜想到这里来买教科书参考书，也有；文艺爱好者到这里来寻几本新出版的书，也有；学者们要研究书，藏书家要善本书，猎奇者要珍秘书，都可在这一带获得满意而回。在这一带，书价是要比他处高一些，然而总比到旧书铺里去买便宜。健吾兄觅了长久才在圣米式尔大场的一家旧书店中觅到了一部《龚果尔日记》，花了六百法郎喜欣欣的捧了回去，以为便宜万分，可是在不久之后我就在这一带的一个书摊上发现了同样的一部，而装订却考究得多，索价就只要二百五十法郎，使他悔之不及。可是这种事是可遇而不可求的，跑跑旧书摊的人第一不要抱什么一定的目的，第二要有闲暇有耐心，翻得有劲儿便多翻翻，翻倦了便看看街头熙来攘往的行人，看看旁边赛纳河静静的逝水，否则跑得腿酸汗流，眼花神倦，还是一场没结果回去。话又说远了，还是来说这一带的书摊吧。我说这一带的书较别带为贵，也不是胡说的，例如整套的 Echan ges 杂志，在第一地带中买只须十五个法郎，这里却一定要二十个，少一个不卖；当时新出版原价是二十四法朗的 Celine 的 Voyageau boutde la nuit，在那里买也非八法郎不可，竟只等于原价的七五折。这些情形有时会令人生气，可是为了要读，也不得不买回去。价格最高的是靠近圣米式尔场的那两个专卖教科书参考书的摊子。学生们为了要用，也不得不硬了头皮去买，总比买新书便宜点。我从来没有做过这些摊子的主顾，反之他们倒做过我的主顾。因为我用不着的参考书，在穷极无聊的时候总是拿去卖给他们的。这里，我要说一句公平话：他们所给的价钱的确比季倍尔书店高一点。这一带专卖近代善本书的摊子只有一个，在过了圣米式尔场不远快到小桥的地方。摊主是一个不大开口的中年人，价钱也不算顶贵，

113

只是他一开口你就莫想还价：就是答应你还也是相差有限的，所以看着他陈列着的《泊鲁思特全集》，插图的《天方夜潭》全译本，Chirico 插图的阿保里奈尔的 Calligrammes，也只好眼红而已。在这一带，诗集似乎比别处多一些，名家的诗集花四五个法郎就可以买一册回去，至于较新一点的诗人的集子，你只要到一法郎或其至五十生丁的木匣里去找就是了。我的那本仅印百册的 Jean Gris 插图的 Reverdy 的《沉睡的古琴集》，超现实主义诗人 Gui Rosey 的《三十年战争集》等等，便都是从这些廉价的木匣子里翻出来的。还有，我忘记说了，这一带还有一两个专卖乐谱的书铺，只是对于此道我是门外汉，从来没有去领教过罢。

　　从小桥到须里桥那一段，可以算是河沿书摊的第四地带，也就是最后的地带。从这里起，书摊便渐渐地趋于冷落了。在近小桥的一带，你还可以找到一点你所需要的东西，例如有一个摊子就有大批 N. R. F. 和 Crasset 出版的书，可是那位老板娘讨价却实在太狠，定价十五法郎的书总要讨你十二三个法郎，而且又往往要自以为在行，凡是她心目中的现代大作家，如摩里向克、摩洛阿、爱眉（Ayme）等，就要敲你一笔竹杠，一点也不肯让价；反之，像拉尔波、茹昂陀、拉第该、阿朗等优秀作家的作品，她倒肯廉价卖给你。从小桥一带再走过去，便每下愈况了。起先是虽然没有什么好书。但总还能维持河沿书摊的尊严的摊子，以后呢，卖破旧不堪的通俗小说杂志的也有了，卖陈旧的教科书和一无用处的废纸的也有了，快到须里桥那一带，竟连卖破铜烂铁、旧摆设、假古董的也有了，而那些摊子的主人呢，他们的样子和那在下面赛纳河岸上喝劣酒，钓鱼或睡午觉的街头巡阅使（Clochard），简直就没有什么大两样。到了这个时候，巴黎左岸书摊的气运已经尽了，你的腿也走乏了，你的眼睛也看倦了，如果你袋中尚有余钱，你便可以到圣日尔曼大街口的小咖啡店里去坐一会儿，喝一杯儿热热的浓浓的咖啡，然后把你沿路的收获打开来，预先摩挲一遍，否则如果你已倾了囊，那么你就走上须理桥去，倚着桥栏，俯看那满载着古愁并饱和着圣母祠的钟声的、赛纳河的悠悠的流水，然后在华灯初上之中，闲步缓缓归去，倒也是一个经济而又有诗情的办法。

　　说到这里，我所说的都是赛纳河左岸的书摊，至于右岸的呢，虽则有从新桥到沙德莱场，从沙德莱场到市政厅附近这两段，可是因为传统的关系，因为所处的地位的关系，也因为货色的关系，它们都没有左岸的重要。只在走完了左岸的书摊尚有余兴的时候或从卢佛尔（Louvre）出来的时候，我才顺便去走走，虽然间有所获，如查拉的 L'homme approximatif 或卢梭（Henri Rousseau）的画集，但这是极其偶然的事；通常，我不是空手而归，便是被那街上的鱼虫花鸟店所吸引了过去。所以，原意去"访书"而结果买了一头红头雀回来，也是有过的事。

【思考练习】

1. 抓住目前生活中议论的话题，发表看法。
2. 找出一对截然相反的思想观点，分析研究，然后说出自己支持某一方的理由。
3. 你最喜欢哪位作者的议论文章，为什么？
4. 摘录十句人们通常说的抒情语句。
5. 抒情的方式有哪些？
6. 解释下列词语
（1）偶像　　（2）革命　　（3）山　　（4）物流　　（5）教育
（6）浪漫　　（7）职业　　（8）吉祥物　（9）祖国　（10）时尚

【作文题目】

1. 试析高等教育产业化的利与弊
2. 呵，故乡
3. 五洲牌空调说明书

第六章　生发主题的能力

一、主题的含义与作用

主题，是写作者的写作目的和文章的基本精神在文章中的反映。

"主题"是外来词，源于音乐，最初指乐曲的主旋律，乐曲的核心。后来借用过来，指文章的中心思想。主题等同于人们通常说的"中心思想""主旨"。

主题是文章的灵魂，它代表着文章的社会价值和思想深度。

主题是文章的统帅，"意犹帅也，无帅之兵，谓之乌合。"古人把主题称作"意"。

二、主题的重要性与价值

我们应该提防的是，在写作中有意无意忽略了提炼主题这个重要环节，我们往往满足于对材料的表象或曾经的认识，将主要精力放在文字的组织上，结果直接影响文章质量。写文章浅、散、平、旧、华而不实、片面拔高等，这显然与作者驾驭主题的能力有关。比如，我们往往混淆主题与问题、主题与题材、主题与情节的关系，往往用问题、题材、情节等与主题有关的概念替代了主题的提炼。因此，有必要明确与主题相关的几个概念：

（1）什么是主题与问题？问题是文章揭示的矛盾，也可以说是产生主题的向导，问题的答案往往是作者所要阐明的主题。主题并不等于作者在文章中提出的主要问题，而是作者对文章中提出的问题所持的观点或评价。

（2）什么是主题与情节？情节是指事件的演变过程，生活中生动的情节最能展现主题，通过生动的情节或故事来揭示事件的内涵，体现作者对事件独到的观点、见解和感受。

第六章 生发主题的能力

（3）什么是主题与题材？作者在生活中收集到的原始材料成为素材。作者把得到的素材经过分析、选择，最后写入文章的那部分材料成为题材。题材是构成文章的基本内容，是实实在在支撑主题并受主题支配的具体材料。主题是作者通过题材所反映的思想或见解。主题依靠题材来表现，题材靠主题统帅。所以说主题与题材二者不可分割又有所区别，特别要强调的是不要用题材来代替主题，有些人掌握了某些生动的材料，略加概括，就以为有了主题，这样做的结果是把分析、提炼主题的创造性思维过程简单化了。作者不仅要掌握生动的材料，还要有对材料新颖、深刻的见解，也就是新颖深刻的主题。

下面我们谈主题的价值和重要性。

主题的重要性是颇费思量的，我们明白，作者要说什么，作者的用意是什么，这用意就是文章的主题。这意的作用，也就是主题的作用是零散文字的一贯，不可忽视，但表现方式却是千差万别的。这差别是由"意"，也就是主题决定，由意的高远和深刻来决定。

元人杨载说："立意要高古浑厚，有气概，要沉着。忌卑弱浅陋。"

清人陆辅之说："立意贵新。"为此，写作者要深究其境，不被外在表象与概念伤害。立意者应心思飞扬，勿躁于一时，否则，"则志意已抑郁沉滞，局在一曲，如何写貌物情，摅（shū，发表或表现出来，同"抒"）发人思哉?"

写作者要"易、直、慈、谅"（平易、正直、慈爱、体谅），此能使题材的主题意蕴开掘弥深，刺激与冲撞都大。立意高远，才能无碍四处，发挥发射真理光辉的作为。

三、从单一主题到多种主题的生发

（一）对真实情况的发现

这种兴趣，有其神圣和永恒的价值。人对真实的参悟与追觅，实则由人性所致，失去真实则人生无依托与根基，必虚浮摇荡、不得稳定之态。因此，千百年来，求真的内趋力始终不衰。我们为何要到太空去？我们为何要去南极考察？明知道危险，我们为何还要去攀登珠穆朗玛峰？难道只为了插一面旗？战地记者为何冒死去前线，他们为何非要看到战争打响时第一枚炮弹腾起的烟雾？为何我们要还历史以真实的面目？为何我们要打假？为何我们要讲究诚信？

（二）主题的开掘尽可能使人体谅人生三味

让我们品尝人生无可逃遁的苦涩之味，让我们从经济现象中品尝人情冷暖，让我们看见"夭折"的人生。也由此，让我们看见了经济发展的轨迹，看见了历史。

我们从国营企业的转型过程中，看见了国营企业家们的人生真况，见出了时代的影子，人生的无奈，昨日的巨变，今日的续接，见出了他们"既不能为真君子，亦不能为真小人，一身分为二截"的真实心态。

中国作家林语堂先生在一篇文章中写道："人生读来几乎像一首诗。它有自己的韵律和节奏，也有生长和腐坏的内在周期。……我们应该能够体验出这种人生韵律之美，应该能够像欣赏大交响曲那样，欣赏人生的主要题旨，欣赏它冲突的旋律，以及最后的决定。这些周期在正常的人身上是大同小异的，可是那音乐必须由个人去供给，在一些人的灵魂中，那个不调和的音符变得日益粗大，结果竟把主要的曲调淹没了。"（林语堂《人生像一首诗》）

这份领悟定能是思想克服掉世俗的表面浮嚣，只剩下人生最晶莹的精髓做着闪烁的指点。以人生的名义思考经济，把无数的想法吸引到这里来，不要把自然灾害看作什么自然的流变，而应视为对人类的惩罚，或视为人类生存环境的恶化；不要把九旬老妪的婚姻看作自然的流露，而更多地视为人类对孤独抵御的艰涩；不要把飞上天的航空器看作单纯的技术进步，而更多地看它为人生空间的开拓。把喜悦与悲苦都理解为人生的品格，把进步与残暴都看作历史的特征。

例如，聪明的华兹华斯写道："我学会了如何看待自然/不再像没有头脑的年轻人一样/我经常听到那平静而悲伤的人生音乐/它并不激越，也不豪放/但却具有纯化和征服灵魂的浩大力量。"

这是一种策略，任何自然现象都只能是一文本，由我们用历史劈开它；任何经济现象都是发展中的信息，由我们的双手去劈开它。

每一经济实事都是开放性的，允许并邀请人类去叙述它，重新思考它，结构它，将它置于大历史中去悟化去感觉。

（三）审时度势——选择正确、准确、纯粹的主题

主题决定文章的价值，任何文章都讲究主题能够正确、准确、单纯。

任何一种社会现象，一个经济信息，我们把它与社会现实与人生经验联系起来，便可以有十种以上的理解。我们必须开掘出具有时代感的，具有普遍价值的，受读者欢迎的主题来。

例如高等学校的产业化趋势这一现象，不能简单地用对与不对好与不好来衡量。这一现象牵动千家万户，经济的原因，政策的原因，就业压力的原因，教育能力与教育水平状况，为什么会产生这样的现象，与国外对比，有什么不同之处，它将对我国高等教育的未来产生怎样的影响，又会有怎样的利和怎样的弊，是利大于弊还是弊大于利？面对这些纷至沓来的问题，你的观点如何，你想告诉读者什么？你得认真开掘，再认真选择主题，这就是立意。假如没有好的立意，表达再好也是徒有其表，华而不实。

再比如一个新闻记者，赶赴现场采访要报道一场救火的新闻。一场火灾，引来无数思考，你写什么呢？这场大火发生的原因探索？这场大火带来的经济损失？有经济损失将带来的经济纠纷？这场大火中暴露出来的不合理现象？大火中相互救助的精神？为挽救财产献出生命的人？这场大火中见义勇为的市民？那些见火无动于衷的人？趁大火发大火财的不道德的人？可以生发一系列的思考，很多个问题的方方面面，你到底主要报道什么，你的重点在哪里？这就是考验你的重点，你将写什么，怎样写？

四、提炼主题的方法

这是令许多人败下笔阵的一关，我们永远无法悟化出全体的精髓，我们只能依着细味与深究的法子打通主要的路数。

1. 追根溯源法

任何事物都有它发生发展的原因，正所谓存在的就有它存在的合理性因素。追根溯源才能看清事物的来龙去脉。

2. 对比联系法

事物的存在都有它的参照物，甚至参照系。任何事物之间都有相互的联系，正如生物链。

3. 见微知著法

从一滴水可以看出太阳的光辉，观一斑知全豹。从身边小事见出社会发展变化之动向，从一点一滴的经济现象，感受人们生活的潜移默化。

任何归类都不可能穷尽这创造性的门径，鲜活的经济现象与同样鲜活的生活以及具体的操作可以教给我们更多东西。

4. 体验的方法

做生意有些人全凭感觉。有个博士生导师去给一个民营企业家作助理，同事们开玩笑说，你的老板才中学文化程度，你这不是太掉价了吗?！没想到这位博士生导师说：我非常敬佩我的老板，老板虽然说不上为什么，但他知道该怎样去做。每次风险来的时候，老板就准确地回避了，每次都避免了损失。

以综合实事与人生经验的手段，使"杂物成文，撮合语言眷属"（钱钟书语)，深深感悟人生之日常、苦恼、欢悦，做出自然的灵感，打通凡物障碍，生出苍茫体味的主题来。

5. 基底对比的提炼

格式塔理论最重要的洞察在于其对图形和基底间的关系上。其理论认为，较小的面积作为图形，把较大的面积看作基底，如此，信息值之传递才能增大。我们的意思是说，只要将小小的事件置于大的历史中才能发现其不可忽视的意义。

6. 旧意翻新曲

创造是对规矩的破坏，但要赖着这前此的基础。任何经济现象都与昨天的现实存在分割不开的联系。但它绝对不是昨天的实事了，这就要求赋予新的气息、新的思想、新的价值观。

7. 四面围攻

这种方法有多个实事点共同透析，结果交于一身，"乃如四面围攻，八音交响，群轻折轴，累土为山，积渐而高，力久而入"。往往通过多个方面去表达一个主题。

8. 无中生有法

2002年世界杯足球赛前夕，有关于中国国家足球队的报道。第一次参加世界杯足球赛，我们要让全世界都知道我们参加世界杯足球赛了。

尽管中国队管理层已在队内开会时要求队员们在可能的情况下尽量配合记者的采访，但很多新近采访国家队的记者仍苦于无从下手。中国队同泰国

队比赛之后，香港本港台的一位女记者把话筒举向宿茂臻，她只来得及"唉"了一声，她的采访对象就已无影无踪。事后，好几名记者"美眉"都一同感叹："为什么足球队就这么难采访！"但是，很快昆明流传了一个关于郝海东的报道。

郝海东刚抵达昆明，迎候在机场的记者向他发问："请问你对本地的三陪小姐有什么看法？"

郝海东知道北京、大连都明文禁止三陪小姐的，所以反问："这里居然还有三陪小姐吗？"于是，第二天报纸头条新闻的标题就是：千里迢迢，海东今日飞抵本地。心急火燎，脱口便问三陪小姐！

第二天又有记者采访郝海东："请问你对本地的三陪小姐有什么看法？"这次郝海东学乖了，回答说："对不起，我对本地的三陪小姐不感兴趣。"

转天的报纸还是有的说：见多识广，海东夜间娱乐要求高。不屑一顾，本地三陪小姐遭冷遇！

第三天记者居然还是就此发问："请问你对本地的三陪小姐有什么看法？"郝海东回答得非常干脆："我对三陪根本不感兴趣！"

本以为这下可以天下太平了，没想到报纸的标题更不像话：欲海无边，海东三陪已难满足。得寸进尺，四陪五陪才能过瘾！

到第四天的时候，各媒体间关于郝海东与三陪的题材比比皆是，成为热点。记者们都纷纷发问，郝海东干脆紧闭牙关，一言不发。

郝海东无话，报纸仍然有话：面对三陪问题，郝海东无言以对！

第五天还是有记者在问同样关于三陪的问题，郝海东终于急了："你们要是再问三陪的问题，我就去告你们！"

于是，报纸上的标题顺理成章地写道：郝海东一怒为三陪！

郝海东终于忍无可忍，把所有刊登他与三陪新闻的报纸都告上法庭，认为事情总该得到解决了，没想到报纸的标题竟然无动于衷：法庭将公开审理郝海东三陪小姐案。

这个事例，很好地说明了记者与明星的关系，刻画得入木三分。这就是无中生有，但我们并不赞成这样针对个人的人身攻击。

【例文选读】

勿忘草

梁遇春

一

Butler 和 Stevenson 都主张我们应当衣袋里放一本小簿子，心里一涌出什么巧妙的念头，就把它抓住记下，免得将来逃个无影无踪。我一向不大赞成这个办法，一则因为我总觉得文章是"妙手偶得之"的事情，不可刻意雕出。那大概免不了三分"匠"意。二则，既然记忆力那么坏，有了得意的意思又会忘却，那么一定也会忘记带那本子了，或者带了本子，没有带笔，结果还是一个忘却，倒不如安分些，让这些念头出入自由罢。这些都是壮年时候的心境。

近来人事纷扰，感慨比从前多，也忘得更快，最可恨的是不全忘去，留个影子，叫你想不出全部来觉得怪难过的。并且在人海的波涛里浮沉着，有时颇顾惜自己的心境，想留下来，做这个徒然走过的路程的标志。因此打算每夜把日间所胡思乱想的多多少少写下一点儿，能够写多久，那是连上帝同魔鬼都不知道的。

二

老子用极恬美的文字著了《道德经》，但是他在最后一章里却说："信言不美，美言不信。"大有一笔勾销前八十章的样子。这是抓到哲学核心的智者的态度。若使他没有看透这点，他也不会写出这五千言了。天下事讲来讲去讲到彻底时正同没有讲一样，只有知道讲出来是没有意义的人才会讲那么多话，又讲得那么好。Montaigne（蒙塔涅，法国散文家），Voltaire（伏尔泰，法国启蒙思想家），Pascal（帕斯卡，法国数学家、物理学家、哲学家），Hume（休谟，英国哲学家、历史学家、经济学家）说了许多的话，却是全没有结论，也全因为他们心里是雪亮的，晓得万千种话一灯青，说不出什么大道理来，所以他们会那样滔滔不绝，头头是道。天下许多事情都是翻筋斗，未翻之前是这么站着，既翻之后还是这么站着，然而中间却有这么一个筋斗！

镜君屡向我引起庄子的"道隐于小成，言隐于荣华"，又屡向我盛称庄

第六章 生发主题的能力

生文章的奇伟瑰丽，他的确很懂得庄子。

三

我现在深知道"忆念"这两个字的意思，也许因为此刻正是穷秋时节罢。忆念是没有目的，没有希望的，只是在日常生活里很容易触物伤情，想到千里外此时有个人不知道作什么生。有时遇到极微细的，跟那人绝不相关的情境，也会忽然联想起那个穿梭般出入我的意识的她，我简直认为这念头是来得无端。忆念后又怎么样呢？没有怎么样，我还是这么一个人。那么又何必忆念呢？但是当我想不去忆念她时，我这想头就先忆念着她了。当我忘却了这个想头，我又自然地忆念起来了。我可以闭着眼睛不看外界的东西，但是我的心眼总是清炯炯的，总是睇着她的倩影。在欢场里忆起她时，我感到我的心境真是静悄悄得像老人了。在苦痛时忆起她时，我觉得无限的安详，仿佛以为我已挨尽一切了。总之，我时时的心境都经过这么一种洗礼，不管当时的情绪为何，那色调是绝对一致的，也可以说她的影子永离不开我了。

"人间别久不成悲"，难道已浑然好像没有这么一回事吗？不，绝不！初别的时候心里总难免万千心绪起伏着，就构成一个光怪陆离的悲哀。当一个人的悲哀变成灰色时，他整个人溶在悲哀里面去了，惆怅的情绪既为他日常心境，他当然不会再有什么悲从中来了。

北大的罗米欧与朱丽叶

向 怡

师兄说过，要是全世界只剩了一对罗米欧与朱丽叶，那一定不在别处，一定在我们北大。

师兄还说，越是优秀越是真诚的男人，在爱情表达方面越是拙劣。

师姐不同意。师姐一针见血：狗屁逻辑，爱情是双向交流，表达拙劣就是笨蛋，何谈优秀？

师兄就说，那朱朗呢——朱朗？

朱朗的故事在北大家喻户晓。

朱朗，这小生是北京大学光华管理学院的博士，25岁就成了博士，可见成绩好得不能再好。朱朗祖籍浙江温州，高大清瘦，挺拔的身材穿浅色布裤子浅色灯芯绒上衣，肩膀上一只及胯的帆布书包，大到能装进二十斤书。猛一看，这朱朗粗枝大叶，英气朗朗，再一看，这朱朗小桥流水，文质彬

大学生写作能力教程

彬。第三看就不行了，叫人受不了，他那皮肤白皙得超过了女孩子，更不堪的是红唇，又小又红，用樱桃小口形容一点也不过分。真的，北大那么多女生，没有谁的红唇能比得了他。

师姐无情地说，近距离说话，打死我也决不看他脸。

北大有一现象，号称北大十怪之一。每到课间操，北大校园一派混乱，因为前两节课与后两节课的教室相距有半公里。前两节课一下，所有学生从教学楼涌出来，自行车密集得无法运转，只要一辆自行车倒了，立刻引出一片人仰马翻的阵势。所以，那些胆小的女生只好徒步奔走在校园的道路上，她们脸上的急不可耐表现出心里的火烧火燎。如果这时候恰好有熟悉的男生捎她们一段路，那是再好不过了。

鬼才知道，朱朗是从什么时候，什么地点开始去撞师妹舒娟的。反正好几次，都让朱朗撞着了。师妹说要去三教。朱朗说，我也正好要到三教。师妹说要去一教。朱朗说，我也去一教。如果师妹后两节课在比较文学研究所，朱朗就不说自己也要去那里了，一个搞经济管理的，到比较文学研究所干什么？这不是此地无银三百两吗？要是让舒娟知道了，还不是自取其辱？光华管理学院的高材生朱朗就说，我也正好路过那里哦。

124

这样子时间长了，朱朗有点儿神不守舍，一日不见那舒娟，夜不能寐。朱朗辗转反侧，不好好睡觉，影响得舍友也睡不好。舍友来自长春，典型东北大汉，简称大汉。大汉长朱朗十岁，早已娶妻生子。这时候以过来人的姿态，非常侠义地说：兄弟，你要是放心大哥，这事儿就交我办，不出一星期，我领那闺女来咱宿舍向你报道。朱朗听罢，沉思良久，愁眉不展地问：怎么个运作法？大汉哈哈大笑：想当年，大哥我也算是个采花大盗……

朱朗看大汉笑得人仰马翻，自己眉心拧成疙瘩，极不放心。

朱朗发凶地对大汉说：不——！脖子狠狠拧了两拧。因为恰恰就是这时候，从来不肯听话的朱朗想起母亲一句话，"靠小姨子生孩子"。朱朗怎么都想不起来下一句话是什么，但想起这一句已经足够了，那就是促使朱朗大喊一声：不——！

大汉看朱朗不识好歹，初还耿耿于怀，后来知道小兄弟已经走火入魔，谁也救不了，任他去算了。

话说朱朗想了三天三夜，终于用英文修得一封书信。他把这封信时时刻刻装在身上，一心一意要尽快交到舒娟手里。几乎每一次，舒娟跳下他的自行车说再见的时候，他的心就跳到嗓子眼来，堵得他气都出不来，更别提说

话了。他眼看着舒娟轻轻悄悄地走远,白色的长裙消失在绿树之后,他呢,课也不上了,回宿舍僵尸一般躺下,心里刀割似的痛。

这样子过了很久,朱朗痛下决心,非要勇敢一回。他对黑暗中的自己说:朱朗呀朱朗,先人说杀人不过头点地,有什么可怕的?你小子要是明天送不到这封信,你小子还算人吗?你小子就别回来见我!你小子要是回来见我,我就毙掉你小子!

朱朗赌咒发誓一个晚上之后,像往日一样又碰到舒娟。舒娟跳下自行车的一刹那,朱朗从裤兜里掏出信,没回头就塞给她,然后,逃命一般逃掉了。

接下来的日子,朱朗过得生不如死。

他生怕舒娟找不到他,哪里也不敢去,一心一意在宿舍等候。宿舍传呼器响了,朱朗的耳朵一下就竖起来,心忽地一声窜到脑袋里去,脑袋无比大。"2125——大汉有人找——!"之后,他的心跃上峰顶又落入深谷,一跌一落,生痛。又来电话,还是找大汉,好不容易来一个找他的,却是同乡要借钱。几次三番,他感觉自己几乎要死了。

第二天还是没有消息。上一辈子朱朗大概没有给上帝烧香磕头?

第三天中午得到消息,舒娟让他下午3点到未名湖畔塞万提斯雕像前等候。

哈哈哈……上帝哦,亲爱的上帝。朱朗面对电脑屏幕,一边弯嘴角一边打字:舒娟舒娟,亲爱的舒娟……朱朗感觉这世界从来没有的美好。

白杨树在风中哗啦啦地响,简直比音乐动听。朱朗询问大汉的意见,你说我下午穿什么好点?大汉看师弟被爱情熏陶得一塌糊涂,使坏说,最好什么别穿——裸体!

要是往常,朱朗准得批判大汉下流的思想意识,给他戴一顶黄色帽子。但这天不一样,朱朗将要受到公主的召见,看什么都顺眼。朱朗一反往常风格地哈哈大笑,口里说,那是那是!有道理,有道理!男人嘛。

朱朗早早去等候,终于看见舒娟出现了,洁白的长裙,初秋的风吹着瀑布似的长发,如千万黑色的鸟在肩头上飞。朱朗感觉眼睛都要看花了,想靠在塞万提斯雕像的基座上,但害怕损害自己的形象,还是笔挺着。

舒娟走近,站定脚步,眼睛直盯着朱朗,有点气愤:"前天你塞给我一百块钱是什么意思?"

就像当头挨了一棒,眼前一黑,朱朗忽然什么也看不见了。

【思考练习】

1. 阅读并写出蕴含的深意：

一个人去买鹦鹉，看到一只鹦鹉前标：此鹦鹉会两门语言，售价二百元。另一只鹦鹉前则标道：此鹦鹉会四门语言，售价四百元。该买哪只呢？两只都毛色光鲜，非常灵活可爱。这人转啊转，拿不定主意。结果突然发现一只老掉了牙的鹦鹉，毛色暗淡散乱，标价八百元。这人赶紧将老板叫来：这只鹦鹉是不是会说八门语言？店主说：不。这人奇怪了：那为什么又老又丑，又没有能力，会值这个数呢？店主回答：因为另外两只鹦鹉叫这只鹦鹉老板。

2. 阅读并写出你的看法：

一女孩子莫名其妙地被老板炒了鱿鱼。老板吩咐她下午去财务室结算工资。中午，她坐在公园的长椅上黯然神伤。一个小孩子站在她身边一直不走，她便奇怪地问："你站在这里干什么？"

"这条长椅背刚刚刷过油漆，我想看看你站起来背是什么样子。"小家伙说。

女孩子怔了怔，笑了。她忽然恍悟：如同这双天真烂漫的眼睛想看到她背上的油漆一样，她昔日那些精明世故的同事也正怀着强烈的兴趣想要默默窥探她的落魄和失意。她决不能在丢失了工作的同时，也丢失了自己的笑容、风度和尊严。于是，那天下午，当昔日的同事纷纷心照不宣地出来和她打招呼的时候，看到的是一张与素日丝毫无异的平静美丽的面容。

3. 阅读并加上哲理的结尾：

他是开大货车的汽车司机。每次在高速公路上驾车行驶，都会感到百般寂寞。幸好每次走到这个地方时，他都能看到一个小女孩儿拿着手绢向他招手。就在这一瞬间，他感到心情好多了。小女孩儿是那么崇拜他，他有时也会笑着伸出手去和她招手。

有一天，他终于有机会在这个村子旁停一下了，于是他买了一个小玩具来到了这个高速公路旁的小院外。

这时，那个小女孩儿正好走出来，他将那个小玩具递给她，谁知那个小女孩儿竟睁大了眼惊恐地看着他。小女孩儿的母亲出来一把将女儿拉了回去，还回头看了他几眼，他呆呆地站在了那里……

4. 阅读并写出你的看法：

一群大学生相约去登山，不幸遇到暴风雨，引起山洪暴发，滚滚而来的泥石流把他们鲜活的生命永久地埋葬了。面对这突如其来的悲剧，很多人不禁要问："如果我们在半山腰，突然遇到暴风雨，应该怎么办？"

登山专家说："你应该向山顶走。"

"为什么不往山下跑，山顶风雨不是更大吗？"人们怀疑地问。

"往山顶走，固然风雨可能更大，却不足以威胁你的生命。至于往山下跑，看来风雨小些，似乎比较安全，却可能遇到暴发的山洪而被活活淹死。"

登山专家严肃地说："对于风雨，逃避它，你只有被卷入洪流；迎着它，你却能获得生存。"

5. 阅读并写出你的感悟：

有个老木匠准备退休，他告诉老板，说要离开建筑行业，回家与妻子儿女享受天伦之乐。

老板舍不得他的好工人走，问他是否能帮忙再建一座房子，老木匠说可以。但是大家后来都看得出来，他的心已不在工作上，他用的是软料，出的是粗活。房子建好的时候，老板把大门的钥匙递给他。

"这是你的房子，"他说，"我送给你的礼物。"

他震惊得目瞪口呆，羞愧得无地自容。如果他早知道是在给自己建房子，他怎么会这样呢？现在他得住在一幢粗制滥造的房子里！

【作文题目】

1. 由独生子女引发的感想
2. 现实与浪漫是死对头么？
3. 点击率最高的网站

第七章　思维创新的能力

一、创造的含义

回顾人类的文明史，乃是一部人类创造的历史。21世纪是一个创造世纪，也是创造力竞争的世纪。在激烈的竞争中，国家的兴旺发达，个人的事业有成，惟有开拓创新。因而学习和应用创造学的科学原理和方法，结合自身实践，勇于改革创新，才是本世纪迎接挑战的最有效的途径。

创造是时代的灵魂，是科学技术研究和经济发展的根本性需要。而创造，首先要有创造性思维，人类就是凭借着创造性思维，在不断地认识着世界，利用着世界和改造着世界，可以说，人类所创造的一切成果都是创造性思维的外现或物化。

人的创造力是巨大的，创造的形式是多样的，埃及的金字塔、雄伟的万里长城、神秘的维纳斯、微笑的蒙娜丽莎、神通广大的宇宙飞船、人造卫星……创造活动尽管种类繁多，但其中的思维方法却是有规律可循的。

那么，什么是创造呢？

提供新的、首创的、有社会意义的产物就是创造。

创造，首创前所未有的事物。创造，就是破旧立新。

创造，想出新方法，建立新理论，做出新东西。

创造，有目的的活动，活动的结果是发现某种新的早先未知的东西。

创造，就是把已知的材料重新组合，产生出新的事物或思想。

　　人类一族的意志在地球上称霸的活动，同时也是人类灭亡的活动。（大鹿让）

　　人类的传奇，因为它体现了人的个性，所以是意志的具体表现。（小川藤弥）

　　创造是自失乐园以来的人类宿命，是为了人类生存的苦行。（大江

精三)

创造就是对自己本身的攀登过程。(小林纯一)

创造是对可能性的挑战。(阿部光夫)

为了达到某个目的,把两种以上的异质的科学信息情报编排、融合在一起的精神的,或者技术的活动。(黑崎重彦)

创造是实现即将到来的世界的梦。(江崎通彦)

这些对创造的理解,是 1982 年日本人在创造学年会上论文中的定义,会刊上选了多达 83 种。

1900 年人类开始把创造作为一门科学来研究。第一本著作是美国 W·斯特恩《个别差异心理学》。1936 年美国通用电气公司首次给职工开设"创造工程"课;1953 年美国 BBDO 广告公司经理奥斯本的《创造性想象》问世,这是创造学第一部专著;1976 年美国学者赛尔沃努·阿里提出版《创造:想象的综合》,被学界评价为创造学的最大成就。目前,美国 60 多所大学开设创造学课程,有 50 多个专门性研究所和基金会。

日本是非常注重创造性的国家,无论什么事情都不甘落后。1955 年,日本从美国引进创造力工程,立刻在大学里开课讲授。1979 年日本成立创造学学会、创造性研究会、创造研究所,相继开设"星期日发明学校",东京电视台自 1981 年开播"发明设想"专题节目。1982 年当时的日本首相福田纠夫亲自主持会议,提出把国民创造力的提高作为通向 21 世纪的一条道路。每年 4 月 18 日是日本人民的"发明节",届时东京及全国各地都要隆重举行表彰创造者和纪念成绩卓著的发明家的活动。在创造成果的应用方面,日本人也走在世界前列。日本的经济竞争力跃居世界首位,无疑和日本人重视对创造学的研究及其应用有很大关系。

我国,八十年代中期成立中国创造学研究会,目前依然处于初创期,论文专著不多,多翻译编译国外成果。个别大学在心理学专业上涉及这类课程。

二、大胆质疑,顺藤摸瓜

对一件事情提十个问题?一个案件的突破口在哪里?问题的薄弱环节在哪里?问题的关键在哪里?问题的实质是什么?他为什么这样说?这样做?

质疑激思。学起于思,思源于疑。清代学者陈献章说过:"学贵有疑,小疑则小进,大疑则大进。疑者,觉悟之机也,一番觉悟,一番长进。"有疑有惑,便出现了"心求通而未得之意","口欲言而未能之貌"的情形。这是创造性思维最明显的表现。

胡适先生曾教导他的弟子三条出名成"气候"的秘诀:上品是爆冷门,中品是骂名人,下品是捧名人。

"反其道而行之",这是谁的话呢?人民文学出版社的李建军《小说修辞研究》,龙应台"龙旋风",余杰的"质问余秋雨",二余现象,王朔现象,李敖现象,用一句通俗的说法,哪一个不是靠"骂"出名的呢?

三、创造性思维产生的八种好习惯

1. 时时刻刻将自己的各种"一闪念"及时记录下来

凯库勒由于梦见了蛇咬尾巴而发现了苯分子的环型结构;阿基米德靠洗澡时的类比联想,发现了浮力定律;还有爱迪生、牛顿、爱因斯坦等,也都有类似的体验。科学家们发现,如果把创造活动和创造性思维过程中的规律揭示出来加以总结归纳,并指导人们在创造活动中有意识地运用,就能促进人类取得更加丰硕的创造发明成果。本章将结合实例,介绍一系列创造发明技法及其思维特点。

听诊器是医生常用器械,它是由法国医生莱纳克发明的。莱纳克很早就想发明一种新东西,能及早发现人体心脏运动是否正常,但苦于没有好的方法。一天,莱纳克偶然发现两个孩子在翘翘板上,一个孩子在一端将一只耳朵紧紧贴在翘翘板上,另一个孩子则在另一端用钢针在板上轻轻地划着。莱纳克好奇地学着孩子的样子,俯着耳朵一听,果然听到另一端划木头的声音。他一下兴奋起来,回到家里找出一根木棍,一头贴近耳朵,另一头紧贴病人的胸口,果真听到了病人的心跳声音和呼吸声音。他借鉴了孩子们做游戏的方法,并把它移植过来,从而发明了世界上第一只听诊器。

面包是由面粉经过发酵加工而成的。烤面包时,由于面包内部产生大量气体,使得面包体积膨胀,变得松软可口。有人把这一方法移植到塑料加工上,对塑料进行发酵处理,从而发明了价廉物美的泡沫塑料。由于泡沫塑料质地轻、防震性能好,已广泛应用于易碎物品方面。

日积月累积攒下来,就意味着给你所从事的创造性工作平添了成倍的"点子"素材。

建议你不妨亲身一试，采用以下几种记录方式：其一是将各种"一闪念"主意迅速记在笔记本、杂志、纸张上，或记入电子类文档中；其二是将各种"一闪念"及时录在语音录音机上，事后再整理成文；其三是将各种"一闪念"挂电话录在电话留言器中，例如我经常在夜间突然想到一个好主意，然后我就迅速拨通我办公室的电话把这个好主意说出来留在电话留言器中，这样我就不怕隔夜后把好主意给忘掉了；其四是通过发电子邮件的方式把各种"一闪念"通过计算机发至一个自己专设的"构思"地址中保存。当然每人各有其不同情况，记录想法构思的方式也不尽相同，但重要的一点是保持勤记常记，各种五花八门的主意构思积攒得多了，有时会发挥出意想不到的奇妙效果。

2. 修订"老构思"

许多构思对人们的作用会渐渐老化，但若能对其不断"刷新"修正，则能使老构思的"含金量"重新"焕发光彩"。

当然，作为一个企业或社团来说，实际上存在着许许多多阻碍人们适时修订"老构思"的人为阻力，如企业执行官员不愿意翻旧账而使自己过去已制定的一些决策重新被拎出来受人们评论或质疑，班组负责人也不愿意让自己上个月刚刚设法否定过的事情又再度被提起或复审，职员们同样不想让自己已获公司审批通过的构思再出一些麻烦，诸如此类的因素实际上对老构思的新修订起着阻碍作用。这些人为因素要想消除掉困难颇大，对此你别无良策只好悄悄做一名"独善其身"的"私下工作者"，自管自地修订自己的那些老构思，这或许是种办法。如果人人都行动起来，个个都"独善其身"地做私下工作者的话，或许公司的转机随之也将会发生。

收集著名律师的成功诉讼案例。分析思路，找出着眼点。这样也可以训练你的思维。

3. 愿意将心中的构思表达出来

在现实中，因种种原因很少有人会将心中的各种主意、构思表露给他人。但这样做实际上可能会"埋葬"掉许多初萌的创造"闪光点"。当然你心中萌生的各种各样杂草般的主意、构思不一定都具有创意，但这种杂七杂八的野草式主意、构思中蕴含着的创意性往往要比那些条清缕析的理智性构思更具潜力，一经适当促激和提炼，其价值就会顿显出来。

1930年年末，"高斯号"探险船来到了南极，这时正好有一场特大的暴风雪，气温下降到零下五六十度，船被冻结在一望无际的冰层里，无法挪动一步。船员们先是用锯子去锯冰，铁锤去砸冰，后来用炸药去炸冰，但还是无法开出一条通道来。这时，有个船员想到了在中学学到的"黑体辐射"原理，当即向船长建议，把黑灰、煤屑、垃圾撒到船周围的冰上，让它们吸收太阳光，把冰化掉。船长觉得有道理，就发动全体船员把所有的黑灰、煤屑、垃圾都运到冰上去，足足铺了2公里长，一直延伸到只结了一层薄冰的海面上。南极从9月开始就没有黑夜了，太阳始终悬挂在天空，这2公里的冰带吸收了太阳的热量就逐渐地化掉，"高斯号"终于脱了险。这个船员用"搬来"黑色的东西能吸收太阳光的原理，救了一条船。

为此，请你万勿"埋葬"这些杂草式自萌构思，而是要将它们表达出来，自我表达或表达给你的上司、同事们，做到物尽其用，最起码可对他人创新思维提供些参考。

4. 学会用新的思维方式思考问题

如果你一直沿用老一套思维方式去思考问题，那你很可能就会永远跳不出"暗箱"。为此，请你换换思维方式做做尝试，或许会尝到甜头。史铁生说：我们不可能改变事实，但我们可以改变对事实的看法和态度。

比如说"形象化思维"即是一种好的思维方式，你不妨一试。具体操作时请你先将你的欲解决问题绘制成一幅图示，然后可较直观地分析这种图示而使问题的求解相对较直观和容易。

曹操为了知道大象的重量，叫大家出主意。谋臣们有的说要造一杆大秤，有的说把大象割成一块一块地称。这些人只会用常规的思考方法想问题。用这些方法去解决特殊问题就显得荒唐可笑了。后来，曹冲想了一个办法。让大家把大象牵到船上，在船身上刻上装载大象后的水位线，即排水法。再牵走大象改为装石头，直到船身下沉到刚才划的水位线为止。然后，分多次称出石头的重量，把每次称的重量加起来，就是大象的重量。曹冲的这个办法其实质就是等量代换。高大的金字塔似乎难以测其高度，但是我们自己的身高是可测量的。在阳光下，当我们的影长与身长正好相等时，那么，离我们不远的金字塔的高度就也会与它的影长相等，这时，只要用尺测量出它的影长就行了。这是一种"方法"的替代。

总之各种新思维方式你都不妨去试试，它们有可能会把你带进一个意想不到的新境界中，从而使你从新境界中汲取到大量创造性动力。

5. 打起精神，积极热情乐观前行

如果仅仅满足于事务的目前现状而无过多的进一步希望，那你就肯定不

会有创新性激情。

发明家在其它方面都类同常人,但有一点例外,即他们总是希望这希望那的不太安分:当他们系自己的鞋带时,希望能不必亲自动手去系,因而他们就会去考虑使用鞋扣、按扣、松紧带、磁扣等解决鞋的束紧问题;当他们外出返回至办公室听"有声信函"报讯时,他们就会希望能有一些新方法使他们不在办公室期间也不致于遗漏收到重要信息,这样他们就构思起寻呼机来;当他们烹调晚餐时,他们希望能有一些方法避免擦划损伤锅体,这样他们就构思起不粘锅来……所有这些发明的促激因素都是因有热情希望而使然。你从中可悟出些什么?

6. 试着去当发明创新者

许多人常认为自己不是那块料而不试着去当发明创新者。其实这正是使你身上所具有的创造性潜能迅速丧失掉的不良弊习。为此请你力转错误观念,认清这样一种事实:只要你思维方式多采用创意性,那你就是一名发明创造者,成功离你将不会太远……

有一种缺点列举发明法,它是指通过发现现有事物的缺陷,把各种缺点一一列举出来,然后提出改革或革新的一种技法。缺点列举发明法重在发现问题,找出事物的缺点,而创造性活动的最终目的是要解决现存问题,每发现一个缺点,提出一个问题,就找到了一个创造性发明的课题。金无足赤,人无完人。世界上没有尽善尽美的东西,现在没有,将来也不会有。有的人善于观察、研究、分析,能经常发现许多事物的缺点和问题。而有的人由于惰性心理的影响,安于现状,得过且过,对事物存在的缺点熟视无睹,因此,也就失去了一个又一个创造发明的良好机遇。或许,他们中的一些人也发现了一些事物的缺点,但他们对这些缺点采取容忍的态度,认为是小事一桩,不值一提。其实不然,只要发现缺点,抓住不放,仔细思考和研究就有可能获得成功。

例如,美国一位名叫海曼的画家,他有一天在用铅笔画素描时,需要用橡皮擦除,可是小小的橡皮经常不见,他又急又恼火,干脆用细绳把笔与橡皮连结起来。但使用起来还是不方便。他想:要是铅笔上有块橡皮就好了。这提醒他搞出一项发明。他在铅笔的尾部装了一块小橡皮。后来,带橡皮的铅笔获得了专利,逐步在世界上推广开来。

7. 坚持到底

可以这样说,激发出一些创新构思相对而言是较容易的事情,而真正利

用这些构思做出卓有成效的实际创造性工作则相对较难。就我个人而言，尽管我萌发出的各种构思数量很多，但真正藉此而完成一件成功的实质性创意工作，须费周折和努力，大都不是"一蹴而就"的那样顺畅，我至今回想起来还常常为我反复修正构思的次数之多而惊诧不已。

如果你是一名初起步者，建议你不要为开始时的失败而沮丧，在实施创造过程中要保持坚定信念，保持孜孜不倦地进行创意性思维，坚持到底。请记住完成一种突破性的创新有可能只用几分钟时间，但也有可能要耗费你长达一百多个小时的执着努力，正所谓"成功需付出99%的汗水"。

8. 对创新思维表现出来的"古怪"行为能够接纳，不用常规模式束缚他人

当人们进行创造性思维工作时，行为举止可能有些神秘古怪。如果你是名公司主管又想从创造性思维中获益的话，那就最好要耐住性子对职员的古怪行为容忍一些、宽待三分，否则你就很难受益于这些创造者。

四、思维与语言的陌生化

美学里有一种流派"距离美学"，认为距离产生美，没有得到的是最好的。事物都有两面性。一朵花半开时，你希望看到怒放的情景，其实怒放的时候，花丛里已经含有腐败乃至死亡的信息。事物永远不可能完美或者完全。张爱玲说：爱情对于男人就好像红玫瑰与白玫瑰，得到了白玫瑰，红玫瑰就好像一颗朱砂痣；得到了红玫瑰，白玫瑰就好像床前明月光。越是美好的东西越容易变质，越娇贵。越是美好的体验越是短暂，喜新厌旧是人的本质。有一种人生后体验现象：很多人在青春年华的时候一点感觉也没有，只有等青春不再时才说：我当时多么年轻啊。或者一点不知道自己爱上别人，当对方与别人相爱以后，自己痛苦了，这时候才恍然大悟，明白自己爱对方。

（一）提高陌生化程度

陌生化：使之陌生、奇特、不同寻常。（什克洛夫斯基按俄文构词法生成的新词。有人翻译成"间离化"、"奇特化"）

还给人们对事物的新奇感觉。一般说，成功的著作，作者呕心沥血惟一的目的就是出新，就是使之陌生化，与众不同。

经典作家的语言都是个人性的，个性化的，古今中外概莫能外。

（二）新角度新思路新手法（新瓶装新酒、旧瓶装新酒、新瓶装旧酒）

新的主题思想。例如一场火灾可以从以下角度报道：水火无情，火灾对人类的危害；救火者的勇敢无畏；火灾造成的经济损失；追究起火原因等等。

例如80岁老妇再婚的报道：新风尚，儿女支持；现代人的新生活使人长寿；人的本质属性；对孤独的苦涩抵御等。

（三）培养胆识，加强联想与想像

古人云："文以识为主……才、学、识三长，识为尤重。"（清 刘熙载《艺概·文概》）清人袁枚将学比作弓弩，才如箭镞则是导引射箭的方向。这里的才指学问知识，才指才气技艺，识也就是见识胆略，但是在写作中表现为有开拓思路的胆略，有开掘创新的精神。敢于把思维深入到意图涉及的方方面面，发人所未发，道人所未道。

也许我们缺少的就是这种胆识。写教室，我们看到的只是几个门，几个窗，多少桌椅板凳，思路不敢偏离教室二字，怕离题，没有好写的。这时候要知道，教室是死的，人是活的，教室是谁的？我们的，我们是谁？是坐在教室里几十个面目不同，性格各异的同学，把思路撒向这些人带来的故事，包括家乡的山光水色，风土人情，家乡巨变。写西樵山的水，思路只停留在"水"上，其实，孙中山、康有为、梁启超喝过这里的水，他们也知道，这里的水养育着珠江三角洲的人们，是珠江三角洲历史的见证等等也都是知道的，但就是不去那样放开思路想，放开了去想。水流到哪里写到哪里，水与什么地方有关就写到什么地方，以方位以地理位置以时间以事件以人为角度横的纵的，都可以，应该是永远写不完的。从西樵的水写到珠江三角洲的迷人风光，触及珠江三角洲的经济体制改革，今天的繁荣局面以及未来的发展设想，或者面临的问题，喜忧参半引起深思等等。但这一切都要靠见识，以见识为基础，没有见识，胡思乱想；光有见识，没有思路开拓的胆略也不行，两者结合，才能产生冲动与激情。

【例文选读】

我的梦，我的青春！
——自传之二
郁达夫

不晓得是在哪一本俄国作家的作品里，曾经看到过一段写一个小村落的文字，他说："譬如有许多纸折起来的房子，摆在一段高的地方，被大风一吹，这些房子就歪歪斜斜地飞落到了谷里，紧挤在一道了。"前面有一条富春江绕着，东西北的三面尽是些小山包住的富阳县城，也的确可以借了这一段文字来形容。

虽则是一个行政中心的县城，可是人家不满三千，商店不过百数；一般居民，全不晓得做什么手工业，或其他新式的生产事业，所靠以度日的，有几家自然是祖遗的一点田产，有几家则专以小房子出租，在吃两元三元一月的租金；而大多数的百姓，却还是既无恒产，又无恒业，没有目的，没有计划，只同蟑螂似地在那里出生，死亡，繁殖下去。

这些蟑螂的密集之区，总不外乎两处地方：一处是三个铜子一碗的茶店，一处是六个铜子一碗的小酒馆。他们在那里从早晨坐起，一直可以坐到晚上上排门的时候；讨论柴米油盐的价格，传播东邻西舍的新闻，为了一点不相干的细事，譬如说罢，甲以为李德泰的煤油只卖三个铜子一提，乙以为是五个铜子两提的话，双方就会得争论起来；此外的人，也马上分成甲党或乙党提出证据，互相论辩；弄到后来，也许相打起来，打得头破血流，还不能够解决。

因此，在这么小的一个县城里，茶店酒馆，竟也有五六十家之多；于是大部分的蟑螂，就家里可以不备面盆手巾，桌椅板凳，饭锅碗筷等日常用具，而悠悠地生活过去了。离我们家里不远的大江边上，就有这样的两处蟑螂之窗。

在我们的左面，住有一家砍砍柴，卖卖菜，人家死人或娶亲，去帮帮忙跑跑腿的人家。他们的一族，男女老小的人数很多很多，而住的那一间屋，却只比牛栏马槽大了一点。他们家里的顶小的一位苗裔年纪比我大一岁，名

第七章 思维创新的能力

字叫阿千，冬天穿的是同伞似的一堆破絮，夏天，大半身是光光地裸着的；因而皮肤黝黑，臂膀粗大，脸上也像是生落地之后，只洗了一次的样子。他虽只比我大了一岁，但是跟了他们屋里的大人，茶店酒馆日日去上，婚丧的人家，也老在进出；打起架吵起嘴来，尤其勇猛。我每天见他从我们的门口走过，心里老在羡慕，以为他又上茶店酒馆去了，我要到什么时候，才可以同他一样的和大人去夹在一道呢！而他的出去和回来，不管是在清早或深夜，我总没有一次不注意到的，因为他的喉音很大，有时候一边走着，一边在绝叫着和大人谈天，若只他一个人的时候哩，总在噜苏地唱戏。

当一天的工作完了，他跟了他们家里的大人，一道上酒店去的时候，看见我欣羡地立在门口，他原也曾邀约过我；但一则怕母亲要骂，二则胆子终于太小，经不起那些大人的盘问笑说，我总是微笑着摇摇头，就跑进屋里去躲开了，为的是上茶酒店去的诱惑性，实在强不过。

有一天春天的早晨，母亲上父亲的坟头去扫墓去了，祖母也一清早上了一座远在三四里路外的庙里去念佛。翠花在灶下收拾早餐的碗筷，我只一个人立在门口，看有淡云浮着的青天。忽而阿千唱着戏，背着钩刀和小扁担绳索之类，从他的家里出来，看了我的那种没精打采的神气，他就立了下来和我谈天，并且说：

"鹳山后面的盘龙山上，映山红开得多着哩；并且还有乌米饭（是一种小黑果子），彤管子（也是一种刺果），刺莓等等，你跟了我来罢，我可以采一大堆给你。你们奶奶，不也在北面山脚下的真觉寺里念佛么？等我砍好了柴，我就可以送你上寺里去吃饭去。"阿千本来是我所崇拜的英雄，而这一回又只有他一个人去砍柴，天气那么的好，今天清早祖母出去念佛的时候，我本是嚷着要同去的，但她因为怕我走不动，就把我留下了。现在一听到了这一个提议，自然是心里急跳了起来，两只脚便也很轻松地跟他出发了，并且还只怕翠花要出来阻挠，跑路跑得比平时只有得快些。出了弄堂，向东沿着江，一口气跑出了县城之后，天地宽广起来了，我的对于这一次冒险的惊惧之心就马上被大自然的威力所压倒。这样问问，那样谈谈，阿千真象是一部小小的自然界的百科大辞典，而到盘龙山脚去的一段野路，便成了我最初学自然科学的模范小课本。

麦已经长得有好几尺高了，麦田里的桑树，也都发出了绒样的叶芽。晴天里嗖嗖嗖的一声飞鸣过去的，是老鹰在觅食；树枝头吱吱喳喳，似在打架又象是在谈天的，大半是麻雀之类；远处的竹林丛里，既有抑扬，又带余

韵，在那里歌唱的，才是深山的画眉。上山的路旁，一拳一拳像小孩子的拳头似的小草，长得很多；拳的左右上下，满长着了些绛黄的绒毛，仿佛是野生的虫类，我起初看了，只在害怕，走路的时候，若遇到一丛，总要绕一个弯，让开它们，但阿千却笑起来了，他说：

"这是薇蕨，摘了去，把下面的粗干切了，炒起来吃，味道是很好的哩！"

渐走渐高了，山上的青红杂色，迷乱了我的眼目。日光直射在山坡上，从草木泥土里蒸发出来的一种气息，使我呼吸感到了困难；阿千也走得热起来了，把他的一件破夹袄一脱，丢向了地下。教我在一块大石上坐下息着，他一个人穿了一件小衫唱着戏去砍柴采野果去了；我回身立在石上，向大江一看，又深深地深深地得到了一种新的惊异。

这世界真大呀！那宽广的水面！那澄碧的天空！那些上下的船只，究竟是从哪里来，上哪里去的呢？

我一个人立在半山的大石上，近看看有一层阳炎在颤动着的绿野桑田，远看看天和水以及淡淡的青山，渐听得阿千的唱戏声音幽下去远下去了，心里就莫名其妙的起了一种渴望与愁思。我要到什么时候才能大起来呢？我要到什么时候才可以到这象在天边似的远处去呢？到了天边，那么我的家呢？我的家里人呢？同时感到了对远处的遥念与对乡井的离愁，眼角里便自然而然地涌出了热泪。到后来，脑子也昏乱了，眼睛也模糊了，我只呆呆的立在那块大石上的太阳里做幻梦。我梦见有一只揩擦得很洁净的船，船上面张着了一面很大很饱满的白帆，我和祖母、母亲、翠花、阿千等都在船上，吃着东西，唱着戏，顺流下去，到了一处不相识的地方。我又梦见城里的茶店酒馆，都搬上山来了，我和阿千便在这山上的酒馆里大喝大嚷，旁边的许多大人，都在那里惊奇仰视。

这一种接连不断的白日之梦，不知做了多少时候，阿千却背了一捆小小的草柴，和一包刺莓映山红乌米饭之类的野果，回到我立在那里的大石边来了；他脱下了小衫，光着了脊肋，那些野果就系包在他的小衫里面的。

他提议说，时候不早了，他还要砍一捆柴，且让我们吃着野果，先从山腰走向后山去罢，因为前山的草柴，已经被人砍完，第二捆不容易采刮拢来了。

慢慢地走到了山后，山下的那个真觉寺的钟鼓声音，早就从春空里传送到了我们的耳边，并且一条青烟，也刚从寺后的厨房里透出了屋顶。向寺里看了一眼，阿千就放下了那捆柴，对我说："他们在烧中饭了，大约离吃饭的时候也不很远，我还是先送你到寺里去罢！"

我们到了寺里，祖母和许多同伴者的念佛婆婆，都张大了眼睛，惊异了起来。阿千走后，她们就开始问我这一次冒险的经过，我也感到了一种得意，将如何出城，如何和阿千上山采集野果的情形，说得格外的详细。后来坐上桌去吃饭的时候，有一位老婆婆问我："你大了，打算去做些什么？"我就毫不迟疑地回答她说："我愿意去砍柴！"

故乡的茶店酒馆，到现在还在风行热闹，而这一位茶店酒馆里的小英雄，初次带我上山去冒险的阿千，却在一年涨大水的时候，喝醉了酒，淹死了。他们的家族，也一个个地死的死，散的散，现在没有生存者了；他们的那一座牛栏似的房屋，已经换过了两三个主人。时间是不饶人的，盛衰起灭也绝对地无常的：阿千之死，同时也带去了我的梦，我的青春！

吹牛的妙用

庐　隐

吹牛是一种夸大狂，在道德家看来，也许认为是缺点，可是在处事接物上却是一种刮刮叫的妙用。假使你这一生缺少了吹牛的本领，别说好饭碗找不到，便连黄包车夫也不放你在眼里的。

西洋人究竟近乎白痴，什么事都只讲究脚踏实地去做，这样费力气的勾当，我们聪明的中国人，简直连牙齿都要笑掉了。西洋人什么事都讲究按部就班的慢慢来，从来没有平地登天的捷径，而我们中国人专门走捷径，而走捷径的第一个法门，就是善吹牛。

吹牛是一件不可轻看的艺术，就如《修辞学》上不可缺少"张喻"一类的东西一样，像李白什么"黄河之水天上来"，又是什么"白发三千丈"，这在《修辞学》上就叫作"张喻"，而在不懂《修辞学》的人看来就觉得李太白在吹牛了。

而且实际上说来，吹牛对于一个人的确有极大的妙用。人类这个东西，就有这么奇怪，无论什么事，你若老老实实的把实话告诉他，不但不能激起他共鸣的情绪，而且还要轻蔑你冷笑你，假使你见了那摸不清你根底的人，你不管你家里早饭的米是当了被褥换来的，你只要大言不惭地说"某部长是我父亲的好朋友，某政客是我拜把子的叔公，我认得某某某巨商，我的太太同某军阀的第五位太太是干姊妹"吹起这一套法螺来，那摸不清你的人，便帖帖服服地向你合十顶礼，说不定碰得巧还恭而且敬地请你大吃一顿蒸菜席呢！

吹牛有了如许的好处，于是无论哪一类的人，都各尽其地的大吹其牛了。但是且慢！吹牛也要认清对方的，不然的话，必难打动他或她的心弦，那么就失掉吹牛的功效了。比如说你见了一个仰慕文人的无名作家或学生时，而你自己要自充老前辈时，你不用说别的，只要说胡适是我极熟的朋友，郁达夫是我最好的知己，最好你再转弯抹角的去探听一些关于胡适、郁达夫琐碎的轶事。比如说胡适最喜听什么，郁达夫最讨厌什么，于是便可以亲亲切切的叫着"适之怎样怎样，达夫怎样怎样"，这样一来，你便也就成了胡适、郁达夫同等的人物，而被人所尊敬了。

如果你遇见一个好虚荣的女子呢，你就可以说你周游过列国，到过土耳其、南非洲！并且还是自费去的，这样一来就可以证明你不但学识、阅历丰富，而且还是个资产阶级。于是乎你的恋爱便立刻成功了。

你如遇见商贾、官僚、政客、军阀，都不妨察颜观色，投其所好，大吹而特吹之。总而言之，好色者以色吹之，好利者以利吹之，好名者以名吹之，好权势者以权势吹之，此所谓以毒攻毒之法，无往而不利。

或曰吹牛妙用虽大，但也要善吹，否则揭穿西洋镜，便没有戏可唱了。

这当然是实话，并且吹牛也要有相当的训练，第一要不红脸，你虽从来没有著过一本半本的书，但不妨咬紧牙根说："我的著作等身，只可恨被一把野火烧掉了！"你家里因为要请几个漂亮的客人吃饭，现买了一副碗碟，你便可以说："这些东西十年前就有了"，以表示你并不因为请客受窘。假如你荷包里只剩下一块大洋，朋友要邀你坐下来八圈，你就可以说："我的钱都放在银行里，今天竟匀不出工夫去取！"假如哪天你的太太感觉你没多大出息时，你就可以说张家大小姐说我的诗作的好，王家少奶奶说我脸子漂亮而有丈夫气，这样一来太太便立刻加倍地爱你了。

这一些吹牛经，说不胜说，但神而明之，存乎其人！

【思考练习】

1. 写作是十分艰辛的劳作，有人将它说成是"冰山原则"的活证。什么是"冰山原则"？你是怎样理解的？

2. 马斯洛说人的行为最少有七个方面的原因。请你分轻重缓急写出上

第七章 思维创新的能力

大学的七个理由。

3. 写作要求写作者具有"辽阔的生命空间",什么是"辽阔的生命空间",你如何理解这一问题?

4. 大学是人生进步与成熟的钥匙,是精神品位的酿造处,请对我国高等教育的产业化趋势发表自己的看法。

5. 请设计一个别出心裁的网站。

6. 迄今为止,你认为人类还有什么东西没有创造出来。你认为生活中最不方便的是什么,怎样才能够解决?

【作文题目】

1. 我对博客的看法
2. 上网故事
3. 一百年以后的日常生活

大学生写作能力教程

第八章　即兴演讲与即兴写作的能力

一、态度就是一切

中国国家足球队洋教头米卢教练的帽子上有一句话：态度就是一切。

日常生活态度，工作学习态度，面对每一件事情都存在一个积极与否的态度问题。

（1）接纳别人。要和别人交往，应该先相信别人，喜欢别人，接纳别人。每个人都会有优点，也有缺点，如果你能多注意他人的优点，少挑剔缺点，对人的态度会转为和善，言语表达态度也会因此改观，如此一来，别人自然会做一个好听众。

（2）主动招呼。与人第一次见面，多少会产生防备的心态，想要消除这种紧张的关系，最好的方法是敞开心扉，主动与人打招呼，使得别人对你产生亲切感，这样，别人自然会喜欢你，觉得你是可以交谈的对象。

（3）学会寒暄。初次见面，难免尴尬，得体的寒暄易消除难堪，使表达步入正题。寒暄可以从天气、身体状况、行动等方面破题，要诚恳礼貌，适时向主题过渡。

（4）寻找话题。话题要有共同点。通常，与陌生人交谈，一旦有了共同的话题，就很容易拉近彼此距离，与尚未熟识的人说话时，最好选较为轻松愉快的话题，尽量不要提及个人过去不愉快的事，以免让对方觉得无聊、沉闷。有时，言谈中主题中断，要巧妙利用身边的事物为话题，身边的话题给人以自然亲切感。

（5）耐心听话。要想与人建立良好的言谈关系，需要你有一种修养：仔细听。有些人比较急性子，一听见某些意见，或是想到什么，马上脱口而出，打断他人谈话，这很容易引起对方不悦。因此，如果你希望给予他人良好的印象，应该避免这种错误。

第八章 即兴演讲与即兴写作的能力

（6）奉承听众。要学会得体地奉承听众，与陌生人交谈，奉承话可能是良好的开场白之一。它能融洽气氛，煽动情感。奉承听众既有言语方面的，也有非言语方面的，比如微笑聆听、侧身关注、注视对方、击掌赞同等。

（7）表达自然。与人交谈时，变调与失真的声音是别人难以接受的，只有使用最自然的声音说话，才能真正打动人心。同时言语表达要简单清晰，切忌修辞过度。太过于复杂地叙述事情，将会使你失去听众。

以下十二点是由心理学家归纳出来最易引人反感的说话态度。

（1）抱怨自己的命运及生活遭遇，夸耀个人的优点与成就；

（2）喜欢扮演心理分析家，对任何人的言行都要做分析，寻找说话动机；

（3）自我膨胀，以夸耀掩饰自己的怯懦；

（4）拒绝尝试新事物及新经验，不肯聆听他人的意见；

（5）言谈冷淡单调，缺乏真情热诚；

（6）过分取悦别人，近乎阿谀奉承；

（7）毫无主见，人云亦云，表达肤浅幼稚；

（8）视自己为焦点人物，一副"舍我其谁"的狂妄态度；

（9）言谈时，态度暧昧，模棱两可；

（10）言词上逞强，喜欢咬文嚼字；

（11）经常打断别人的话题，败坏他人谈话的兴致；

（12）过度谦虚。

二、演讲稿的写作

即兴演讲的高水平，往往是在经历了多次有准备的演讲之后达到的。或者说，是用最短的时间在心里做好了准备，也就是在当场打一个腹稿上台演讲。

演讲稿是人们在工作和社会生活中经常使用的一种文体。它可以用来交流思想、感情，表达主张、见解；也可以用来介绍自己的学习、工作情况和经验等等。演讲稿具有宣传、鼓动、教育和欣赏等作用，它可以把演讲者的观点、主张与思想感情传达给听众以及读者，使他们信服并在思想感情上产生共鸣。演讲和表演、作文有很大的区别。首先，演讲是演讲者（具有一

定社会角色的现实的人,而不是演员)就人们普遍关注的某种有意义的事物或问题,通过口头语言面对一定场合(不是舞台)的听众(不是观看艺术表演的观众),直接发表意见的一种社会活动(不是艺术表演);其次,作文是作者通过文章向读者单方面的输出信息,演讲则是演讲者在现场与听众双向交流信息。严格地讲,演讲是演讲者与听众、听众与听众的三角信息交流,演讲者不能以传达自己的思想和情感、情绪为满足,他必须能控制住自己与听众、听众与听众情绪的应和与交流。

(1)叙述式:向听众陈述自己的思想、经历、事迹,转述自己看到、听到的他人的事迹或事件时使用的。叙述当中,也可夹用议论和抒情。

(2)议论式:摆事实、讲道理,既有事实材料,又有逻辑推断,立场坚定,旗帜鲜明。

(3)说明式:对听众说明事理,通过解说某个道理或某一问题来达到树立观点的目的。

三、演讲稿写作要求

1. 重视听众

演讲,首先要了解听众,注意听众的组成,了解他们的性格、年龄、受教育程度、出生地,分析他们的观点、态度、希望和要求。掌握这些以后,就可以决定采取什么方式来吸引听众、说服听众,以取得好的效果。

2. 一文一事

一篇演讲稿要有一个集中、鲜明的主题。无中心、无主次、杂乱无章的演讲是没有人愿听的。一篇演讲稿只能有一个中心,全篇内容都必须紧紧围绕着这个中心去铺陈,这样才能使听众得到深刻的印象。

3. 情理融汇

好的演讲稿,应该既有热情的鼓动,又有冷静的分析,要把抒情和说理有机地结合起来,做到动之以情,晓之以理。

4. 语言朴素生动

演讲稿的语言要求做到准确、精炼、生动形象、通俗易懂,不能讲假话、大话、空话,也不能讲过于抽象的话。要多用比喻,多用口语化的语言,深入浅出,把抽象的道理具体化,把概念的东西形象化,让听众听得入耳、听得明白,要保持口语的朴实风格。演讲稿必须是叙述型口语化的,这种风格的语言平易、上口、入耳、便于传播。演讲是"讲"给别人"听"的，这种"双边活动"要求"讲"与"听"中间不能有梗阻。而讲的声音是短暂易逝的，要想让人听准、听懂就得说听众熟悉又经常讲的语言，且要用一口气说完的短句。

四、幽默是智慧与快乐的象征

1. 反常言行产生幽默效果

反常法是用来对习以为常的生活逻辑的违反，令人感到不可思议而很富情趣的表达方式，常常有一种令人意外的快感。例如，在1989年春节联欢会上，著名滑稽演员周椿春上台后。向台前观众一鞠躬，向台左观众一鞠躬，向台右观众一鞠躬，这都是正常的礼貌表示，观众鼓掌。不料他接着向无人的台后布景也鞠了一躬。这种反常的喜剧动作引得观众报以更热烈的掌声。

在一些特殊的语境中，对有些现象进行表白与解释，听来似乎言之有据，言之成理，其实是笑料之谈，以取得幽默效果。

1991年4月，凌峰在北京展览馆主持"海峡情"大型文艺晚会。演出中，舞蹈家刘敏表演独舞《祥林嫂》时不幸坠落两米多深的乐池里。面对这一突发事件，台上台下都愣住了，一时不知所措。这时，只见凌峰不慌不忙地走上台来，摘下翘边的礼帽，露出光秃秃的脑袋，然后弯腰向观众深鞠一躬，全场静下来了。凌峰发话了"我知道，大家此刻正牵挂刘敏跌伤了没有。那么请放心，假如刘敏真的跌伤了，我愿意后半辈子嫁给她！"一直揪着心的观众轻松地笑了。

凌峰突然一反其滑稽幽默的风格，显得激动而深情地说，"刘敏说，艺术家追求的是尽善尽美，现在她要把刚才没跳完的3分钟舞蹈奉献给海峡两岸的父老兄妹。"

观众闻此感动至极，掌声经久不息。这掌声既是对刘敏顽强精神的赞赏，也是对主持人凌峰点石成金解说的回报。

牛津大学有位叫做艾尔弗雷特的人，有次在同学面前朗诵了一首新诗，同学查尔斯说："艾尔弗雷特的诗我很感兴趣，不过，我好像在哪本书中见过。"

艾尔弗雷特很恼火，要求查尔斯道歉。

查尔斯说:"我说的话,很少收回。不过这一次,我承认我是错了。我本来以为艾尔弗雷特的诗是从我读的那本书上偷来的,但我到房里翻开那本书一看,发现那首诗仍然在那里。对不起!"

诗被抄袭,发表的原印刷物当然还在,查尔斯用偷东西的逻辑推理说明抄袭一事,创造了以上妙趣横生的笑话。

2. 改变语境,表达充满张力

将某一语体的表达移置为另一种完全不同的语体风格来表达。这叫"语体移置"。柏格森认为,移置是滑稽致笑的一个重要方法,将某一思想的自然表达移置为另一笔调,即可得到滑稽效果。例如,台湾著名节目主持人凌峰在介绍自己时说:"中国五千年的历史沧桑都写在我的脸上。"他借移置,为自己满脸皱纹作了绝妙的打趣,让听众乐不可支。在著名演员黄宏主演的小品《超生游击队》里,为超生的孩子取名为"少林寺"、"吐鲁蕃"、"海南岛"、"大兴安岭"……形象地对"游击"的范围、"超生"的地址作了绝妙生动的交待。谈情说爱本是甜言蜜语,卿卿我我的,但一旦充斥了各行业词汇,便顿生意趣。我有一位朋友,她向我讲述过她与丈夫的爱情经历:"当我在一所大学里做兼职的银行出纳员时,一个漂亮的小伙子几乎每天都要到我的窗口来。他不是存款就是取钱。直到他把一张纸条连同银行存折一起交给我时,我才明白他是为了我才这样做的。'亲爱的吉:我一直在储蓄这个想法,期望能得到利息。如果周五有空,你能把自己存在电影院里我旁边的那个座位上吗?我把你可能已另有约会的猜测记在账上了。如果真是这样,我将取出我的要求,把它安排在星期六。不论贴现率如何,做你的陪伴始终是十分愉快的。我想你不会认为这要求太过分吧,以后来同你核对。真诚的杰。'我无法抵制这诱人、新颖的求爱方式,去赴了约。"

五、即兴辩论

1. 学生辩倒老师

古希腊有位叫爱瓦特尔的人,拜普罗塔哥拉为师,学习诉讼和辩论。事先议定:"学费分两次付清,一半在入学时交付,另一半在爱瓦特尔学成后,打赢第一场官司时付清。"爱瓦特尔结业后,长时间呆在家,没替人打官司,自然没有支付普罗塔哥拉的另一半学费。对此,普罗塔哥拉向法庭起诉。

法庭上，普罗塔哥拉以为胜券在握，得意洋洋地对爱瓦特尔说："如果我的官司打赢，那么根据法庭判决，你就应该付给我另一半学费。如果我败诉，就是说你胜诉，那么，根据我们定的契约，你也应该付给我另一半学费，因为这是你第一次打官司，而且赢了。无论法庭如何判决，总之你都得付我那另一半学费。"

普罗塔哥的论证可归纳为一个二难推理：

如果我胜诉，你该付另一半学费。如果你胜诉，你也该付另一半学费。总之，你都该付我那一半学费。

不料，"名师出高徒"，爱瓦特尔也不甘示弱，他告诉他的老师，"我根本用不着付给你那另一半学费，因为，如果我的官司打赢了，那么根据法庭判决当然不必再给你学费。如果法庭判我败诉，那么，我就用不着给你学费，因为这是我打的第一场官司，而且打输了，不合原先契约的要求。总之，无论法庭如何判决，我都不必付给你那另一半学费。"

爱瓦特尔的论证，恰恰也是一个与老师针锋相对的二难推理：如果我败诉，则不必再付另一半学费。如果我胜诉，则不必再付另一半学费。不论我胜诉，还是败诉，总之，我不必再付另一半学费。

学生的二难推理，它的前提与老师的相同，结论却正好相反。而且，看来也非常"有理"。

法官看着师生二人，觉得他们二人说得都挺有道理，不知如何判决，真是难倒了法官，只好匆匆收场，宣布休庭，留下一桩千年悬案。

2．伪证案之辩

法庭审理小阿姆斯特朗开枪杀人案，律师林肯为被告人辩护。

林肯向证人福尔逊发问："你认清开枪杀人的确是小阿姆斯特朗吗？"

福尔逊："是的。"

林肯："你在草堆后面，小阿姆斯特朗在大树下，相距二三十米，你能看得清楚吗？"福尔逊："看得很清楚，因为当时月亮很明亮。"

林肯："你肯定不是从衣着等方面认清的吗？"

福尔逊："不是从衣着方面看清楚的。我肯定是看清了他的脸，因为月光正照在他的脸上。"

林肯："具体时间能肯定吗？"

福尔逊："完全可以肯定，因为我回到屋里时看了时钟，那时是11点1刻。"

林肯:"这个证人是一个彻头彻尾的骗子,他一口咬定10月18日晚上11点他在月光下认清了被告人的脸。请大家想一想,10月18日那天是上弦,到了晚上11点,月亮早已下山了,哪里还有月光?退一步说,也许时间记得不十分准确,时间稍有提前,月亮还没有下山,但那时月光应是从西边往东边照射,草堆在东,大树在西,如果被告脸朝大树,月光可以照到脸上,可是证人就根本看不到被告的脸。如果被告脸朝草堆,那么月光只能照在被告的后脑上,证人又怎么能看到月光照在被告的脸上呢?又怎么能从距离二三十米的地方看清被告的脸呢?"

3. 发散性思维,不协调显幽默

发散性思维的实际运用中,常常伴有幽默色彩。假如有人问你:"一头猪加一头驴等于几?"那你怎么回答呢?很可能你会觉得这个问题太古怪,叫人无法回答。如果你巧妙联想,无端联系,回答道:"一头猪加一头驴,结果等于我加你。"这自然似乎不近人情,但却是最幽默的回答。它运用了发散思维方法。胡校长检查自己的博士生的功课情况,问:我布置的问题都准备了么?答:都准备好了。问:开给你的那几本书都读了么?答:都读过了,做了读书笔记。胡校长想,当初布置的时候说好要考他的,如果现在考一般问题,肯定考不住他。胡校长灵机一动笑着问:你知道我有多少根头发?学生笑答:我的头发是你头发的三倍。胡校长笑。

看到鱼,常人只会想到它是一种可借食用的动物。而幽默的人会说:"鱼是这样一种生物,当渔夫们休假时,它们才能出去旅游。"这是一个绝妙的解释,为我们勾勒出一幅自然的野趣图,当"孤舟蓑笠翁,独钓寒江雪"时,鱼儿隐藏在水底,大气不敢出一口;当渔翁"酒醉饭饱黄昏后,不脱蓑衣卧月明"时,鱼儿们便成群结伴地嬉戏游玩。

我们再看几则应用发散思维构成幽默的实例。

广告:这是一种用真假掺半的话编造谎言的艺术。它使你不知不觉中被对方扒了口袋却乐呵呵地自以为占了便宜。

天才:生前被别人嫉妒和迫害,死后被别人称赞和自比的不幸的人。

公共汽车:城市的一种玩笑大师。你在后面追它时,它越走越快;而当你坐进它里面之后,却又慢慢悠悠。

比基尼:男人们希望自己的老婆以外的所有女人都穿上的社交礼服。

古董：第一代人买下，第二代人抛弃，第三代人用高价买回一个尿罐。

私生子：未注册的联营公司的产品，因其生产者有偷税漏税之嫌而被视为劣质产品。

健美运动：这是一种折磨肌肉、白费力气的活动，它使女人变得像男人，使男人变得像超级青蛙。

女人：一种眼泪特别多，废话特别多，温柔起来像猫，凶起来像老虎的人。

接吻：双方的嘴一无所有可彼此都感觉到一种天国般的滋味，那声音，就像水牛从烂泥沟里拔出那陷得很深的大脚时所发出的声音一样。

4. 歪曲实意，产生幽默

生活中，如果以一种轻松、调侃的态度，将不沾边的东西摆在一起，可以产生幽默。对事情进行似是而非，甚至是牛头不对马嘴的解释，能表达调侃之情，产生幽默之趣。生活中，一本正经地从事实出发，从常理出发，从科学出发，是找不到幽默感觉的。如果以一种轻松、调侃的态度，将毫不沾边的东西捏在一起，在这种因果关系的错误与情感和逻辑的矛盾中，才可以产生幽默。在人际交往中，我们可以运用这种方法调节关系，制造气氛，采用超常思维来考虑问题，回答问题。

有一则这样的故事：甲乙两人打架，甲咬下了乙的鼻子。县官审案，甲说乙的鼻子是乙自己咬下来的。县官说："鼻子比嘴巴高，怎么能够上去咬？"

甲说："他踩着凳子上去咬的。"这幽默的可笑之处在于：明明不是原因的原因，被一本正经地说成原因。平时我们写文章、说话时，要求概念的前提要一致，否则犯了偷换概念的错误。而这点用到幽默当中，则是一种绝妙的技巧，且"偷"得越离谱，幽默味越浓。

我们看例子：

"先生，请问到公安局怎么走？"

"这很容易，你到对门商店拿五条烟，不付钱就走，不下十分钟，你就可到公安局。"

本来，人家问的是如何正常地走到公安局，可回答则扯到了偷东西会被人扭送公安局，回答违背了问话的原义，令人发笑。

以上是典型的歪解运用，下面再看几则实例：

甲：盐鸭蛋为什么是咸的？　　乙：盐鸭蛋是咸鸭子生的！
甲：鱼为什么生活在水里？　　乙：因为地上有猫。
甲：你的狗生跳蚤吗？　　　　乙：不，它只生小狗。
甲：简述母乳喂养的好处。　　乙：便于携带。

　　以上歪解而产生的幽默，要么得力于幽默者的"智错"，要么得力于幽默者的"奇诡（诡秘）"，均令人哑然失笑，过耳不忘。

　　运用歪解法，由于可以放开想像的翅膀，对事物进行随心所欲的解释，所以，很多聪明之士常常用它解难。

　　著名作家狄更斯有次钓鱼。他一边撒钓，一边跟身边一位陌生人攀谈。他告诉人家："今天运气不佳，昨天很走运，在这里一下子钓到十五条鱼。"陌生人听罢一脸严肃，马上说："这里禁止钓鱼。你说你钓了那么多鱼，要罚款。"

　　狄更斯急中生智，说："你知道我是谁吗？我是作家狄更斯，虚构是我的拿手戏。我刚才说的是一个虚构的故事。"

　　狄更斯巧用歪解技法，顺利地为自己解围。这并非得力于其辩解的高超，而是得力于其幽默的力量。

六、即兴交谈

1. 心理学意义加人性意义的表达

　　美国心理学家阿尔贝特说，人的感情表达有三个方面组成：55％的体态，38％的声调及7％的语气词。正式场合的表达最注重态势语，非正式场合的即兴表达，态势语则始终处于辅助地位，态势语的表达要受到有声语的限制。

　　空间方位意义说的创始人，美国学者爱德华·霍尔于1959年出版了他的成名作《无声的空间》，正式提出"空间交往"的理论。霍尔巴将人际交往的空间分为四种：亲密空间，距离15厘米至46厘米；个人空间，距离75厘米至125厘米；社交空间，距离215厘米至365厘米；公共空间，距离365厘米至765厘米。即兴交谈和说话要充分利用空间因素，以便更好地发挥自己。

　　印尼总统苏加诺有次应邀到北京大学演讲，言语不同、年龄悬殊、地位相差、阅历不同以及民族、信仰、生活习惯等诸多方面的不同决定了他与观众之间心理距离的遥远。因此，缩短与听众之间的心理距离，取得听众的情感认同是演讲成功的根本点。苏加诺不愧为经验丰富的社会活动家与演讲家。他是这样开始的："同学们，请大家往前挪几步，我想隔大家近点，好吗？"亲切的话语，含笑的表情得到了学生的认可，学生心中为之一热，向前走了几步。

"请大家脸带微笑，因为我们面对的是一个光辉灿烂的明天。"

这种带有哲理的调侃不仅缩短了与听众的交往距离，更拉近了心理距离，学生对苏加诺报以热烈的掌声。空间距离的确定对即兴交谈的成功有很大影响，我们可以这么想像：如果你站在大厅里演讲，下面只有二三十人且稀稀拉拉坐得老远，你是不是有一种空虚感？

2. 围绕"题眼"，发挥个性

"一言之辩，重于九鼎之宝；三寸之舌，强于百万之师。"当今社会，即兴交谈越来越显出它的重要。即兴说话就是即席说话即席交谈，是表达者事先未做准备，因时而发，有事而发，因情而发，因景而发的一种言语表达方式。相对来说，生活中的言语表达以即兴为多。在众人面前，或演讲、或辩论、或提问、或作答、或论断、或推销、或申诉……很多时候都是"无"备而来，有时候虽有准备，但更多的时候要靠临时发挥才能产生良好的表达效果。因此，即兴说话对我们每个人都非常重要，在语言交往过程中，深谙此道者常常口若悬河，滔滔不绝，对答如流，妙语连珠，语惊四座；而缺少技巧者则反应迟钝，无言以对，结结巴巴，哼哼唧唧。愿大家成为一个：有口才有笔力的人，能影响别人的人，见解深刻的人。

一个基本的窍门就是，抓住一个"点"。一篇议论文的点是作者的主要观点，一篇记叙文的点是文章的主题思想，一首诗歌的点是诗眼。面对一个问题、一个话题，先找出它的"点"在那里、是什么。这个点就是题眼。围绕"题眼"进行语言文字组织，一定不会跑题，也比较容易说清楚。

假如，现在我们即兴交谈的话题是"渡船"。渡船本来是一种交通工具，它的作用是不怕风吹浪打，来回于河流两岸，把人们送达目的地。即兴演讲的目的并不要我们介绍渡船有什么作用，而是应适当引申，赞颂具有渡船性格的人们，比如教师。要抓住的"题眼"是"渡"字，联系到教师把学生"渡"向知识的彼岸、理想的彼岸。

再比如，有位教师应邀参加迎接新生的集会，会上主持人要他代表教师说几句话。他巧妙破题，抓住"题眼"——"新"字进行发挥：

大学生写作能力教程

亲爱的新同学,你们好!

大家带着父母新的希望,带着朋友新的祝愿,也带着自己新的理想,来到了一个新的地方。在这新的学期里,衷心希望大家以新的语言、新的行动、新的风貌、新的一切去适应新的环境,开始新的学习,展示新的生活以掌握新的知识,增加新的技能,取得新的成绩。相信大家三年之后,将以新的姿态、新的风采站在父母、朋友、社会的面前。那时你可以骄傲地说:"新的生活又开始了!"

这段即兴表达发之于心,一气呵成,格式新奇,得到了师生的热烈掌声。

寻找"题眼"要善于审题,对题目或所给的情境进行全面分析,考虑其中的关键词是什么。如表达《人生的价值在于奉献》时,要抓住"奉献"二字。一些情境性的即兴说话灵活性较大,要从新奇独特的角度挖掘"题眼",才富创造性,创造性也是个性。

【例文选读】

爆竹声中的除夕

石评梅

这时候是一个最令人撩乱不安的环境,一切都在欢动中颤摇着。离人的心上是深深地厚厚地罩着一层乡愁,无论如何不想家的人,或者简直无家可想的人,他都要猛然感到悲怆,像惊醒一个梦似的叹息着!

在这雪后晴朗的燕市,自然不少漂泊到此的旅客游子,当爆竹声彻夜的在空中振动时,你们心上能不随着它爆发,随着它陨落吗?这时的心怕要和爆竹一样的爆发出满天的火星。

而落下时又是那么狼藉零乱,碎成一片一节的散到地上。

八年了,我在北京城里听爆竹声,环境心情虽年年不同,而这种惊魂碎心的声音是永远一样的。记得第一年我在红楼当新生,仿佛是睡在冰冷的寝室床上流泪度过的;不忍听时我曾用双手按着耳朵,把头缩在被里,心里骗自己说:"这是一个平常的夜,静静地睡吧!"第二年在一个同乡家里,三四个小时候的老朋友围着火炉畅谈在太原女师时顽皮的往事。笑话中听见爆

第八章 即兴演讲与即兴写作的能力

竹，便似乎想到家里，跪在神龛前替我祝福的母亲。第三年在红楼的教室中写文章，那时我最好，好的是知道用功地读书，而且学着写白话文，不是先前的一味顽皮嘻笑了。不过这一年里，我认识了人间的忧愁。第四年我也是在红楼，除夕之夜记得是写信，写一封悲凄哀婉的信，还做了四首旧诗。第五年我已出了红楼，住在破庙的东厢，这一年我是多灾多难，多愁多病的过去了。第六年我又到了一个温暖的家庭里寄栖，爱我护我如我自己的家一样；不幸那时宇哥病重，除夕之夜，是心情纷纭，事务繁杂中度过的。第七年我仍是寄居在这个繁花纷披的篱下，然相形之下，我笑靥总掩饰不住啼痕；当一个由远处挣扎飞来的孤燕，栖息在乐园的门里时，她或许是因在银光闪烁的镜里，现出她疮痛遍体的形状更感到凄酸的！况且这一年是命运埋葬我的时候。第八年的除夕，就是今夜了，爆竹声和往年一样的飞起而落下，爆发后的强烈火星，和坠落在地上的纸灰余烬也仿佛是一样；就是我这在人生轮下转动的小生命，也觉还是那一套把戏的重映演。

八年了，我仔细回忆觉我自己是庸凡的度过去了，生命的痕迹和历程也只是些琐碎的儿女事。我想找一两件能超出平凡可以记述的事，简直没有！我悔恨自己是这样不长进，多少愿望都被命运的铁锤粉碎，如今扎挣着的只是这已投身到悲苦中奢望做一个悲剧人物的残骸。假使我还能有十年的生命，我愿这十年中完成我的素志，做一个悲剧的主人，在这灰黯而缺乏生命火焰的人间，放射一道惨白的异彩！

我是家庭社会中的闲散人，我肩上负荷的，除了因神经软弱受不住人世的各种践踏欺凌讪讽嘲笑，而感到悲苦外，只是我自己生命的营养和保护。所以我无所谓年关的，在这啼饥号寒的冬夜，腊尽岁残的除夕，可以骄傲人了；因为我能在昏黯的电灯下，温暖的红炉畔，慢慢地回忆过去，仔细听窗外天空中声调不同的爆竹，从这些声音中，我又幻想着一个一个爆竹爆发和陨落的命运，你想，这是何等闲散的兴致？在这除夕之夜不必到会计室门前等着领欠薪，不必在冰天雪地中挟着东西进当铺，不必向亲戚朋友左右张罗，不必愁明天酒肉饭食的有无，这样我应该很欣慰的送旧迎新。然而爆竹声中的心情，似乎又不是那样简单而闲逸，我不知怎样形容，只感到无名的怅惘和辛酸！为了这一声声间断连续的炮竹声，扰乱了我宁静的心潮，那纤细的波浪，一直由官感到了我的灵魂深处，颤动的心弦不知如何理，如何弹？

我想到母亲。

母亲这时候是咽着泪站在神龛前的，她口中呢喃祷告些什么，是替天涯的女儿在祝福吧？是盼望暑假快临她早日归来吧？只有神知道她心深处的悲哀，只有神龛前的红烛，伴着她在落泪！在这一夜，她一定要比平常要想念我，母亲！我不能安慰你在家的孤寂，你不能安慰我漂泊的苦痛，这一线爱牵系着两地相思，我恨人间为何有别离？而我们的隔离又像银河畔的双星，一年一度重相会，暑假一月的团聚恍如天上七夕。母亲，岁去了，你鬓边银丝一定更多了，你思儿的泪，在这八年中或者也枯干了，母亲，我是知道的，你对于我的爱。我虽远离开你，在团圆家筵上少了我；然而我在异乡团贺的筵上，咽着泪高执着酒杯替别人祝福时，母亲，你是在我的心上。

母亲！想起来为什么我离开你，只为了，我想吃一碗用自己心血苦力挣来的饭。仅仅这点小愿望，才把我由你温暖的怀中劫夺出，做这天涯寄迹的旅客，年年除夕之夜，我第一怀念的便是你，我只能由重压的，崎岖的扎挣中，在远方祝福你！

想到母奈，我又想到银须飘拂七十岁的老父，他不仅是我慈爱的父亲，并且是我生平最感戴的知己；我奔波尘海十数年，知道我，认识我，原谅我，了解我的除了父亲外再无一人。他老了，我和璜哥各奔前程，都不能常在他膝前承欢；中原多事，南北征战，反令他脑海中挂念着两头的儿女，惊魂难定！我除了努力做一个父亲所希望所喜欢的女儿外，我真不知怎样安慰他报答他，人生并不仅为了衣食生存？然而，不幸多少幸福快乐都为了衣食生存而捐弃；岂仅是我，这爆竹声中伤离怀故的自然更有人在。

我想倦了娘子关里的双亲时，又想到漂流在海上的晶清，这夜里她驻足在那里？只有天知道。她是在海上，是在海底，是在天之涯，是在地之角，也只有天知道。她这次南下的命运是凄悲，是欢欣，是顺利，是艰险，也只有天知道。我只在这爆竹声中，静静地求上帝赐给她力量，令她一直扎挣着，扎挣着到一个不能扎挣的时候。还说什么呢！一切都在毁灭捐弃之中，人世既然是这样变的好玩，也只好睁着眼挺着腰一直向前去，到底看看最后的究竟是什么？一切的箭镞都承受，一切的苦恼都咽下，倒了，起来！倒了，起来！一直到血冷体僵不能扎挣为止。

走向前便向前走吧！前边不一定有桃红色的希望；然而人生只是走向前，虽崎岖荆棘明知险途，也只好走向前。渺茫的前途，归宿何处？这岂是我们所知道，也只好付之命运去主持。人生惟其善变，才有这离合悲欢，因之"生"才有意义，有兴趣；我祷告晶清在海上，落日红霞，冷月夜深时，进步觉悟了幻梦无凭，而另画一条战斗的阵线，奋发她厮杀的勇气！

我盼望她在今夜，把过去一切的梦都埋葬了，或者在爆竹声中毁灭焚碎不再遗存；从此用她的聪明才能，发挥到她愿意做的事业上，那能说她不是我们的英雄?! 悲愁乞怜，呻吟求情，岂是我们知识阶级的女子所应为？我们只有焚毁着自己的身体，当后来者光明的火炬！如有一星火花能照耀一块天地时，我们也应努力去工作去寻觅！

黄昏时，我曾打开晶清留给我的小书箱，那一只箱子上剥蚀破碎的痕迹，和她心一样。我检点时忽然一阵心酸，禁不住的热泪滴在她的旧书上。我呆立在火炉畔，望着灰烬想到绿屋中那夜检收书箱时的她，其惨淡伤心，怕比我对着这寂寞的书箱落泪还要深刻吧！一直搁在我房里四五天了，我都不愿打开它，有时看见总觉刺心，拿到别的房里去我又不忍离它。晶清如果知道它们这样令我难处置时，她一定不愿给我了。

我看见时总想：这只破箱，剥蚀腐毁的和她心一样。

在一个梦的惊醒后，我和她分手了；今夜，这爆竹声中，她在那里呢？命运真残酷，连我们牵携的弱腕，他都要强行分散，我只盼望我们的手在梦中还是牵携着。

夜已深了，爆竹声还不止。不宁静的心境，和爆竹一样飞起又落下，爆裂成一片一节僵卧在地上。

【思考练习】

1. 就给出的话题发表即兴演说：
茅台酒　　时尚　　家乡的秋天　　消费者　　律师事务所　　克隆　伸出温暖的手　　东部与西部　　西餐　　打工　　奥运会金牌　诺贝尔奖　　年龄　　电子邮件　　北京与上海　　幸运　　打假
2. 以"两性的互助是和谐社会的基础"为题，写一篇讲演稿。
3. 为你所在的城市写一篇导游辞。

【作文题目】

1. 最喜欢的一首歌
2. 故乡的小吃
3. 爱情故事

大学生写作能力教程

第九章 散文欣赏与创作

一、散文的含义

最早的文学式样是诗歌,继诗歌之后产生的另一种文学式样就是散文。因为随着人类的进化,人们社会生活的丰富广泛和思想感情的丰富复杂,受一定形式因素限定的诗歌就已经不能满足人类精神生活的需要了,而且人们也不仅仅要抒情比兴,还要记事描物,于是,就从诗歌这一文学式样中演化出了另一种新的文学样式,即不受韵律限制,不求分行整齐的自由灵活的散行文体,这就是散文。

那么,什么是散文呢?

散文,通常有广义和狭义之分。广义的散文,是指和狭义的散文相对而言的,凡不押韵或不重骈偶的文章,统称散文。狭义的散文,指与小说、戏剧、诗歌并列而属文学范畴的一种体裁,有记事散文、抒情散文、议论散文等。我们着手说的是狭义散文体的写法。

对于散文的定义,一直是有分歧的,有的运用排除法来定义:凡是不属于诗歌、小说、戏剧的文学作品就是散文。这说明了什么呢?实质上是什么也没有说。有的运用比喻法来定义:散文是轻骑队,是侦察兵,是山花,是扇画,是叶笛。这比喻虽然形象,但你能从这比喻中得出散文到底是什么的明确结论吗?有的运用列举法给散文定义:凡特写、速写、日记、报告文学、序跋、颂奏、论说、杂文都属于散文之列。这只是说明了散文的不同种类,到底什么是散文你还是丈二和尚摸不着头脑。

最后,大家都不否认的是:散文是在真人真事的基础上进行艺术创造的自由灵活、不受拘束的一种文学样式,它是作者在生活中的所见所闻而激发的真切感受以散行的文字表现出来的文学样式。

那么我们通常写的散文,更直感一些说是怎样的呢?关于这一点有人

156

（厨川氏）说得很好：

> 如果是冬天，便坐在暖炉旁边的安乐椅上，倘在夏天，便披浴衣，啜苦茗，随随便便，和好友任心闲话，将这些话照样地移在纸上的东西就是散文。兴之所至，也说些以不至于头痛为度的道理罢。也有吟嘲，也有警句罢，既有滑稽，也有感愤。所谈的题目，天下国家的大事不待言，还有市井的琐事，书籍的批评，相识者的消息，以及自己的过去的追怀，想到什么就纵谈什么，而托于即兴之笔者是这一类的文章。

"兴之所至"的一义，充分地说出散文抒写时的自由与毫无顾忌的自我表现。冷嘲、警句、滑稽、感愤，是表现方法上的自由；从个人生活的记录至天下国家的大事，这是内容材料选择的自由。所以，把我们日常生活的情形、思想的变迁、情绪的起伏，以及所见所闻的断片，随时的抓取，随意的安排，而用诗似的美的文字，不规则地真实简明地写下来，便是好的散文。

二、散文的特质

（一）个性的"真实"——"自我"的"真实"

正如一切的文学艺术作品一样，自我表现为作品的生命，作者的个性，人格的表现，尤为散文的必要条件。

文学是不能离开人生而存在的，文学作者离了生活，也便没有真实动人的作品。厨川白村称文学是"严肃而且沉痛的人间苦的象征"。所谓"人间苦"就是"在内有想要动弹的个性表现的欲望，而和这正相对，在外却有社会生活的束缚和强制不绝地迫压。这两种力之间，苦恼挣扎着，由此发生的冲突和纠纷，就成为人间苦"。正所谓，物不平则鸣，文学艺术便从这里产生。所以，纯然是作者个人内在生命力的发挥，才是真的散文，而读者对于作者所期待着的，也不外乎此。生活的感受是共通的，将这共通的感受艺术化地表现出来，虽是著者的主观的而仍不失其感人的效用，这就是因为人类有着普遍的属于生的基调的融和，生出共鸣的感觉来，而作者又不失其为个人的生之色彩的表现。歌德因年少经历而有《少年维特的烦恼》，但丁因失恋流放而有《神曲》，屈原因怀才不遇而有《离骚》，因为作者将内心的痛苦的苦闷的呻吟，象征化地表现出来，同时也就深深地打动了读者的心。

这就是因为它是作者最真实的自我表现与生命力的发挥，有着作者内心的独特的体会，而不是肤浅的描写，无聊的酬应的缘故。所以我们认定，散文必须是个性化的，是真实的自我和自我的真实的流露，才能感人动人。也正因此，喀赖尔说："每人有他自己的文调，就如同他自己的鼻子一般。"伯风说："文调就是那个人。"那么也就是说：散文便是那个人。

（二）含蓄的："明白"——含蓄的"明白"

我们自然常用"含蓄"一词的，也自然懂得它的含义。它与"明白"相对也相辅相成，有点像"朦胧"。周作人指出过：从艺术的角度去看，电光未必比烟更为明燎；烟似的"晦涩"，常常是"朦胧美妙的闪烁"；所以他的结论是："要明白，要明白，但不要太明白。"

那么，怎样才能让散文既"透澈"又"朦胧"，既"明白"但又"不太明白"，不缺少"余味"与"回味"呢？最重要的一点是表现上的"暗示"。这种"暗示"给我们初学散文写作的人以深刻的启示。最好的就是"能用暗示的笔法去描写暗示的材料，那就是最理想的了"。

具体在写时如何才是"暗示的笔法"，哪些才是"暗示的材料"呢？我们将专门讲述。我们现举朱自清先生的散文《匆匆》来理解"含蓄的明白"是如何的。

朱自清先生的《匆匆》是为了倾吐自己对时日匆匆这一瞬间的感受，但他并没有去作枯燥无味的大道理讲述，更没有去空洞地呼喊，而是把自己在特定处境里的感受，依托于大自然多种可感的景象之中，使抽象转为具体，思绪化为形象。但是，他笔下的形象虽是具体明白的，却没有一个完整的系统的，你观照到了一个个形象却看不到它们的前因后果的发展变化过程。这便是明白的含蓄。"燕子去了，有再来的时候；杨柳枯了，有再青的时候；桃花谢了，有再开的时候。"这一个个形象在文章的开篇就展现出来了，但燕子怎样去的？它是怎样来的？杨柳是怎样枯的？枯的程度怎么样？什么时候又青了？青得怎样？桃花怎样谢的？是一夜间落尽还是逐日残落的？它是怎样开的？开得红火吗？这一切的一切，你在这里并不能得到，但在你大脑这块天地中，你却由此出现了许多似隐似显、明显却又模糊的图像。作者就是在这样的基础上发出了疑问："聪明的，你告诉我，我们的日子为什么一去不复返呢？——是有人偷了它们吧，那是谁？又藏在何处呢？是他们自己逃去了罢：现在又到了哪里呢？"时间能"偷"吗？能"逃"

吗？能"藏"吗？抽象的在这里具象了，明白了。于是作者给我们描画了一幅时间怎样"匆匆"而过的景象：

> 太阳他有脚啊，轻轻悄悄地挪移了，我也茫茫然跟着旋转。于是——洗手的时候，日子从水盆里过去；吃饭的时候，日子从饭碗里过去；默默时，便从凝然的双眼前过去；我觉察他去的匆匆了，伸出手遮挽时，他又从遮挽的手边过去；天黑时，我躺在床上，他便伶伶俐俐地从我身上跨过，从我的脚边飞去了。等我睁开眼和太阳再见，这算又溜走了一回。我掩着面叹息。但是新来的日子的影儿又开始在叹息里闪过了。

如果说作品开篇寄兴于燕子、杨柳、桃花的抒写，还只是为了点题。那么，为了使内心情意表现得更集中丰富更强烈，作者以丰富的想像力来捕捉那时日"匆匆"的影子，并以拟人化的手法把阳光的特征形象化。

太阳活灵活现，它似乎像一个性格活泼步履轻捷的青春少年，来时是那样的轻巧匆忙，去时又是那样的难以捕捉，从"手边过去"了，从"身上跨过"了，"从脚边飞走"了，又从"叹息里闪过"了，真是挽不住，留不得呀！这已经够形象明白了，可作者叫你更加明白，光阴本是来去匆匆、无影无踪的，但"太阳有脚"，作者正是扣住这"脚"，把时间这个空灵对象写得明白活脱，使无情之物显得充满人情，使无象的时日变成可以摸得着，看得见的有象之物。因而当你读完《匆匆》全篇时，你眼前浮现的真是一个伸手可触，睁眼可睹的时日形象，这便是"明白"了。但让你具体来描画一个作品中创造的在你意识中浮现的这时日形象时，你无论如何总觉得说不出，说出又说不清，能够感受到却不能描述出。这就是含蓄，是明白的不明白，是明白的含蓄。

这便是好的散文必备的特质之二。

（三）自然：调和的"自然"

"以意役法"崇尚自然、朴素之类，这是散文创作的鲜明特色。这里的自然，是指"朴素"。

散文像是信手拈来，信笔写去，好像是漫不经心的，可是作者自己奇特的性格会把文章里零碎的语言融成一气，使他们所写的每一篇散文都仿佛是在那里对着读者拈花微笑。由于散文的特质是个人的，一切都是从个人的主观发出来，所以它们的特质又是"不规则的、非正式的"，从表面上看来虽然平常，精细地考察一下，却有惊人的奇思，苦心雕刻的妙笔。这就是说，散文的那种"拈花微笑"一般的自然、和谐之美，就是作者真情真性与娴熟文笔的结合。有了真性情（真善美的人性），又掌握了娴熟的笔墨，就能够将惊人的奇思、苦心雕刻的功夫，包含于信口信腕、无拘无束，看似漫不经心，随便涂鸦的文字里。（这就是常说的有些人，嬉笑怒骂，皆成文章，鲁迅便是如此，便是有真性情、又掌握了娴熟的笔墨的缘故。）所以，用平常的谈话，包藏深刻的意味，便是散文所独具的风致，也就是散文的第三个特质。

三、散文写作上的要点

（一）着眼细处

散文大多是记述实际生活的部分的东西，它以描写部分为目的；要写全体的事象，当然不是散文所能胜任了的。所以我们才说散文要"散"，形"散"而神不"散"。就是说只要是发自自己心灵深处的，不管是不是事物有联系，只要与你的情绪能联系上，便能缀成一串来成为散文。所以散文必须注意事物的细处，它是个性的、个人的而不是国家的、民族的，但又要从这个人的个性品出一点国家的、民族的味道来。我们在写散文时，就要注意以极微细极琐碎的部分发现材料。习作散文所以能使人的观察精细敏锐，原因就在这一点上。只要是你们自己的，哪怕是像游丝的一缕情怀，低到像落叶的一声叹息，也要让我们认得出是你们的而不是旁人的。这便可以写成好的散文。我们看下例：

（甲）鳞云一团，由西上升，飞过月下，即映成五色，到紫色缘边，彩云消灭。团圆的月悬在天心，皎皎的银光笼罩着平和的孤村。四边已静寂了，地底下潜藏的夜气，像个呼吸似的从脚下冲发上来。

——《月夜》

（乙）一到半夜，照例就醒，醒了不觉就悄然。窗外有虫叫着，低低地颤动地叫着，仔细一听，就是每夜叫的那个虫。

我不知于什么时候哭了，低低地颤动地哭了。忽而知道，这哭的不是我，仍是那个虫。

——《虫声》

上两例都是描写秋夜的，一以月为题，一以虫为题；一以景为主，一以作者的心情为主。趣向不同，好坏虽难比较，然秋夜的情调，二者中，哪个比较地能表示出来呢？当然了，后者胜于前者了。这是什么缘故呢？这是由于（甲）想以短小的文学写繁复而庞大的景物，（乙）却只写一个虫声的缘故。

想在一篇散文里遍写一切，结果必然失败。我们初学写散文，作一篇"春日游某山记"往往把上午某时出门，途遇某友，由何处上山，在何处休息，何处午餐，游某寺、某洞，某时下山，怎样回家等等一一列举在短小的文字中，结果就成了一篇板笨的行事账本，当然没有什么趣味可得了。

不但描写景物是这样，就是在抒情散文、感想文、议论文中，也是如此。散文的材料，与其取整个的有系统的，不如取偶发的、片断的。

就事件的全体来做的散文的材料，结果只能得到点轮廓，不能得其内容。抓住一两点细小的东西去写，反而能让读者品出全体的内容。用比喻来说，轮廓的文字好像地图，是不能作为艺术品的。我们要作绘画样的文字，不需要地图式的文字。因为从绘画上才有情趣可得，从地图上是不能得到的。

从许多断片的部分的材料中，选出最可寄托情感的一点拿来描写，这是写散文的秘诀。好像打仗，要用少数的兵去抵御大敌的时候，应该集中兵力，直冲要害，若用包围式的攻战法，就要失败的。

（二）印象的描写（主观渗透后的，感受后的）

精细的部分的描写，胜于粗略的全体的叙述和说明，这我们上面已经知道了。我们说的宁作小部分的描写不可作全体的描写和说明，换句话说就是要描写的不能要叙述的和说明的。因为短小的文字中，若要装载整个有系统的材料，必致流于说明叙述，结果便只存了轮廓而内容完全空虚了。

所谓描写的就是"印象的"意思。我们与事物相对时，心情中必有一种反应或感觉，这普通称为印象。描写是照了所观察的事物如实写出，就是要把事物写出。所以如果是描写的文字，必会成为印象的文字。

把自己所得的印象，不加解释说明地直现出来，使读者也得着同样的印象，这就叫印象的。

我国旧式文字中往往以作者自己的态度，强迫读者引起同感。如叙述一悲事，结尾必用"呜呼，岂不哀哉！"叙述一乐事，必要说"可谓乐事也

已"之类。发展到今天，我们的作文中就出现了"这事怎么不叫人悲愤呢？""这可是一件高兴的事"等。其实这是强迫读者的不明智的态度。悲不悲，乐不乐，读者自会感受，何必谆谆然教诲人家呢？

所以我们说：描写！描写！部分的精细的描写，胜于全体的叙述和说明，再进一步说，要印象的描写！

（三）暗示的手法

上面说的部分的描写，并不是一定主张绝对地描写一部分，目的是要从部分使人仿佛知道了全体。既然能印象地描写，把部分的印象传给别人，全体的影子必然在其中含着，所以必将全体的光景暗示给了读者。说明的文字易陷于轮廓的，范围常有一定，文字就往往无余情可得；描写的文字部分虽小，范围却无限制，可以暗示种种复杂的情景于读者。所以数千字的说明、叙述的文字，有时效力不及百字描写的文字。散文的价值大半在此。如果部分的描写，只能收到部分的效果，那就不是好文字。从这个意义上说，散文比别的长文章来得更难。据说，法国雕塑家罗丹，雕刻一胸像的时候，先做一全像，完成后再截去手脚，而只留下胸部以上的部分。写散文也非用这样的态度不可。

不要说明的和叙述的，要描写的，要印象的，还要暗示的，其实这许多话完全相同。说明和叙述必然无余情，能描写，自然会形成印象，同时也自然是带有暗示的文字了。试看下例：

> 邻家的柿树今年又结了许多的实了。这家有一个很可爱的小孩。去年这个时候，他爬上树去摘那柿子，不小心翻了下来，他哭得不得了，他的父母赶快将他送到医院里去，结果左手带了残疾了。他垂下了左手走过这树旁的时候，总恨恨地对着树看的。真可怜呢！
> ——《柿树》

这个例子彻头彻尾是叙述的说明的，并无趣味，也没有余情，使人读了不过得着个大概的轮廓，除了说一句原来如此以外，并不会起何等的心情。试再看下例：

> 近地的孩子们笑着喊着，忘了一切地捉迷藏。从折手以后，就失了大将地位的芳哥儿，悄然地在他自己门口徘徊，恨恨地对着那柿树的弯曲的枝杈。他是因从这树上翻下，成了一生不可回复的残疾的。

> 圆圆的月亮，从柿树的弯曲的枝杈旁上来了，"月亮弯弯……"芳哥儿用眼角瞟视着在玩耍的伙伴，一面大声地唱起来，眼泪忽然含不住了。

这例和上例面目就大异，芳哥儿的悲哀，以及好胜的性格，将来的命运等等，都可在此表露，是有余情有个性的文字。前例是事情的全体，后例却只是一瞬间的光景，而效力上，后者反胜于前者。可知部分的印象的描写，可以暗示全体。前例是地图式的文字，后者却是绘画式的文字。

用了部分去暗示全体，才会有余情。从这里，可以觉悟散文并不是容易作好的。所谓部分内，要有全体作背景才可以。并且，部分与背景的中间，最好要有有机的不可分的关系存在。比如水上浮着的菱，虽只现一小部分的花叶，但水中却有很繁复的部分潜藏着，而水中潜藏着的繁复的部分，和水上所出现的简单的部分还有着不可分的有机关系。

暗示是散文的生命，但所谓暗示可分为两部分来看：一是笔法的暗示，一是材料的暗示。前者比较容易，后者实在很难。如能用暗示的笔法去描写暗示的材料，那就是最理想的了。

（四）散文的中心

前面说过：散文好像以寡兵抵大敌，非集中兵力，直冲要害不可。又说：如果取整个的多数的材料，不如细密地写少数的部分的材料。这里所说的中心，也就是这种写作态度的另一方面。

所谓中心，就是统一的意思。散文往往不要求字数太多，如果再散漫无统一，必致减少效用，没有可以逼人的能力。

没有中心，文字就散漫无统一，就不能感动人。但所谓中心，不是一定限于事项的统一，事项虽不前后联络，只要情调心情上能统一，仍可算作是有中心的文字。例如，专写西湖的早晨，是统一的；但在一篇短文中兼写早晨、夜景、雨景而确能表现出西湖风景情调时，仍然算作是有统一有中心的文字。再看下例：

> 狗叫过好几次了，父亲还没有回来。在洋灯旁缝着衣服的母亲，渐渐把针的运动宽松；手中的布也次第流到桌上去了。
>
> 邻家很远，大哥昨日到上海去做学徒了，窗外的风声、犬声、壁上的时钟声，以及母亲的轻微的鼻息声，都觉得使我感到说不出的寂寥。

狗又叫近来了。母亲很无助地张开眼来，好像吃了一惊了似的，仍旧提起了皱罗布来一针一针地缝着。

夜不觉深了！

——《夜》

这段话，材料上并不统一，尽有前后无关系的事项。但情调并不散漫，读了可以使人感到一个整个的寂寞无聊的感情。这就是以情调为中心的散文文字。

由此我们知道文字不能没有中心，这中心用事项来做，还是用情调来做，是不必限定的。只要不是杂凑的文字大概自然都有中心可说，因为我们要忠实地写一事实或一情调时，绝不至于说东扯西，弄成无统一的文字的。

（五）散文的质朴美

这个问题属于"文色"的范畴。文色一般可以分为两大类，即绚烂与平淡，或者说浓华与朴淡。那么这浓淡是怎样形成的呢？

陈望道说文章的浓淡是"由话里所用辞藻的多少而来"，"少用辞藻，务求清真的，便是平淡体；尽用辞藻，力求富丽的，便是绚烂体。"这里所谓"平淡体"，就是文色淡；所谓"绚烂体"，就是文色浓。比如朱自清的《荷塘月色》就是绚烂体的，茅盾的《白杨礼赞》就是平淡体。不论华朴浓淡，写得好便是上乘佳作。朴者似练，华者似锦，"浓妆淡抹总相宜"便是好作品。朱自清就既有绚烂体的佳作，也有平淡的佳作。但是，同绚烂体相反的平淡体，文色清淡，给人朴实的、自然的感觉，更应提倡，也是更上乘的一种文色，更难达到的一种文色，所以我们看好讲述散文的平淡体。

平淡体，虽然没有热烈和色美的词藻，却以"明"、"清"、"静"的美感，牵动着读者的心。看朱自清的《给亡妇》一文的语言：

谦，日子真快，一眨眼你已死了三个年头了。这三年里世事不知变化了多少回，但你未必注意这些了，我知道。你第一惦记的是你的几个孩子，第二便轮着我。孩子和我平分你的世界，你在日如此；你死后若还有知，向来也如此的……

这文字，朴素得如拉家常话，平淡得不能再平淡，字面上没有一点儿痛苦流涕的痕迹，没有什么奇笔妙笔，但却在平淡朴实中浸透了真实的刻骨铭心的感情，并且是一种很细的感情（又深又细）。在这方面的阅读推荐《傅雷家书》。

有人说："空气越清洁，阳光也就越灿烂。作品越清晰，作品的美也愈完善，它给人们心灵的影响就愈强烈。"列夫·托尔斯泰简明地阐述了这种思想，质朴是美的必要条件。文色平淡到《落花生》这种境地，在一定意义上来说要比绚烂难得多。古人说："不难于巧，而难于拙；不难于华，而难于朴。"朴淡不是简陋简单，而是一个作者语言造诣达到炉火纯青地步的标志。

（六）作法上的机智

短小的散文如奇兵，平板的笔法断难制胜，非有机智不可。我们观察事物，有正面观察和侧面观察两种。正面观察每多平板，常不如侧面观察来得容易动人。因为正面的部分是大家知道的，侧面的部分往往为人所不顾及的。能将人所忽视的部分从事观察，文字就容易奇警，而表现也容易成功。

相传有一画师，出了一个《花衬马蹄香》的画题，叫许多学生各画一幅。大多数学生都是从题目的正面着想，画了许多落花，上面再画一个骑马扬鞭的人，这是太死板太杀风景的画。有一个聪明的学生却不画一瓣花，只画一匹马，另外加上许多只随马蹄飞的蝴蝶，画师非常赞许。这是侧面观察成功的一例。

侧面观察就是事物的普通的光景之外，再去找出常人心中所没有而实际却有的光景来；这虽有赖于观察力的周到，但基本上却在机智的活动。凡是事物，无论如何细小，要想用文字把它表现尽净，究竟是不可能的事。用文字表现，要能使人读了如目见亲历，收得印象，全在一两个关于某事物的特色。只要是特色，虽很微，也足以暗示某事物的全体。

例如：梅雨时候，要描写这梅雨天的光景，如果用平板正面的观察手法来写，不知要用多少字才能写出来，在这时候，假使有人把"蛛网"详细观察，发现"雾样的细雨，把蛛网糁成白色"的一种特别的光景，把这不大经人意的材料和别的事情景况写入文字中，仅这小小的材料，已足以暗示梅雨天了。试看下列各句：

（甲）正午的太阳，照得山边的路闪闪地发光。山脚大松树的树身上流着黄白色的脂浆。

（乙）日光在窗纸上微微地摇动，落叶掠下来，在窗影上画了很粗的黑线。

大学生写作能力教程

　　这两个例子都是侧面描写，并不琐碎地把暑日或深秋的情景说出来，而暑日或深秋的情景却已活现了。
　　这是我们从机智的一方面说的。机智还可以从别的一方面来说，就是文字有精彩的部分，和平常的部分可以区别。文字坏的，可能是句句都坏的；文字好的，却不是句句都好。一篇文中，有几句使文章成为好文章，这种能力对于作文者最重要。特别是在写散文时，这种能力格外重要。在散文中，要有用一句使全体振起的句子才好。
　　试看下例：

　　　　弱小的菊花开出来使人全不经意，却颤颤地冷冷地铺满了庭阶。无力的晚阳，照在那些花的上面，着实有些儿寒意。原来秋已来了。
　　　　　　　　　　　　　　　　　　——叶绍均《州》

　　这段话的末句，是使全体统一收束的，在全文中很有力量。如果没有段末的一句，文字就要没有统一，没有余情了。又如：

　　　　正坐在椅子上诵读英文，忽然一个蚊子来到脚膝下；被它一刺，我身一惊，觉得很难忍；急去拍时，已经飞去了。没有多少时候，仍旧飞近我身边，作嗡嗡的叫声。我静静地等它起来，果真它回到原处，它伸直了脚，用口管刺入我的皮肤，两翼向上而平，好像在那里用着它的全副精神似的。我拍死了它，那手掌上沾湿了血水，使得我感得复仇的愉快和对于生命的怜悯。

　　这篇所以还算好的，关系全在最末一句，如果没有末句，全体没有了意义。上面所举的两个例子都是以最末一句使全文振作起来的，其实有力的句子不一定限于放在最后。
　　以上我们是就描写的文字说的，其实所谓侧面观察，所谓一句使全文振起，不单限于记述描写的文字，就是在议论（感想）抒情等文字中，也是很必要的。在议论抒情的散文中，所谓的"警句"，大都是侧面观察成功的，有振起全文的能力的。例如：

　　　　戏子们何等幸福啊！他们自己随意选择了扮作喜剧或悲剧，要苦就苦，要乐就乐，要笑就笑，要哭就哭。在实际生活上却不是这样。大抵的男女都被强迫了做着自己所不愿做的角色。这个世界是舞台，却没有好戏。

——王尔德

一日一日地过去，无论哪一日，差不多都是空虚、厌倦、无聊，在后也不留什么痕迹！一日一日地过去，这些时间，原实是无意味无智的东西，然人总希望共同生存。他们赞美人生，他们将希望摆在人生上面，自己上面，及将来上面。啊！他们在将来上面期待着怎样的幸福啊！

那么为什么，他们认作来日不像正在过着的今日一样呢？不，他们并未想过这样的事，他们全然不去想，他们只是一日一日地过去。

"啊！明日，明日！"他们只是这样自慰，直到"明日"竟将他们投入坟墓中去为止。

可是一等入了坟墓，他们早就已不想了。

——屠格涅夫

这两个例子都是名文，在寥寥数语中，实实地已揭破了真理的一面。其末句很有力，使人读了怒也不是，哭也不是，笑也不是，不知如何才好。

四、三种常见的记叙散文

1. 记人散文

记人的散文同小说和人物通讯、报告文学一样，都要写人，但是，它们之间有很大的差别。

同小说相比，记人的散文所写的一般是真实的人物，而不像小说那样是虚构的人物；在写法上，往往是抓住个别场景、个别片段或人物的突出的言行来表现人物的个性和风采，而不像小说追求情节的完整、矛盾的尖锐。同时，散文作家也不像小说家那样偏于客观地、冷静地叙述人物身世和命运，而是进入作品之中，把自己的思想和感情倾注在人物身上。

它往往刻意追求人物的诗意美，讲求比赋、寄托和环境的描写，思想的发展，感情的抒发。

（1）扣住突出的场景、片段和典型细节，写出人物本色和风采。鲁迅的《范爱农》《藤野先生》等均属此类。

（2）融铸作者的思想感情，进行生发、深化。

（3）用比赋、寄托、想像、联想以及环境描写等手法，竭力写出人物的诗意美。

2. 叙事散文

要求作者选择自己感受较深的生活内容，用简练的笔墨写出事件的经过，或者勾勒出富于时代气息的生活画面。

（1）叙事散文要注意写出作者的思想感情。

（2）抓住一个或几个生活片段，展示事件的全貌和丰富的内容。

（3）追求比兴、象征、寄托，把事件的意义予以深入发掘和广泛引申。

3. 游记散文

游记散文，并不是有闲人寄情山水、附庸风雅的产物，而是有着广阔的内容和深刻的意义的。它要给读者以教育、启迪、感染和熏陶，使我们感触到时代的脉搏，领略到民族的精神。

（1）要写出自然景观特点，突出美感。如朱自清的《荷塘月色》《绿》等。

（2）要写出作者情感。如"登山则情满于心，观海则意溢于海"。

（3）要写出作者的思想。融情于景，寓理于景。

【例文选读】

青春（节选）

李大钊

春日载阳，东风解冻，远从瀛岛，反顾祖帮，肃杀郁塞之象，一变而为清和明媚之象矣；冰雪冱寒之天，一幻而为百卉昭苏之天矣。每更节序，辄动怀思，人事万端，那堪回首，或则幽闺善怨，或则骚客工愁。当兹春雨梨花，重门深掩，诗人憔悴，独倚栏杆之际，登楼四瞩，则见千条垂柳，未半才黄，十里铺青，遥看有色。彼幽闲贞静之青春，携来无限之希望，无限之兴趣，飘然贡其柔丽之姿于吾前途辽远之青年之前，而默许以独享之权利。嗟吾青年可爱之学子乎，彼美之青春，念子之任重而道远也，子之内美而修能也，怜子之劳，爱子之才也，故而经年一度，展其怡和之颜，饯子于长征迈往之途，冀有以慰子之心也。纵子为尽瘁于子之高尚之理想，圣神之使命，远大之事业，艰巨之责任，而夙兴夜寐，不遑启处，亦当于千忙万迫之中，偷隙一盼，霁颜相向，领彼恋子之殷情，赠子之韶华，俾以青年纯洁之躬，饫尝青春之甘美，泱浴青春之恩泽，永续青春之生涯，致我为青春之

第九章 散文欣赏与创作

我，我之家庭为青春之家庭，我之国家为青春之国家，我之民族为青春之民族。斯青春之我，乃不枉于遥遥百千万劫中，为此一大因缘，与此多情多爱之青春，相邂逅于无尽青春中之一部分空间与时间也。

块然一躯，渺乎微矣，于此广大悠久之宇宙，殆犹沧海之一粟耳。其得永享青春之幸福与否，当问宇宙自然之青春是否为无尽。如其有尽，纵有彭聃之寿，甚且与宇宙齐，亦奚能许我以常享之福？如其无尽，吾人奋其悲壮之精神，以与无尽之宇宙竞进，又何不能之有？而宇宙之果否为无尽，当问宇宙之有无初终。宇宙果有初乎？曰，初乎无也。果有终乎？曰，终乎无也。初乎无者，等于无初。终乎无者，等于无终。无初无终，是于空间为无限，于时间为无极，质言之，无而已矣，此绝对之说也。若由相对观之，则宇宙为有进化者。既有进化，必有退化。于是差别之万象万殊生焉。惟其为万象万殊，故于全体为个体，于全生为一生。个体之积，如何其广大，而终于有限。一生之命，如何其悠久，而终于有涯。于是有生即有死，有盛即有衰，有阴即有阳，有否即有泰，有剥即有复，有屈即有信，有消即有长，有盈即有虚，有吉即有凶，有祸即有福，有青春即有白首，有健壮即有颓老，质言之有而已矣。庄周有云："朝菌不知晦朔，蟪蛄不知春秋。"又云："小知不如大知，小年不如大年。"夫晦朔与春秋而果为耶，何以菌蛄以外之有生，几经晦朔几历春秋者皆知之，而菌蛄独不知也？其果为无耶，又何以菌蛄虽不知，而菌蛄以外之有生，几经晦朔几历春秋者，皆知之也？是有无之说，亦至无定矣。以吾人之知，小于宇宙自然之知，其年小于宇宙自然之年，而欲断空间时间不能超越之宇宙为有为无，是亦朝菌之晦朔，蟪蛄之春秋耳。秘观宇宙有二相焉。由佛理言之，平等与差别也，空与色也。由哲理言之，绝对与相对也。由数理言之，有与无也。由"易"理言之，周与易也。周易非以昭代立名，宋儒罗泌尝论之于"路史"，而金氏圣叹，序"离骚经"，释之尤近精微，谓"周其体也，易其用也。约法而论，周以常住为义，易以变易为义。双约人法，则周乃圣人之能事，易乃大千之变易。大千本无一有，更立不定，日新、日日新、又日新之谓也。圣人独能以忧患之心周之，尘尘刹刹，无不普遍，又复尘尘周于刹刹，刹刹周于尘尘，然后世界自见其易，圣人时得其常，故云周易。"仲尼曰："自其异者视之，肝胆楚越也；自其同者视之，万物皆一也。"此同异之辨也。东坡曰："自其变者而观之，则天地曾不能以一瞬；自其不变者而观之，造物与吾皆无尽藏也。"此变不变之殊也。其变者青春之进程，其不变者无尽之青春也。其异

169

者青春之进程，其同者无尽之青春也。其易者青春之进程，其周者无尽之青春也。其有者青春之进程，其无者无尽之青春也。其相对者青春之进程，其绝对者无尽之青春也。其色者差别者青春之进程，其空者平等者无尽之青春也。推而言之，乃至生死、盛衰、阴阳、否泰、剥复、屈信、消长、盈虚、吉凶、祸福、青春白首、健壮颓老之轮回反复，连续流转，无非青春之进程，而此无初无终、无限无极、无方无体之机轴，亦即无尽之青春也。青年锐进之子，尘尘刹刹，立于旋转簸扬循环无端之大洪流中，宜有江流不转之精神，屹然独立之气魄，冲荡其潮流，抵拒其势力，以其不变应其变，以其同操其异，以其周执其易，以其无持其有，以其绝对统其相对，以其空驭其色，以其平等律其差别，故能以宇宙之生涯为自我之生涯，以宇宙之青春为自我之青春。宇宙无尽，即青春无尽，即自我无尽。此之精神，即生死肉骨、回天再造之精神也。此之气魄，即慷慨悲壮、拔山盖世之气魄也。惟真知爱青春者，乃能识宇宙有无尽之青春。惟真能识宇宙有无尽之青春者，乃能具此种精神与气魄。惟真有此种精神与气魄者，乃能永享宇宙无尽之青春。

一成一毁者，天之道也。一阴一阳者，易之道也。唐生维廉与铁特二家，邃研物理，知天地必有终极，盖天之行也以其动，其动也以不均，犹水之有高下而后流也。今太阳本热常耗，以彗星来往度之递差，知地外有最轻之罔气，为能阻物，既能阻物，斯能耗热耗力。故大宇积热力，每散趋均平，及其均平，天地乃毁。天地且有时而毁，况其间所包蕴之万物乎？漫云天地，究何所指，殊嫌茫漠，征实言之，有若地球。地球之有生命，已为地质学家所明证，惟今日之地球，为儿童地球乎？青年地球乎？丁壮地球乎？抑白首地球乎？此实未答之问也。苟犹在儿童或青年之期，前途自足乐观，游优乐土，来日方长，人生趣味益以浓厚，神志益以飞舞；即在丁壮之年，亦属元神盛涌，血气畅发之期，奋志前行，亦当勿懈；独至地球之寿，已臻白发之颓龄，则栖息其上之吾人，夜夜仰见死气沉沉之月球，徒借曜灵之末光，以示伤心之颜色于人寰，若以警告地球之终有死期也者，言念及此，能勿愀然。虽然，地球即成白首，吾人尚在青春，以吾人之青春，柔化地球之白首，虽老犹未老也。是则地球一日存在，即吾人之青春一日存在。吾人之青春一日存在，即地球之青春一日存在。吾人在现在一刹那之地球，即有现在一刹那之青春，即当尽现在一刹那对于地球之责任。虽明知未来一刹那之地球必毁，当知未来一刹那之青春不毁，未来一刹那之地球，虽非现在一刹那之地球，而未来一刹那之青春，犹是现在一刹那之青春。未来一刹那之

我,仍有对于未来一刹那之地球之责任。庸得以虞地球形体之幻灭,而猥为沮丧哉!

复次,生于地球上之人类,其犹在青春乎,抑已臻白首乎?将来衰亡之顷,究与地球同时自然死灭乎,抑因地球温度激变,突与动植物共死灭乎?其或先兹事变,如个人若民族之死灭乎?斯亦难决之题也。生物学者之言曰:人类之生活,反乎自然之生活也。自妇人畏葸,抱子而奔,始学立行,胸部暴露,必须被物以求遮卫,而人类遂有衣裳;又以播迁转徙,所携食物,易于腐败,而人类遂有火食。有衣裳而人类失其毛发矣,有火食而人类失其胃肠矣。其趋文明也日进,其背自然也日退,浸假有舟车电汽,而人类丧其手足矣。有望远镜德律风等,而人类丧其耳目矣。他如有书报传译之速,文明利器之普,而人类亡其脑力。有机关枪四十二珊之炮,而人类弱其战能。有分工合作之都市生活,歌舞楼台之繁华景象,而人类增其新病。凡此种种,人类所以日向灭种之途者,若决江河,奔流莫遏,长此不已,劫焉可逃!此辈学者所由大声疾呼,布兹(马戎)世听闻之噩耗,而冀以谋挽救之方也。宗教信士则从而反之,谓宇宙一切皆为神造,维护之任神自当之,吾人智能薄弱,惟托庇于神而能免于罪恶灾厄也。如生物家言,是为蔑夷神之功德,影响所及,将驱人类入于悲观之途,圣智且尚无灵,人工又胡能阕,惟有瞑心自放,居于下流,荒亡日久,将为人心世道之忧矣。末俗浇漓,未始非为此说者阶之厉也。吾人宜坚信上帝有全知全能,虔心奉祷,罪患如山,亦能免矣。由前之说,固易流于悲观,而其足以警觉世人,俾知谋矫正背乎自然之生活,此其所长也。由后之说,虽足以坚人信仰之力,俾其灵魂得优游于永生之天国,而其过崇神力,轻蔑本能,并以讳蔽科学之实际,乃其所短也。吾人于此,宜如宗教信士之信仰上帝者信人类有无尽之青春,更宜悚然于生物学者之旨,以深自警惕,力图于背逆自然生活之中,而能依人为之工夫,致其背逆自然之生活,无异于顺适自然之生活。斯则人类之寿,虽在耄耋之年,而吾人苟奋自我之欲能,又何不可返于无尽青春之域,而奏起死回生之功也。

人类之成一民族一国家者,亦各有其生命焉。有青春之民族,斯有白首之民族,有青春之国家,斯有白首之国家。吾之民族若国家,果为青春之民族、青春之国家欤,抑为白首之民族、白首之国家欤?苟已成白首之民族、白首之国家焉,吾辈青年之谋所以致之回春为之再造者,又应以何等信力与愿力从事,而克以著效?此则系乎青年之自觉何如耳。异族之觇吾国者,辄

171

曰：支那者老大之邦也。支那之民族，濒灭之民族也。支那之国家，待亡之国家也。洪荒而后，民族若国家之递兴递亡者，然其不可纪矣。粤稽西史，罗马、巴比伦之盛时，丰功伟烈，彪著寰宇，曾几何时，一代声华，都成尘土矣。祗今屈指，欧土名邦，若意大利，若法兰西，若西班牙，若葡萄牙，若和兰，若比利时，若丹马，若瑞典，若那威，乃至若英吉利，罔不有积尘之历史，以重累其国家若民族之生命。回溯往祀，是等国族，固皆尝有其青春之期，以其畅盛之生命，展其特殊之天才。而今已矣，声华渐落，躯壳空存，纷纷者皆成文明史上之过客矣。其较新者，惟德意志与勃牙利，此次战血洪涛中，又为其生命力之所注，勃然暴发，以挥展其天才矣。由历史考之，新兴之国族与陈腐之国族遇，陈腐者必败；朝气横溢之生命力与死灰沉滞之生命力遇，死灰沉滞者必败；青春之国民与白首之国民遇，白首者必败，此殆天演公例，莫或能逃者也。支那自黄帝以降，赫赫然树独立之帜于亚东大陆者，四千八百余年于兹矣。历世久远，纵观横览，罕有其伦。稽其民族青春之期，远在有周之世，典章文物，灿然大备，过此以往，渐向衰歇之运，然犹浸衰浸微，扬其余辉。以至于今日者，得不谓为其民族之光欤？夫人寿之永，不过百年，民族之命，垂五千载，斯亦寿之至也。印度为生释迦而兴，故自释迦生而印度死；犹太为生耶稣而立，故自耶稣生而犹太亡；支那为生孔子而建，故自孔子生而支那衰，陵夷至于今日，残骸枯骨，满目（黭）然，民族之精英，渐灭尽矣，而欲不亡，庸可得乎？吾青年之骤闻斯言者，未有不变色裂眦，怒其侮我之甚也。虽然，勿怒也。吾之国族，已阅长久之历史，而此长久之历史，积尘重压，以桎梏其生命而臻于衰敝者，又宁容讳？然而吾族青年所当信誓旦旦，以昭示于世者，不在龈龈辩证白首中国之不死，乃在汲汲孕育青春中国之再生。吾族今后之能否立足于世界，不在白首中国之苟延残喘，而在青春中国之投胎复活。盖尝闻之，生命者，死与再生之连续也。今后人类之问题，民族之问题，非苟生残存之问题，乃复活更生、回春再造之问题也。与吾并称为老大帝国之土耳其，则青年之政治运动，屡试不一试焉。巴尔干诸邦，则各谋离土自立，而为民族之运动，兵连祸结，干戈频兴，卒以酿今兹世界之大变焉。遥望喜马拉亚山之巅，恍见印度革命之烽烟一缕，引而弥长，是亦欲回其民族之青春也。吾华自辛亥首义，癸丑之役继之，喘息未安，风尘（氵项）洞，又复倾动九服，是亦欲再造其神州也。而在是等国族，凡以冲决历史之桎梏，涤荡历史之积秽，新造民族之生命，挽回民族之青春者，固莫不惟其青年是望矣。建国伊始，肇

第九章 散文欣赏与创作

锡嘉名，实维中华。中华之义，果何居乎？中者，宅中位正之谓也。吾辈青年之大任，不仅以于空间能致中华为天下之中而遂足，并当于时间而谛时中之旨也。旷观世界之历史，古往今来，变迁何极！吾人当于今岁之青春，画为中点，中以前之历史，不过如进化论仅于考究太阳地球动植各物乃至人类之如何发生、如何进化者，以纪人类民族国家之如何发生、如何进化也。中以后之历史，则以是为古代史之职，而别以纪人类民族国家之更生回春为其中心之的也。中以前之历史，封闭之历史，焚毁之历史，葬诸坟墓之历史也。中以后之历史，洁白之历史，新装之历史，待施绚绘之历史也。中以前之历史，白首之历史，陈死人之历史也。中以后之历史，青春之历史，活青年之历史也。青年乎！其以中立不倚之精神，肩兹砥柱中流之责任，即由今年今春之今日今刹那为时中之起点，取世界一切白首之历史，一火而摧焚之，而专以发挥青春中华之中，缀其一生之美于中以后历史之首页，为其职志，而勿逡巡不前。华者，文明开敷之谓也，华与实相为轮回，即开敷与废落相为嬗代。白首中华者，青春中华本以胚孕之实也。青春中华者，白首中华托以再生之华也。白首中华者，渐即废落之中华也。青春中华者，方复开敷之中华也。有渐即废落之中华，所以有方复开敷之中华。有前之废落以供今之开敷，斯有后之开敷以续今之废落，即废落，即开敷，即开敷，即废落，终竟如是废落，终竟如是开敷。宇宙有无尽之青春，斯宇宙有不落之华，而栽之、培之、灌之、溉之、赏玩之、享爱之者，舍青春中华之青年，更谁为归矣？青年乎，勿徒发愿，愿春常在华常好也，愿华常得青春，青春常在于华也。宜有即华不得青春，青春不在于华，亦必奋其回春再造之努力，使废落者复为开敷，开敷者终不废落，使华不能不得青春，青春不能不在于华之决心也。抑吾闻之化学家焉，土质虽腴，肥料虽多，耕种数载，地力必耗，砂土硬化，无能免也，将欲柔融之，俾再反于丰穰，惟有一种草木为能致之，为其能由空中吸收窒素肥料，注入土中而沃润之也。神州赤县，古称天府，胡以至今徒有万木秋声、萧萧落叶之悲，昔时繁华之盛，荒凉废落至于此极也！毋亦无此种草木为之交柔和润之耳。青年之于社会，殆犹此种草木之于田也。从此广植根蒂，深固不可复拔，不数年间，将见青春中华之参天荟郁，错节盘根，树于世界，而神州之域，还其丰穰，复其膏腴矣。则谓此菁菁茁茁之青年，即此方复开敷之青春中华可也。

……

永远的憧憬和追求

萧 红

一九一一年,在一个小县城里边,我生在一个小地主的家里。那县城差不多就是中国的最东最北部——黑龙江省——所以一年之中,倒有四个月飘着白雪。

父亲常常为着贪婪而失掉了人性。他对待仆人,对待自己的儿女,以及对待我的祖父都是同样的吝啬而疏远,甚至于无情。

有一次,为着房屋租金的事情,父亲把房客的全套的马车赶了过来。房客的家属们哭着诉说着,向我的祖父跪了下来,于是祖父把两匹棕色的马从车上解下来还了回去。

为着这匹马,父亲向祖父起着终夜的争吵。"两匹马,咱们是算不了什么的,穷人,这匹马就是命根。"祖父这样说着,而父亲还是争吵。九岁时,母亲死去。父亲也就更变了样,偶然打碎了一只杯子,他就要骂到使人发抖的程度。后来就连父亲的眼睛也转了弯,每从他的身边经过,我就像自己的身上生了针刺一样;他斜视着你,他那高傲的眼光从鼻梁经过嘴角而后往下流着。

所以每每在大雪中的黄昏里,围着暖炉,围着祖父,听着祖父读着诗篇,看着祖父读着诗篇时微红的嘴唇。

父亲打了我的时候,我就在祖父的房里,一直面向着窗子,从黄昏到深夜——窗外的白雪,好像白棉花一样飘着;而暖炉上水壶的盖子,则像伴奏的乐器似的振动着。

祖父时时把多纹的两手放在我的肩上,而后又放在我的头上,我的耳边便响着这样的声音:

"快快长吧!长大就好了。"

二十岁那年,我就逃出了父亲的家庭。直到现在还是过着流浪的生活。"长大"是"长大"了,而没有"好"。

可是从祖父那里,知道了人生除掉了冰冷和憎恶而外,还有温暖和爱。

所以我就向这"温暖"和"爱"的方面,怀着永久的憧憬和追求。

【思考练习】

1. 怎样理解散文写作上"形散而神不散"这句话呢?
2. 一口气说出你喜欢的三篇散文,并且说出为何喜欢。
3. 你喜欢哪个当代散文作家的作品,为什么喜欢?
4. 有人提出,散文写作者应该怀着"大散文"的写作意识,为什么?
5. 阅读一篇你喜欢的散文,写出赏析文章。

【作文题目】

1. 大学笔记
2. 我的一次购物经历
3. 四月一日愚人节

第十章　新闻和消息

一、新闻的含义

什么是新闻？

中国古代甲骨文中已经有了"闻"这个字，那时候是象形文字，画着一个人竖着一只大耳朵，做出"掩口屏息静听之状"，新闻自然就是"新听到的消息"。

"新闻"一词最早出现在我国唐代，以后源远流长。

"新闻"一词在西方叫 news。最初的意思是"我把可喜的新闻带给你。"所以，把报纸叫做 newspaper。后来，西方一个有意思的解释是"新闻是北（north）、东（east）、西（west）、南（south）四字第一个字母的组合——news"，意思指四面八方的消息。

新闻有广义和狭义之分，广义的新闻包括新近发生的看到的听到的所有事情，而狭义的新闻只指消息。

什么是新闻？说法种种，有 170 多种不同的定义。有人说，新闻是反常的事情，正常的事情不是新闻。有人说，新闻是让女人大叫一声：妈呀！又有人说：狗咬人不是新闻，人咬狗才是新闻。那么我们来看看狗咬人是不是新闻，延安市宝塔区的一个村庄，正月里几个朋友到一家去喝酒，喝完之后说咱们到某某家打牌。这几人到某某家门口，大声呼叫，狗在人前面扑出来了。主人听见狗叫，也从屋里往外走。这几位朋友里面，有一位脾气不同寻常，这朋友以前来时，狗就总是叫，他十分恨这狗。今天这狗又叫起来了，可今天与往常不同，今天这朋友喝过酒了。仗着酒劲，他径直朝狗走过去，狗扑上来咬他，他呢，顺势就在狗脸蛋子上狠狠咬了一口。这狗呢，大半生从来没有遇到这种情况，狗大叫一声，夹着尾巴逃跑了。这是典型的人咬狗事件，这是不是新闻呢？当然不是。所以这种说法是不对的，新闻应该是对人类有意义或有帮助的信息。

广义的新闻无所不包，狭义的新闻是经过选择的。

某个国家，有个妇女一胎生了8个孩子，这是不是新闻呢？当然是，因为这是有关遗传学的信息。事实上，不仅报道了这些孩子的出生，还不断追踪报道这些孩子的成长状况。

新闻有事实说、报道说、传播说、手段说、信息说、反常说等等。

比较统一的说法是：新闻是新近发生的事实的报道。这是新闻界的前辈陆定一1943年在延安《解放日报》上提出的。这是个著名的定义，强调了新闻的三要素：新＋事实＋报道。三者缺一不可。

从新闻的研究意义上说，我们是这样理解的：新闻是一种信息，是传达事物最新变动状态的信息。

到底什么是新闻？我们应该从文化学人类学的角度去看待、去理解。

1. 新闻是物质和精神的复合体

新闻，首先是一种精神的交通，依赖物质手段合作的精神交通。它呼唤我们积极而深刻地由现象感悟弥补抽象理论的残损，还一个更加精细而丰满的关于新闻理解之通道。也就是说，当一个记者以个体之眼传递世界眼光时，一切的表现均围绕着人的把握而组织，包括对自然的表述，那是积极地组织与交待我们生存的空间，为历史和子孙负责，为我们的生命投入关注。新闻对人的关注是"当下"的，它是历史大背景下的一点一滴，或者是一瞬间，或者是一个小小的故事。但我们必须记住：这是怎样的一个小小故事啊！它连接着千千万万个生命的传说与追寻。这是怎样的一个瞬间啊！历史就是由这些小小的瞬间组成的。

2. 新闻是对真理的追求

詹逊（Gerald W. Johnson）说："一个智者（新闻人）所要找的最满意的新闻是，对他本身的经济贡献小，却能在它的工作表现上，考验他的职业能力；这能力的最严格的考验标准是，他能阐扬真理，清除包围在真理外的障碍物，使世人理解。"新闻这一追求真理表明自己的价值由来已久，我们常说的道义感、责任感也是这个意思。新闻并不意味着消极、残暴和非人性，更多的是关怀、健康、发展和道德的反映。从来没有谎言可以击败真理。因为新闻要求一种本然的姿态，不占有对方，也不减缩对方，它呼吁人们积极承担，永远去积极解说，乐观前行。它以自身呈现给人类一种勇敢、忠诚的态度，也是对真理的回应。

3. 新闻是一种自由批判

新闻是一种自由的批判，被誉为"扩大的论坛"。它为各界提供思想观点融合的时机，形成一种社会舆论。这一点在电视上看表现得非常广泛，各种各样的栏目，为人们提供发表观点自由批判的机会。中央电视台的"焦点访谈"、"实话实说"，还有许多论坛栏目都体现了这个作用。

二、新闻事业的功能

1. 充当耳目——新闻的功能之一

《世说新语》中有"盲人骑瞎马，夜半临深池"的句子，后人用"盲人瞎马"来比喻处境十分危险。盲人瞎马为什么危险？因为人看不见马也看不见，"四眼"一摸黑用不着夜半临池，就是在阳光灿烂的正午也难免人仰马翻。

要在一定的处境中行动或生活，必须了解周围的环境，即使动物也不例外。根据科学家研究，母鸡能够较及时地发现天空盘旋的老鹰，并向小鸡发出一种声音信号，让它们赶快藏到自己的翅膀下，以便避免天敌的袭击。

猴子能用不同的信号向同伴报告，自己发现了豹子，或见到了蛇，目的是让同伴设法逃走，或者采用必要的防御措施。

人呢？人不仅要生存，而且要求发展。人类社会需要了解的情况更多，手段也更先进。

在殷墟出土的甲骨文中，刻着这样的字句：来僖自西，告曰：土方征我于东鄙。来僖自北，苦方又侵我西鄙里，戮二人。

大意是：西边来人报告，土方部落开始攻打我们东部；北边来人报告，苦方部落又来侵扰我们西部，并杀死两个人。

《红楼梦》里的贾政从"邸报"上得知自己庇护杀人犯薛蟠的事即将暴露，急忙打发家人进京去打听消息。

在现实生活中，消息对人们来说实在太重要了，特别是那些与我们切身利益相关的消息。杜甫有"烽火连三月，家书抵万金"的诗句，说明他在那样动乱年头迫切要了解家人消息的心情。可是，仅仅依靠别人的口头报告，或派人打探，或家书等方式得到的情况毕竟太有限了。于是，便产生了新闻事业。人类的新闻事业发展到今天，已经相当可观，但新闻事业的主要功能之一就是充当人们的耳目，为人们提供各种有用的信息，无论新闻事业如何发展，这功能永久不变。

今天，上海大众汽车企业的企业家们关心重庆长安汽车的情况，更关心美国和日本汽车业的发展变化趋势，考虑着入世以后的对策和中国汽车业的长久发展；沿海大都市的大学生想了解青藏高原的情况；西安市委书记想知道俄罗斯总统普京的行踪；舟山渔业公司的干部关心丹麦、挪威渔业发展；兰州的药厂极力关心深圳人的保健习惯。这说明，在21世纪生活，没有谁可以离开新闻，新闻已经成为人类生存的必不可少的一部分。

2. 引导舆论——新闻的功能之二

舆论的力量是强大的，甚至是无与伦比的。即使我们读万卷书，行万里路，我们也无法目睹世界上每天发生的一切。几乎所有的一切都是通过新闻的各种形式走向我们，或者说是我们通过各种工具走向新闻。因为我们不在现场，所以我们相信新闻中的报道。那么，如果新闻工作者扭曲了事实，也就等于扭曲了我们对这一事物的态度。假新闻的颠倒黑白，致使读者或者观众同样颠倒黑白。相反，忠于事实本身的公正的新闻引导着我们的舆论导向。

新闻可以引导视听，也可以扰乱视听，一句颠倒黑白的话天天让你听，听多了你就认为是正确的，更不用说是公正准确的话了。

3. 进行教育——新闻的功能之三

我国清末明初的著名政治家和报人梁启超认为："报章愈多，体例愈善，议论愈精，记载愈富，能使人专读报数种而可以尽知古今天下之政治、学问、风俗、事迹，吸纳全世界之新鲜空气于脑中。"他当时之所以要办报，是因为在他看来，"吾国民最乏普通知识，常有他邦一小学徒所能知之事理，而我士大夫有瞢然者"。

如今，不论是发达国家还是第三世界国家，不论是资本主义制度下的新闻事业还是社会主义制度下的新闻事业，一律十分重视发挥新闻事业的教育作用。几乎每个国家都有专门的针对各种阶层人士的教育节目。我国的电视教育频道自不用说，有针对妇女的半边天节目，有针对儿童的、针对残疾人的、针对下岗职工的，有"名作欣赏"、"名人名言"、"法制园地"等等。就是广告里的广而告知节目，也是一种有着教育作用的节目。比如告诉人们不要在没有栅栏的楼房阳台上养花，如果不小心掉下去就会砸在路人的头上。有人修理了街上的下水道而忘记了盖上盖子，结果那个呀呀学语的儿童乐呵呵地就要走到那个要命的黑洞里去了——这是多么危险的事情啊！我们就会受到教育，见到这样的情况，谁都会主动将盖子盖上。或者，我们就是穷得要饭，也千万不能偷了那盖子卖钱啊。

有人说，新闻事业是没有围墙的学校。也有人说，新闻媒介是知识的海洋、文化的宝库，这样说一点也不过分。

4. 提供娱乐——新闻的功能之四

据说，在我国的不少典籍里，"新闻"一词多用来指新近听来的奇闻轶事，或街头巷议、供人们茶余饭后消遣的材料。唐朝有一本《南楚新闻》，这是一本汇述当时南方民间新奇风俗、轶闻趣事的书。《红楼梦》第四回，贾雨村遇到从京都来的冷子兴，便问："今日都中有新闻没有？"子兴回答："没有什么新闻，倒是先生的同宗出了一件小小异事。"于是就把贾宝玉出生时口里衔着一块玉的事一五一十告诉贾雨村，并反问道："你道是不是新闻？"显然，这里的"新闻"与"异事"还没有什么严格的区别。

当代新闻事业不允许传播那些子虚乌有的所谓新闻，但是，对那些现实生活中确实发生的奇闻异事，新闻机构不仅不排斥，反而十分欢迎。娱乐是一种人的天性，报纸，尤其是广播电视满足了人们的这种要求。香港制作的武打片、言情片各种电视连续剧，有时候甚至漏洞百出，例如没有草原，就拿一小点河滩来拍摄，我们仍然看得津津有味。我们觉得好玩就行。甚至鬼怪故事、侦破故事，叫我们心惊胆战，我们越是怕得不敢看，便越是爱看。我们明知道生活中不会有鬼，但在故事里还是照样当真实的内容看。

三、新闻工作者的素养

男女青年一踏入新闻界，就意味着进入到一个激动人心的领域。每一天都是崭新的，每一种工作都是新的刺激和挑战。"记者的全部生涯，就是做一个提问者、聆听者和记录者。他根据自己的需要不停地寻找那些有见解和事实材料的人。""在采访时，记者应成功地扮演着这样一些角色：到处窥探的侦探、出色的推销员、刺探心灵的精神病专家、老练的外交家、诚挚的朋友、审慎的律师和善提问题的节目主持人。"

21世纪世界新闻事业将更加发达，人们的消息更加灵通，但新闻竞争将变得日益激烈。

记者首先必须学会用更快的速度来完成采编任务，以最快的时效来赢得争夺群众的激烈竞争，因为记者尽管可借助电子计算机争取一点时间，但可供思考的时间将大大缩短。其次，记者必须学会用更加简单明了的词句来报道事实，使读者一目了然。

理想的记者候选人应具有广博的基础文化知识和相当高的新闻水平，应有大学毕业文凭，并受过短期职业培训，年龄最好在30岁左右。

21世纪的记者还应该是一位专家，是一位名副其实的专业人员。他（她）必须具有高度的分析能力，善于分析从经济、政治和其他各界人士手中得来的各种消息。未来的时代要求新闻记者作深入细致的调查研究，因此，新闻资料员和研究员将应运而生，而且其作用会与日俱增。理想的记者是这样的：

（1）必须受过专业教育，取得知识和建立在系统理论上的技术；
（2）提供唯一的又极为重要的服务，而这一点必须得到社会的承认；
（3）强调公众服务和社会责任感；
（4）主动出击；
（5）人生的征服与锻炼。克服人性方面的劣根、克服环境的阻挠；
（6）辽阔的生命空间；
（7）怀疑的态度；
（8）勇气与雄心；
（9）有效的采写能力。

写作是一种十分艰辛的劳作，人们将它比拟为开辟新途的工作——披荆斩棘；也有人将它说成是"冰山原则"的活证。

新闻写作是一种传播。

新闻写作也是一种创造性的劳作。

四、新闻写作的基本要求

1. 真实性

真实，是新闻的生命，也是新闻的根本特点，是新闻写作的基本要求，也是新闻工作者必须坚持的原则。

人们越来越懂得他们是花钱买信息的。当付款与信息之间的关系更加明确的时候，消费者自然地想得到最好的信息，这样读者和观众就会选择质量绝对有保证的信息市场。报纸、电台、电视、网站等所有的新闻媒介都在竞争。

一般来说，首先应该做到这样的真实：第一，新闻的五要素——何时、何地、何人、何事、为什么，必须真实准确；第二，背景材料的介绍，必须真实和客观；第三，对事件的发展过程、人物的语言、心理活动以及数字、细节的介绍，必须真实，不能合理想像和任意添加；第四，不能以偏概全，要杜绝片面性和绝对化的报道；第五，对新闻的分析解释，要合乎事实本身的逻辑。

新闻失真，会带来很大的损失，这损失不仅是个人的，更是新闻单位和行业的。比如1980年8月8日新华社发了一篇昆明某部二连用养的猴子牧猪的新闻，全国十几家报刊采用，日本通讯社与美联社也转发了，一些人类学家和动物行为学家正准备前往考察。结果证实此事纯属道听途说，猴子不过是跟着牧猪的战士上山闹腾、玩耍，哪里会牧猪呢？这条失真的假新闻，欺骗了国内外的专家、学者，引起读者强烈不满。

2. 及时性

迅速及时，是对新闻的又一要求。任何新闻都讲究时效性，尤其是消息，更讲究迅速及时。进入21世纪，标准的信息时代，重要的新闻要求不过夜、不隔天，广播电视和报纸力争做到同步发布新闻。由于有了网络，不要说几小时就可以知道，现在几分钟就可知道了。我们要的是今日黄花，不要昨日黄花。

3. 公正性

新闻是一种说话的思想成立，新闻是心与心的交往，新闻是一种承认或反对，那么自然地，新闻是人类所能找到的表达整体意思的语言，它替人类不停地作着证明，充当见证者。它不仅是一种说话的方式，也是一种行为。历史的成功与失败告诉人类的是，这说话必须由事实而做，不能由另外的什么来替换。

新闻必须用事实说话，这是真理。事实就是力量，事实是最好的发言人，事实是世界灵魂和肉体的结合，它可以在小小的形与色中包含着无限的能力。事实就是世界，无限的世界是由无限的事实组成的。既然事实是组成复杂世界的碎片，因而它必然有复杂的不为自己支配的意义，所以它自身吸引人，并与人交互对流些什么。

事实可以锁定人。在歧途漫漫的人生中，幻想是人的支持物之一，因而，乐观自信甚至到了盲目的地步。虚荣的自尊可以遮掩了事实，而事实可以敲到最结实处。在事实面前，幻想与幻像均是苍白无力的。

五、消息标题

标题是报刊新闻和其他媒体文章的题目。按《辞海》的解释，题是额，目是眼睛。题目在报纸上的地位和作用，就像人的额头那样显著，像人的眼睛那样传神。读者往往是通过对标题的理解去选择可读的新闻。

消息标题的种类有单行标题、双行标题和多行标题。双行标题：引题+主题，主题+副题；多行标题：引题+主题+副题。主题——标题的核心部分和精华所在，它用来揭示新闻中最新、最重要的事实或思想。引题——又称肩题或眉题，放在主题的前面，将消息中一个侧面作为前导引出主题，常用于交待背景、说明原因、烘托气氛、总结成果、揭示意义等。副题——又称子题，放在主题后面，是主题的"后勤部队"，常用来补充交待消息的次重要事实，说明主题的根据、结果和重要的消息因素，起注释、补充、印证主题的作用。一般是，引题主虚，副题主实。

比如第23届奥运会的报道题目：

背了半个多世纪的"0"甩进了太平洋（引题）

奥运会第一枚金牌为我所得（主题）

许海峰百步穿杨居魁首 曾国强力举千钧占鳌头（副题）

主题也叫正题、母题，是整个标题的中心，作用是概括说明消息的主要事实和中心思想。引题也叫肩题，或者眉题，作用是交待背景烘托气氛，引出主题。副题叫辅题或者子题，标明事件结果，对主题进行补充。

（一）消息标题要标明什么

标题，是报纸通向读者的第一座桥梁。人们常说："看书先看皮，看报先看题。"

消息的传播效果如何，很大程度上取决于消息标题大小是否醒目、标题思想是否重要鲜明、标题语言是否生动引人等。因而，把消息标题做实、做精、做巧、做得生动形象，对编辑来说是必需的基本功，对报纸来说是关键的"重头戏"。那么，报纸版面上的消息标题究竟应当标出什么？

1. 标出事实

标出事实，也就是消息标题要标明此篇消息要报道的是什么事，直截了当，开门见山。这是消息中最常见的标题，因为消息直接报道新闻事实的居多。这样做的好处是，读者看了标题就知道文中要讲的内容是什么，进而对要不要阅读这篇消息，对文中内容感不感兴趣，做到心中有数。报纸多做这样的消息标题，也符合"让标题醒目突出、让篇幅短小精悍"的新闻规律要求，从而在有限的版面上尽可能多地传播读者关心的信息。如2002至2003年度军区报纸好新闻评选作品中，有9篇消息入选成为好新闻，而在标题中直接标明新闻事实的就有8篇。可见，"写实新闻"是消息标题的主流。

2. 标出主题

标出主题，就是标明消息想要说明的主题思想是什么，想要通过消息告诉读者什么观点。这类消息标题多是反映中心工作报道的消息和政治教育与思想工作方面的消息。要实现对党的中心工作的舆论引导和配合服务，党报就要多刊登有思想性、指导性和启发性的反映中心工作的消息，就要在消息的标题上尽量体现思想性。对这类消息而言，新鲜深刻的思想观点就是新闻性，就是可读性和指导性。如2005年4月17日军报消息《战斗精神培养融入经常性教育训练》，就是这样的直接表达观点的消息标题。

3. 标出导向

我们说新闻是有其阶级性的，也就是说有其政治倾向性，这一点已经是不争的事实。无论在西方资本主义国家，还是在社会主义国家，体现一定政治集团利益的报纸媒体在新闻传播过程中都会体现一定的政治倾向。我们的党报在对内宣传中也不例外，也要明确告诉读者自己的用意和导向。对军队报纸而言，消息标题的导向性多表现为对工作指导的思想要求上，如：2005年4月20日军报消息《抓过了不等于抓实了》、4月13日消息《对单项冒尖者亮红灯》，将消息的导向明现于题中，起到了引导作用。获得军区军兵种报纸好新闻奖的刊于2002年11月25日《人民军队报》消息《把分队战术训练推向临战层次》，看上去是只报道训练成果，其实是在用这一新闻事实告诉读者：训练一定要贴近实战。获得军区军兵种报纸好新闻奖的刊于2002年4月10日《火箭兵报》消息《28万元重奖72名科技兴工士官》，则在通过新闻消息标题提示读者和基层部队：要倡导科技练兵。

4. 标出焦点

标出焦点，就是在标题上标明读者最关心的新闻核心。这个核心可能是一个观点，也可能是一个现象或结果。如《人民日报》4月25日第四版

《外交部发言人答记者问/坚决反对美国发表"西藏问题"总统报告》,回答了当时国内外人士关心的问题。在军队报纸上,新闻消息的焦点则多集中在部队热点问题上。2005年4月19日军报消息《杜绝训练场上"花架子"》和《叫停考核中的"假把式"》就属于此类标题,点出了当前部队作风建设中应当着重关注的焦点问题。

5. 标出状态

新闻的发生总有其时间状态和空间状态,消息标题应当尽量标出这种状态,给人一种立体感。如2005年4月24日《参考消息》上的《五名日本人登钓鱼岛未遂》,就告诉人们,这是一个过去式的消息,日本右翼反华势力的目的没有得逞。再如,《人民前线报》2005年4月23日消息《8名专业技术能手资格被取消》、《人民海军报》2005年4月12日第一版消息《大连舰院百名研究生奔赴海疆》等,都不同程度地标明了新闻事件的时态,告诉读者"已经怎么样了"。而2005年4月10日军报消息《千里行军一路静悄悄》则告诉读者:新闻事件正在"怎么样"。

6. 标出形象

作为新闻消息的标题,在准确简练基础上,应当尽量做得生动形象。如2005年4月14日军报消息《民兵专业分队随处找仗打》和《兵役宣传工作常年有戏唱》,使抽象的工作报道形象化。

7. 标出结果

有的消息只要标明新闻事实或新闻事件就可以了,而有的消息需要标明所报道新闻事件的发展结果,才能收到应有的宣传效果。比如,你对某单位存在的不良现象提出批评,只说明"是什么"是不够的,读者需要知道"怎么样了"、"为什么"。2005年4月8日军报消息《从严治官有了"铁尺子"》,2003年3月13日《人民海军报》消息《最后一个荣誉灶拆了》,就在标题上标明了一个结果:"铁尺子"有了,荣誉灶没了。

8. 标出数字

一些消息标题是以数字显示其新闻性和可以量化的成果及成效的。例如,《北京晚报》4月24日《平价药店两天招来6万人》,《中国青年报》4月25日第一版《吉林一煤矿发生透水事故/69名矿工被困井下》,《人民海军报》4月23日第一版《车载导弹打靶7发7中》等,都是以数字说明问题。

9. 标出悬念

有些消息还在标题上直接设立问题或悬念，进而吸引读者，效果很好。如 2005 年 4 月 20 日军报消息《改造食堂为何不受欢迎》，2005 年 4 月 23 日《人民前线报》消息《士官学校缘何变成"香饽饽"》，2005 年 4 月 21 日《人民海军报》消息《到课率 100% 是怎么统计出来的？》等，都通过悬念吸引读者，看过正文才能明白结论如何。

（二）标题的基本要求

消息标题的拟定要求：一要准确，二要鲜明，三要生动，四要简洁。下面是一些拟得不好的标题

　　例（1）努力提高中华民族的科学文化素质
　　　　　我校 4000 余名新生入学

犯了以偏概全，小题大做的毛病。

　　例（2）不恋"天南海北"主动申请到"新西兰"

原来"天南海北"指天津、南京、上海、北京，"新西兰"指新疆、西藏、甘肃。

　　例（3）盖俊和女儿结婚不收彩礼

盖俊和是一个人的名字，这里产生歧义。

　　例（4）中国"黑姑娘"远嫁非洲

"黑姑娘"指的是煤炭。

　　例（5）一位普通工人竟然写出电影剧本

普通工人就不能写剧本？

　　例（6）竟敢敲诈两会代表
　　　　　一路边店遭严厉惩处。

一般公民就该遭敲诈？

　　例（7）奇奇奇真是奇怪，赵先生奇怪死了

"奇怪死了"语义不明。

例（8）拳击卫冕战将在中国举行
　　　霍利菲尔德要来揍人

把拳击比赛称作"揍人"，粗鲁。

例（9）音乐尿布、西瓜探熟器、自动保护安全煤气灶……
　　　中学生科技成果提醒人们莫让应试教育挤干孩子的想像力

标题内容前后矛盾。

例（10）九辆汽车搞死亡之吻

把事故称作"死亡之吻"不人道。
再看较好的标题例子：

例（1）马歇尔歇马　华莱士来华
例（2）工程师三代破屋两间　副局长一家新房四套
　　　市有关部门的调查结果竟是"分配基本合理"
例（3）会翁之意不在会　在乎山水之间也
　　　青岛会议知多少　请看会议一览表
例（4）球迷"多心"滇夏之战
例（5）宋美龄斗法李登辉
例（6）征地造房为啥等煞人？
　　　一道公文背着三十九颗印章旅行
　　　希望有关部门舍繁就简，多办实事，加快住宅建设步伐
例（7）老子批条子　儿子捞票子
　　　女儿考试无能　老子捣鬼有术

同一新闻，不同报纸在发表时会有不同标题。下面一则关于云南白猴与台湾白猴婚事的报道，四家报纸使用不同的标题，请比较一下，它们各有什么优点？哪个标题最好？为什么？

（1）台湾雌白猴急求配偶　云南雄白猴喜送佳音
（2）昆明白猴向台湾白猴"求婚"
（3）愿云南台湾白猴结成伴侣
（4）云南白猴找新娘

六、精心写好导语

导语是消息的开头部分，要求用最简洁的语言把最新鲜、最重要的事实告诉读者。导语的写作要领是，要像吸铁石一样紧紧吸引读者，写法则可以千变万化。导语是消息的开头，也有其特定的涵义，导语就是以凝练的文句揭示消息要旨，吸引读者阅读全文的开头第一段或者第一句话。

在新闻写作中，导语就是故事本身。因此，构思一个有效的导语，就要求作者在开篇处以某种富有意义的方式面对整个故事。对大多数新闻写作的初学者来说，这是他们不得不克服的最大障碍，因为这与他们多年来在作文课上所获得的写作习惯完全相反。但既然这是一个新闻学的基本技能，那么就必须掌握它。

美国现代新闻学者麦尔文·曼切尔说："写作过程中的第一步，也是最重要的一步，那就是写作导语了。"他甚至说："写好导语相当于写好消息。"威廉·梅茨说："导语是新闻报道中最重要的部分。抓住或者失去读者，取决于新闻稿的第一段，第一句，甚至第一行。"

导语写作的基本方法有：

（1）开门见山。这是消息导语最基本、最常见的一种写法，但要真正写好并非易事。它要求选择最重要、最新鲜、最引人的新闻事实放在消息的最前面，这就要求独具慧眼。

1932年1月28日，上海发生了"一·二八"事变，美国记者埃德加·斯诺于当天晚上发了一条消息，按照我们一般的写法，导语中肯定要写上"日本军队进攻上海，十九军英勇抵抗"这些话，而他却是这样写的：今天晚上，上海的街道给鲜血染红了。这导语选择足以引人注目的新闻事实——"鲜血染红街道"，不必担心读者不去消息主体中寻找造成这一事实的原因和事实的详情。

再如：

（新华社洛杉矶1984年7月29日电）中国在奥运会历史上"零的纪录"的局面在今天11时10分（北京时间30日凌晨2时10分）被中国射击选手许海峰突破。许海峰以566环的成绩获得男子自选手枪冠军，夺得了本届奥运会的第一块金牌。

（2）开门见画，淡抹轻彩，跃然纸上。例如：

　　如：夜晚的山村，灯火通明，笑语阵阵。在生产队的公用屋子里，整齐地摆着一排贴有大红纸的竹制撮斗，红纸上写着社员们提出的队委会候选人姓名，社员们将一颗颗圆实的豆子投在自己信任的人的名下。这是江西省宜黄县桃陂公社的社员们在选举生产队长和队委会委员。

这给我们一个启示：一条有生动画面的导语，不是关在房子冥思苦想可以写出来的，而是必须到现场去观察，用眼睛去捕捉那些能反映新闻事实本质的生活镜头，只有这样，才能写出吸引人的形象化导语。

（3）脱去陈壳，别开生面。许多新闻教材，将导语规定为概括式、综合式、摘要式、结论式、叙事式等等。但我们千万不能去套固定格式，否则会束缚手脚，难得写出新鲜的导语。要突破固定格式，写得灵活自由，别开生面。

1988年3月31日新华社播发的《西方愚人节》，导语是这样的：

　　如果4月1日这一天你得到消息，比如美国纽约遭到来自外星球军队的入侵，燃起熊熊大火；或者类似科学家第一次试制成功动植物杂交品种——"牛西红柿"，千万不要信以为真，否则定当后悔不迭，因为4月1日是西方"愚人节"。

（4）消息的导语，要求高度概括，十分凝练。

毛泽东在革命战争年代为新华社起草的一些消息，为我们树立了榜样。如：

　　（新华社长江前线1949年4月22日二时电）英勇的人民解放军21日已有三十万人渡过长江。

再看一些其他较简练的消息：

　　（新华社北京1980年2月25日电）今天首都春雪飞扬。
　　（美联社1945年8月14日电）日本投降了！
　　（《纽约先驱论坛报》1939年9月2日）欧洲大战于昨天爆发！
　　（合众社1940年5月10日电）德国于今日黎明时分对荷兰、比利时、卢森堡不宣而战。

我们比较一下下面的两则导语：

题目是《日本帆船横越东海到达上海》。新华社中文稿的导语是：一条取名"玛丽号"的日本帆船，利用风力和潮流从日本横越中国东海，在今天到达上海港。新华社英文稿的导语是：一艘从冲绳县那霸港出发的10米长、4.5吨重的日本帆船，冲破了每秒15米的劲风，10米高的巨浪和连绵的阴雨，历时97小时27分钟，航行4570海里之后，今天徐徐驶入上海港。

前者更好，简洁明快，突出重点，概括性强。后者详细，但有些繁、细，淹没了主要的。

七、用力写好主体

消息的主体，也有叫躯干的，因为有些人认为这部分指的是消息的中段，叫中段更合适。我们沿用一贯的叫法，仍然叫主体。

主体是消息的主要部分，在导语后面，主要是解释和深化导语。对导语中涉及到的内容，进一步提供有关细节和新闻背景材料，使读者对于新闻事件有更清楚、更具体的了解。同时，补充事实。消息导语只突出最新鲜、最重要的新闻事实，在部分要素导语中，往往只突出新闻六要素中的某一两个要素。主体中往往要补充导语中未涉及到的新闻内容（当然是统一主题的），使新闻六要素得以完备，让读者对于报道的主题和事件的来龙去脉有更深刻、更全面的理解。正如专家们说的："导语提出一个或几个观点，然后就要在报道中加以证明。""导语之后的那部分内容一定要流畅地与导语衔接，并且支持导语提出的内容。""导语中提出了最重要和最有吸引力的事实，消息的主体部分则展开、阐述和解释导语。导语中的任何陈述均须有下面段落中的事实予以支持，尤其是导语中写到了引起争论的因素时更应如此。"

（一）围绕一个中心取材

新闻写作中必须有"选择"材料的工作要做，这种工作必须围绕主题来进行。美国约翰·钱塞勒和沃尔特·米尔斯在《记者生涯》一书中指出的原则值得我们熟记在心：

每一个词汇，每一件事实，都必须精心选择。

经过第一次剪裁后没有写进导语的消息可能适用于第二、第三、或第十段。你必须一次又一次地做出取舍，直到结尾。

每一句子都有它的用处，否则，就把它删掉，删掉后报道也许能写得更好些。

写新闻报道不是为了凑数，要写的内容总是很多，而篇幅却很小，只有下笔时胸有成竹，写出的新闻报道才会有清新的内容和独特的风格。

记者在浏览笔记本、发言稿和选举结果报告时，还要作一系列困难的选择，也就是说要决定哪些材料需要舍弃不用。

当一个记者坐下来开始写新闻报道的时候，他所掌握的新闻材料必须多于用 500 或 1000 字写出来的内容，如果个别材料没有用上，那不能说是一种浪费，因为他动手写的时候必须对他所写的内容了如指掌，否则就会露出破绽。

（二）叙述生动，行文有波澜，保持读者的兴趣

不论什么样的文章，都要讲究文章的吸引力，而叙述的生动、行文的波澜起伏又是文章具有吸引力的根本方法。新闻方面的文章也是如此。文学艺术大多有相同之处，比如舞蹈，动作要变化但又要有致；比如绘画，讲究浓淡结合，讲究画面、色彩的和谐一致，不能满边满沿，需专门留出空白来。比如书法，字大的大小的小是一种协调，一律是小字也是一种协调。音乐更是讲究变化，但一样讲究统一和谐，因为音乐是触及心灵的艺术，音符是心弦上跳舞的艺术。园林建筑也是一样，讲究峰回路转，讲究曲径通幽，讲究摇曳多姿。想一想，如果所有的建筑都是一个风格，所有的园林都是一种面孔，人们还有没有想观看的兴趣？写文章也是这样，首先是叙述语言的生动，然后是波澜起伏，保持读者浓厚的阅读兴趣。人讲究千人千面，文章也是一样，非得讲究变化，而这变化又非得是有机的，统一的。为了达到这种效果，语言可以用叙述和描写手法，也可以用一些修辞手法去加强某种效果。

八、恰当运用背景

什么是消息的背景呢？任何新闻事实的产生，都脱离不了特定的环境和历史条件，都有其产生的原因，这些环境、历史条件及其原因，就是新闻的背景。所以说，新闻的背景材料指的是，与新闻事实相关的历史状况、社会

环境、政治缘由、地理特征、科学知识等附属性材料。它是新闻中一个比较自由的元素，可在新闻结构中自由穿插，可以出现在导语中，也可以出现在主体和结尾中。

（一）背景材料的类型

（1）地理背景。例如："天津是中国北方大地上的大港和工业中心。"

（2）历史背景。例如："西安是我国历史上的九朝古都。"

（3）自然背景。例如："甘肃东北地区干旱少雨，土地贫瘠。"

（4）社会背景。例如："这一带农村有50%左右的家庭三代同堂。"

（5）经济背景。例如："大庆是中国最大的油田，原油年产量达5000万吨左右，占全国原油总量40%强。"

（6）文化背景。例如："杜近芳是中国京剧大师梅兰芳的高足。梅派是京剧四大流派之一。"

（7）政治背景。例如："中国在1979年全国人民代表大会上通过了七部法律，从而开始了健全社会法制的历程。"

（二）背景材料的作用

1. 说明来龙去脉

例如，毛泽东在他所撰写的《中原我军占领南阳》这篇消息的导语之后，马上插入了这样一段背景：

南阳为古宛县，三国时曹操与张绣曾于此城发生争夺战。后汉光武帝刘秀，曾于此城起兵，发动反对王莽王朝的战争，创立了后汉王朝。民间传说的28宿，即刘秀的28个主要干部，多是出生在南阳一带。在过去的一年里，匪首蒋介石极重视南阳，曾于此设立所谓绥靖区，以王凌云为司令官，企图阻遏人民解放军向南发展的道路。

再比如：

中华龙都网讯：（记者夏远望　胡心洁）4月2日上午，"世界刘氏丙戌年祭拜汉高祖刘邦大典"在我省永城市芒砀山举行。来自新加坡、菲律宾、美国、英国、澳大利亚等13个国家和国内17个省市区刘氏宗亲代表200余人与会。

西汉开国皇帝刘邦在永城芒砀山斩蛇起义，创立了楚汉之争及两汉

第十章 新闻和消息

400多年的帝业,其后当时最有势力的诸侯王梁孝王刘武(刘邦之孙、汉文帝之子)在此封国。芒砀山历来为天下刘姓之朝圣圣地。(背景材料)永城刘姓目前近10万人,占全市总人口的14%。

祭典当日同时举行了永城与汉刘文化研讨会,永城招商引资商贸洽谈会也于即日拉开帷幕。此次祭祖大典由河南省刘氏文化研究会、永城市汉梁文化研究会主办,永城市归侨侨眷联合会承办。

2. 烘托主题

例如,《洞庭湖长大五分之一》中的历史背景,起到烘托主题的作用:

据史料记载,明朝嘉靖年间,洞庭湖方圆八九百里,号称"八百里洞庭",洪水期湖面达6000平方公里。此后数百年泥沙淤积,盲目开垦,致使"堤垸如鳞",在实施综合治理前,这个长江水系重要调节湖泊的面积减少到2691平方公里。湖面锐减,调蓄能力削弱,灾害频频发生,湖区人民深受水患之苦。仅以1998年为例,洪涝灾害造成的直接经济损失就达197亿元。洞庭湖失去了宝地的风采,成为一块难得安宁的险地。

再如,新华社消息《世界屋脊上的公路建设》中的背景材料,也突出了主题的作用:

解放前没有一公里公路,在狭窄险道上全靠牦牛、毛驴驮运或人背的西藏,今天已有一万五千八百公里的公路通车。

3. 说明关联

例如《上海的最后两辆人力车送进了博物馆》:

新华社1956年2月25日电 上海市交通局今天把上海的最后两辆人力车送进了博物馆。原来的人力车工人曾为此自动集会庆祝,感谢政府替他们挖掉了穷根,帮助他们走上了新的生活。

人力车最初出现在日本。远在1874年,上海就有了这种交通工具。解放前夕,上海约有5000多辆人力车,7000多人力车工人,解放后,政府在发展公共交通建设的同时,就有计划地帮助人力车工人分批转业。有些人力车工人已经被训练成为汽车驾驶员或技术工人。有的回到农村参加了农业生产。没有劳动力又没有依靠的老工人进了养老院,63岁的老工人姜威群,拉了50年人力车,穷得一直不能结婚,现在他们在养老院里安静地度着晚年。

4. 引起联想

例如《浓雾重回西双版纳》中的对比性背景材料：

在采访中得知，浓雾是西双版纳热带森林的一种特有景象。五十年代，西双版纳到处是茂密的热带原始森林，那时的浓雾又浓又长，往往下午两点后才见蓝天，后来森林遭到破坏，特别是十年动乱中，大面积毁林开荒，使全州森林面积每年减少20万亩以上；由刀耕火种等原因造成森林火灾，又使大量森林化为灰烬，到七十年代后期，全州森林覆盖率只有30%多，比解放初期减少近30个百分点。于是每年长达160多天的雾变得稀薄了，常常是上午八九点钟雾就散尽了。

（三）背景材料的运用方法

1. 明嵌的表现手法

将背景材料用一个固定的段落置于不同的结构部分，有的置于主体与导语之间，有的置于结尾，有的采取天女散花状。为避免背景材料设放一处的呆板、滞涩，可以将背景分散开来分嵌在合适的地方，使行文显得流转、灵活。例如：

新华社2月19日电 著名的爱国豫剧表演艺术家常香玉今晚和昨晚在北京为中国儿童和少年基金会举行两场义演。（导语：事实）

六十岁的常香玉已有五十余年的舞台生活经验。自1953年起，她就被选为全国妇联的执委，妇联是中国儿童和少年基金会的发起单位之一。（背景）

常香玉高兴地对记者说："我……"（事实）

新中国成立初，常香玉为加强国防，用义演的全部收入捐献了一架战斗机。（背景）

今晚常香玉演出的《柳河湾》……（事实）

1980年初，文化部、中国戏剧家协会和河南省艺术节举行了为常香玉舞台生活五十年的庆祝活动。……（背景）

豫剧在中国很多地方是仅次于京剧的一个地方剧种。它已有三百年的历史。（背景）

常香玉现在是全国人大代表，中国戏剧家协会副主席……（背景）

2. 隐入的表现手法

这种表现方法对背景材料不作直接和正面的交待，巧妙化入文章合适部位。

（1）隐入标题。例如："偏僻的小山村，传着一件喜事（引）／老母鸡"生"了一台电视机（正）／喂养三十只母鸡的老太太李凤珍一家坐在炕上看电视（副）"

（2）隐入导语。例如："一个涉嫌杀害了20多个无辜的人今天向警察求救，说是有人要杀害他。"

（3）隐入主体。例如："这几天上海街头积雪不化，春寒料峭，最低温度下降到零下七点四摄氏度。上海人遇到了有气象记载的八十多年来罕见的严寒。"

背景材料比我们讲到的要丰富得多，也复杂得多，对完善新闻写作意义非凡。新闻写作的世界如同一切具有创造力的世界一样，是材料与心力的合作。一切如同培根关于哲学所说的一句话：是自然与生命的乘积。

九、注意写好结尾

新闻报道由导语引入内容，由主体予以详尽说明，仅此尚嫌不足。因为，如果没有结尾予以最后的回应与锁定，它将永远给人意犹未尽的感觉。有头，有身子，还必须有结尾，这样才能在视觉上与心理上取得平衡所要求的因素得到满足。

结尾是消息的结束，是消息的最后一句话或者最末一段话。没有结尾的文章，就像只说上句而没有下句的说话行为，合理的结尾不但能把文意表达清楚，也能使文气十足，摇曳生辉，在最后的冲刺中，"总文理，统首尾，定与夺，合涯际，弥论一篇，使杂而不越也"（刘勰《文心雕龙》）。

结尾的写作方法有：

（1）紧扣题目，卒章显志。结尾最好与新闻主题处于巧妙的对应关系中，延伸或深化主题。这里要注意一个问题，就是要表现，不要陈述。托尔斯泰在解释《战争与和平》时说道："我不去陈述，不去解释。我只是去表现，让我的主人公们替我说话。"这话可以成为新闻结尾写作中的一种要求或者技巧。过多的陈述可以使结尾生硬，也可以使受众处于消极的地位。而且，陈述必然因抽象而使结尾失去动感。

大学生写作能力教程

(2) 编筐收尾，总结全文。结尾是否打结，对表现至为重要。第一，结尾应该是在事实叙述完结时，最后将笔势收拢，拴定文意，使新闻的内容给人以完整感；第二，可以使信息传递方面透明化。但这打结必须是艺术的。

(3) 形式多样，加强效果。结尾可以委婉含蓄，言有尽而意无穷。结尾像开头一样是对作者心智的考验，古人说结尾应："似断非断，是了非了之笔，读之雅有余味。""结句当如撞钟，清音有余。"

结尾可以挥锤之力，奏出全文最强音，势成"豹尾"——短小、精悍、井然有序、富冲击力是基本的特征与方位。结尾在这里成为我们写作与阅读中表达生命感受、流泻一腔胸臆、反思每每事实的一种仪式，一种允许我们纵横驰骋、放纵我们心思的高台。

【例文选读】

北京市高考理科状元林茜最终放弃港大选择北大

京华时报（2007年）7月5日报道　昨晚，北大招办宣布，今年北京高考理科状元林茜最终选择前往北大就读。随后，林茜本人在其博客中公开表示：选择北大是因为"长久以来，北京大学是我热爱的学府"。

昨晚9点10分，北大招办向媒体宣布，今年北京理科状元林茜在北大和港大的共同召唤下，最终选择了北大。北大招办负责人刘老师表示，北大非常欢迎她的到来，相信北大会给她理想的本科教育。希望林茜以后能有一个安静的环境学习、生活。

根据北大规定，以高考状元身份进校的林茜将在入学后获得"优秀新生奖学金"，额度为每年4000元人民币。而此前，香港大学曾明确表示，将给林茜每年14万元港币的全额奖学金。经过此次波折后，北大方面表示，将会考虑在今后进一步规范新生奖学金制度，以期能给最优秀的新生更大的吸引力。

昨晚9点20分，林茜在自己的博客中贴出了题为《致谢》的文章。她在向各方面致谢后，表明了自己的选择。

林茜此前在接受媒体采访时介绍，她母亲曾在香港大学做过访问学者，现在国内当博士生导师和教授。她父亲是一家香港公司北京分公司的工程师。父母和香港的渊源,加上香港大学许诺的高额奖学金,让很多人都认为,林茜会和去年两位高考状元一样选择港校。而昨晚林茜的决定让这些人都感到"大跌眼镜"。北大一位老师表示,林茜的选择说明,巨额奖学金不再是吸引优秀学生的惟一条件。

除林茜外,北京文科状元张玥此前已明确表示,只会选择北大。

昨晚,林茜母校——人大附中的副校长沈献章听闻此事后表示,学校不会左右学生的选择,林茜的选择是她个人的决定。

广州增城获联合国"世界和谐城市提名奖"

信息时报(2007年)7月8日讯 昨日,记者从增城市人民政府获悉,日前,在2007年联合国第七届全球论坛上,评选出了"世界十大和谐城市奖",增城是惟一获得联合国和谐城市提名奖的中国城市。

据介绍,6月底,在维也纳举行了2007年联合国第七届全球论坛,主题是"增强政府信用"。联合国秘书长潘基文、61届联大主席、100多个国家总统、200多个国家部长等3000多名政府要员和世界500强企业领导人出席了会议。联合国和谐城市评审委员会由来自世界10多个国家的权威专家和学者组成。

在2007年联合国第七届全球论坛上,评选出了"世界十大和谐城市奖",增城是惟一获得联合国和谐城市提名奖的中国城市。增城委托中国区组委会赵强前去领奖。增城市政府负责人表示,增城赢得"世界和谐城市提名奖",是对增城市近年来各项工作的肯定,将以此为新的起点,继续努力,继续实现人与环境、人与人的和谐,建设更加富裕、安康、文明、和谐的新增城。

【思考练习】

1. 从人类文化学的角度,我们应该如何理解新闻?
2. 新闻的生命是什么?
3. 新闻的功能有哪些?
4. 为什么新闻人说"其它的都是职业,惟新闻是事业"?
5. 观察两位娱乐节目主持人,比较他们各自在表情、动作、语言风格方面的特点。

6. 古人把题目比做什么?
7. 什么是倒金字塔式结构?
8. 倒金字塔式结构是怎样产生的?
9. 写作消息的导语应该注意什么?
10. 为何说写好导语就等于写好了消息呢?

【作文题目】

1. 我喜欢的电视台
2. 新闻的力量
3. 我看"超级女声"
4. 熊猫盼盼产下一子一女（消息）
5. 校园掀起学术沙龙热（消息）

第十一章 学术论文

一、学术论文的含义

学术论文是用来进行科学研究和描述科研成果的文章。

这个定义的核心是指：学术论文的灵魂必须是科学研究的成果。

在理解学术论文时应把握两层含义：

其一，学术论文的范围限制在科学研究领域，非此领域的文章，不能算学术论文。如一般议论文、散文和杂文等都不能算学术论文。

其二，并非科学领域的所有的文章都是学术论文，而只有表达科学研究新成果的文章才是学术论文，科幻和科普作品不能算做学术论文。

科学领域通常分为自然科学和社会科学两大类，前者包括理、工专业，有物理、化学、生物、天文等学科；后者则包括文、史、哲、经等。凡是进行自然科学研究和社会科学研究并且描述这些科研成果的文章就是学术论文。

二、学术论文的特点

1. 创见性

学术研究是对新知识的探求，创造性是学术论文的生命。学术论文要求提出新思想、新见解、新观点、新理论，必须进行新的探索，要求具有创新点。

学术论文的价值取决于它的内容是研究者所取得的科研成果。科研成果的最基本的要求是新颖，具有独创性。所以一篇学术论文的内容绝不应是空泛的、陈旧的、拾人牙慧的，这要求一篇学术论文所表达的必须是新的研究成果。

什么是新成果呢？

新成果指的是，在科学领域中发现了别人没有发现过的，或没有涉及到的理论问题、思想观点、实验总结。可以分为两个层次：一种是在对确定的研究对象进行周密的观察、全面的调查、细致的分析、深入的研究的基础上，从中发现别人没有发现或没有涉及、没有论证的问题；另一种是在综合他人认识的基础上进行更深入的探索，进行创新，对前说提出新的看法，新的见解。

当然，初学者不必期望过高，不要设想自己一蹴而就地做出惊人的新成果，但新的发现新的成果却是我们始终应该追求的。新发现和新成果是有大小之分的，我们应该量力而为，在自己的知识和能力的基础上努力做出自己可能做出的新发现和新成果。

2. 理论性

学术论文具有很强的理论性。学术论文必须摆事实，讲道理，揭示客观规律，以理服人。学术论文侧重于在举出大量客观事实的基础上，在科学世界观的指导下，通过运用科学的原理和方法，分析和解决科学领域的具体矛盾、具体问题。

3. 客观性

学术研究的任务是要揭示客观事物的发展规律，揭示客观真理，并指导人们的实践行动。因此，学术论文具有客观性。

三、学术论文的思维模式

1. 中国古代国学思维模式

封建社会国学传统思维模式是以"考据"为中心的，即"注（注释）、疏（引经据典）、笺（解说）"，目的在于"宗经"、"明道"。"宗经"，就是证明我的学说是经典，是正宗；"明道"，就是说明我论说的观点是有出处的，有根有据的。我们在古代流传下来的学术研究中，往往看到考证的篇章，当属此类。

2. 西方学术思维模式

西方传统学术思维模式是以形式逻辑为主要推导方法的学术思维方式。这种思维方式在西方古代历史中一直占据着主导地位。这种学术思维模式的基点就是要求人们从基本概念出发，首先必须对概念进行精确定义和严格划分，讲求逻辑思维的"同一律"、"排中律"、"矛盾律"，对事物进行非此即彼的准确判断。

3. 近代实验科学思维模式

在近代实验科学思维模式中，英国唯物主义经验论是它的基础，它通过近现代实验科学，尤其是自然科学不断的丰富发展而逐步趋于成熟的一种思维模式。弗兰西斯·培根是近代实验科学思维模式的开创者。他认为，通过实验人们可以把实验对象从复杂的群体联系中单个地抽取出来，从而更真切地认识它。这种思维方式在今天的实验室里，在以实验室操作为基础的科学研究中，依然普遍运用。

4. 当代科学集成思维模式

当代科学集成思维模式是在系统论、控制论的基础上，融合了当代多种学科研究成果而发展起来的一种思维模式。当代科学集成思维模式强调以对象的整体结构和整体功能为基本认识目标，主张从系统内部、各子系统内部要素的相互联系和相互作用中，从客体同外部环境的有机联系中来考察对象的历史发展过程，强调系统整合效应远大于系统中各个子系统独立效应的总和。

当代科学集成思维模式有以下几个显著特点：一是以多学科、多领域的成熟技术和系统有效的方法作为支撑；二是要求自然科学各类学科要与人文、社会科学彼此交融，相互支持；三是更强调宏观研究和微观研究的统一。

当代科学集成思维模式认为：当前我们面临的认识对象多是一些复杂巨系统，这些复杂巨系统是一种结构层次极其丰富的开放系统。复杂巨系统中有许多巨系统，巨系统中有许多子系统，子系统中又有若干个小系统。这些系统之间结构层次极其复杂，既相互依存又相互影响，只有把他们高度统一起来，才能正确认识和把握它们。

这是当代最具现实意义也最具创新力的一种科学研究思维模式，这种思维模式既注重宏观也注重微观，既注重历史也注重现实，既看重内因也关注外因，非常复杂，但行之有效。

大学生写作能力教程

四、学术论文与其他文体的区别

（一）学术论文与一般议论文的区别

1. 写作目的不同

一般议论文是作者就一般问题发表自己的意见，这种意见仅代表个人，作者一般不求这种意见被证明为科学真理。

学术论文是就某一专业领域的学术问题发表研究者所取得的具有创新性的科研成果，作者通常十分希望自己的研究能够全面揭示或部分揭示科学真理。

2. 写作内容不同

一般议论文通常只讨论现实生活中的一般问题，写作内容较浅，没有学科专业性。

学术论文主要从学科专业角度研究专业领域的某类问题，研究内容较深，学科专业性较强。

3. 写作方式不同

一般议论文通常采用通俗语言写作，力求所有读者都能读懂。

学术论文通常采用专业术语写作，一般只要求专业人员能读懂。

4. 论证方法和论证逻辑严密性不同

一般议论文论证方法比较简单，通常仅要求符合普通逻辑的推理论证原则。

学术论文往往采取多种方法并进或交叉论证的方法，要求符合科学的推理论证原则。学术论文逻辑严密性大大强于一般议论文。

（二）学术论文与科普文章的区别

1. 写作目的不同

作者写作科普文章是为了向读者介绍科学知识；作者写作学术论文是为了发表自己对某一学科专业问题的研究成果。

2. 写作内容不同

科普文章的内容是介绍某些科学知识和科学原理，这些科学知识和科学原理过去已经被证明；学术论文的内容是阐述作者在某个学术领域的科研新

成果，这些科研新成果过去没有被认识、没有被证明或认识存在偏差。

3. 写作方式不同

科普文章总是力求把深奥的科学知识和科学原理用最简单、最通俗易懂的语言表达出来，力求大家都能读懂；学术论文通常更多地采用专业术语写作，力求不出现专业漏洞。

五、学术论文的选题

（一）选好学术论文的论题

大学生初次写作学术论文，有许多困惑。其中最大的困惑就是不知道怎样才能选择一个好的学术论文研究题目。

学术论文要求进行创新，要求不空泛、陈旧、拾人牙慧，要求其内容是研究者所取得的新的科研成果。那么，怎样进行创新呢？

要创新首先应当知道：

当前学术理论界前沿研究课题主要是哪些论题？哪些论题已有较深入的研究成果？哪些论题尚待深入探讨？

（1）尽可能选择科学上的"前沿"课题。

（2）尽可能选择对传统观念提出质疑的课题。

（3）尽可能选择研究中存在空白的课题。

（4）尽可能选择有争议的课题。

（5）尽可能扬长避短，充分发挥自己的专业知识和能力。

（6）尽可能题目大小适中，尽量选择较小的题目。

（7）尽可能了解"行情"。不但要了解前人对这一问题的看法和观点，更要关心当代人的研究成果，同时还要了解国外的"行情"，注意国外的研究成果。

（二）学术论文的资料的判断与收集

美国哥伦比亚大学教授 Robert K. Web，曾为学生指出认识学术著作的标准，其纲要是：

1. 这本书是写什么的

（1）该书的特殊论题是什么？书的标题能否概括它？

（2）除特殊论题之外，作者是否也想说明与论题有关的其他一般性问题？

（3）该书有无新发现？这可以用一句话说出来吗？作者曾否如此说过了？你在何处看到其发现？

2. 这本书所用的资料如何

（1）作者是否运用了第一手资料？运用的程度如何？是否真的是第一手资料？是当时的数据还是较早的数据？

（2）作者是否引用其他学者的研究结果来支持他的论点？假使如此，是否减损了其著作的价值？

（3）这本书与其他同类著作的关系如何？这本书是否接续前此研究的成果而继续发挥？作者在写书前是否告诉了读者前此对此论题的研究概况？该书是否反驳了以前对此论题的有关发现？

（4）作者的发现，得力于生活或历史的普通概念有多少？作者是否说明了他的立场？作者是否知道其未经证实的假设对其结论发生多少影响力？

总之，资料在量上是否够多？质上是否正确可靠？资料是否具有代表性？在运用上是否充分有效地使用？

3. 这本书给人的美感如何

（1）作者的写作技巧如何？文体是否有力而清楚？书的各部分组织合乎逻辑吗？书是否令人爱读？

（2）作者是否运用了文学的笔法，而使该书更具有吸引力？譬如说，在下重要的结论之前，是否假构了近似戏剧性的悬疑？

（三）学术论文论题常见的几种着眼点

（1）实践中亟待解决的课题。这是寻求解决问题的方式方法，最具现实意义和价值的。

（2）科学上的新发现，新创造。这是最难得的，具有极强的挑战性。

（3）学科上的短缺或空白的填补。往往是有长久的研究基础之后，方可作为。

（4）通行说法的纠正。具有探讨性。

（5）前人理论的补充。这是前人失之完整的科学探讨，具有补充完善性质。

我们主张采用新瓶装旧酒，或者旧瓶装新酒的方式，注重时代感，注重创造性。

（四）选好论文选题的方法

我们推荐一种扎实有效的方法，这是很有参考价值的"创造工艺"方法——KJ法，值得我们运用。具体做法是，先准备下列必要的用品：①铅笔、钢笔；②红、蓝等色铅笔；③曲别针；④橡皮；⑤卡片；⑥图解用的对开大白纸。此外，还必须有能摊开卡片的场所（大的桌子，或者是床）。这种方法，大致可以划分为以下四个步骤：①写卡片；②对卡片进行分类、编成卡片群；③排列卡片群，以图解来安排文章的结构；④文章化。

这种方法进行的过程是：

第一，搜集材料。

第二，把搜集的材料（包括：经过作者发散思维想出来的材料，文献资料，以及从调查、观察、实验中得到的材料）制成卡片。每张卡片写一项，这样就便于材料的分类、综合、比较、追加和剔除。每张卡片都要加上简明扼要、一目了然的标题。若将这些卡片加上序码则更为方便。

第三，把这些卡片像扑克牌那样摆到桌子或床上。

第四，边读，边思考，把内容相关的卡片调到一起。这时要注意，常常会思考出新的问题来，应该立刻写成卡片放到里边去。

第五，这样便会得到若干个卡片群，再对这些卡片群要依次细读，琢磨为什么会把它们放到一起，说明了一个什么问题。把思考的结果简要概括地写出一张卡片，放在每群卡片的最上边。为了表明各群卡片内容是不相同的，要用不同颜色的铅笔分别标出符号。然后，把每个卡片群用曲别针别好。

第六，上面编成的是小的卡片群，下一步要编中的卡片群。编中的卡片群与上述编小的卡片群的方法一样，也要写出一张新的卡片，概括出这一群卡片的要点放在最上边。也要用颜色铅笔标出共同的符号，以与其他卡片群相区别。

第七，以相同的方法，对中卡片群进行编组，最后编出大卡片群。

第八，这样就逐步地把卡片小、中、大地集团化。在这个卡片群的编制过程中，要注意：卡片群想做得好，就不能把另一群中的任何一张卡片随意抽出来插入到这一群里。每个卡片群无论大小，都是紧紧绕着一个中心、一个观点组成的。还要注意：编卡片群，必须这么由小到大来编。有些人卡片分类往往先做大的划分，把大类分出之后再分小类。这样由大到小的分类方法不好，因为这么做，是从头脑中已经形成的固定分类标准出发的。如果循着旧的观点分类，就不可能产生创见。卡片群只有从原始材料出发，不抱任何成见，不带任何框框，由小到大地编制才可能产生出新意。

第九，开始排列大卡片群，以图解的形式来安排文章的结构。先把每个大卡片群中的第一张"观点"卡片抽出来摆在桌子上进行空间排列，看这些大的"观点"卡片之间有何意义上的联系，怎样排列能富有逻辑效果，能更鲜明、有力地表达出论文论述的主题。考虑好后，画到大白纸上。

第十，再这样排列中、小集团的卡片群。卡片的分类是由小到大，是由编出小卡片群开始，然后再汇集编成中卡片群，到大的卡片群。而以图解来安排文章的结构，与此刚好相反，要先从大卡片群开始，也就是先把文章结构上的几个大的部分先安排出来。然后再考虑每个大的部分中几个观点的安排，这就是中卡片群的排列。最后是小卡片群的排列，把一张张卡片排列好，这样就有条理地集中说明了一个个小的观点。这些都要画在大白纸上，小的卡片群可以只写出观点，一张张所使用的材料卡片，可以用序码标明先后次序，在白纸的图解上加索引说明。

第十一，这些工作完成之后，要按图用嘴试着说一遍，如果通顺、流畅、言之成理，表达得清楚，那是好的图解。如果说得别扭，意思不清或者缺乏逻辑效果，那还需要进一步调整、修改。

第十二，有了满意的图解，就可以按图解的顺序开始写文章了。

这就是李景隆在《应用写作》中称为"创造工艺"的"KJ法"主要内容。这种方法看似繁复费力，但却大有好处，非常实用。

六、拟写学术论文提纲

一般来说，学术论文写作材料准备充分以后，应抓紧提炼学术论文的中心论点以及各章节分论点，并拟写出详细具体的学术论文写作提纲。

（一）写作提纲与结构安排

我们前面介绍了"创造工艺"方法——KJ法，但论文的论题选择与提纲的确立方法，也可以用这种常用的方法。

（1）先拟标题。或提示论点，或提示课题，总之要求题目直接、具体、醒目。

（2）以论点句写出论文的基本论点。

（3）选择论文构成的基本型，确定全篇逻辑构成的骨架。

（4）写出层次与段落的先后顺序。

（5）资料、卡片按构思的顺序标上序码备用。

（6）全面检查，修改提纲，根据论文提纲执笔起草。有两种方法：一是按照提纲排列的顺序从绪论写起，接着写本论、结论。二是从本论入手，写好本论、结论后，再写绪论。

学术论文的结构，安排严谨而富于逻辑的结构。大都是按照引论、本论、结论这样的议论文结构形式展开的，这种结构的合理性大致是与提出问题、分析问题、解决问题这样的研究问题的思路相吻合。

七、学术论文的撰写过程

起草时，较短的论文可以在充分准备的基础上一气呵成。对于长篇论文，可以先分成几部分，一部分一部分地写，然后合成一篇。这时候写作者方才发现，有十万文字资料查阅准备，也未必能写得出一篇得心应手的论文，哪怕是一万字以内的论文。这时候作者也才会感到，平时的专业所学和积累远远不够，甚至会有捉襟见肘的感受。

在具体的执笔写作过程中，应注意运用以下的方法：

（1）从已知的到未知的；

（2）从亲近的到较疏远的；

（3）从简单的到复杂的；

（4）从预备知识到本题论旨；

（5）从概说到分论；

（6）从具体到抽象；

（7）从读者容易赞成的到不大同意的；

（8）从与读者有关的到关系不大的；

（9）从读者兴趣浓厚的到兴趣淡薄的；

（10）语言尽量写得简洁、精炼，避免烦冗、罗嗦；

（11）表和图的运用有助于论文的变化，增强表达效果；

（12）引文尽量要少，引时不可断章取义，要核对无误。引文的出处要加注,方法有夹注、脚注、章(节)附注、尾注。

(原载于中国论文下载中心 http：//www.studa.net)

八、学术论文的最后整体把握

在学术论文的论证写作中,除了应对事物进行深入地分析解剖以外,更重要的是还应当对自己的论证进行总结概括。要按照论证事物的逻辑关系科学地进行概括总结,检查修改,看是否写出十分精辟的结论。对论证过程进行概括总结,在学术论文写作中是十分重要的一环,也是一篇论文的价值所在。

1. 听取意见,认真思量

论文的初稿写成之后,还要再三推敲,反复修改,认真誊清。论文的修改,一般包括观点的订正、材料的增删、结构的调整、语言文字的润色等几方面。修改的方法因人而异,因文而异,但不论用什么方法都应该注意到以下各方面。

(1)要主动听取别人的意见,尤其是指导老师的意见;

(2)要再查阅,再研究,然后动笔修改;

(3)要"冷处理",把初稿搁上若干天,然后针对指导老师的意见,广泛地浏览有关的资料,让头脑冷静下来,再行修改。这样修改,往往容易突破原来的框框,发现问题,产生新的看法,这就可以使论文质量得到明显的提高。

2. 根据条款仔细修改

(1)要有见解独到,有一定创新性的论点;

(2)要有翔实、准确、有说服力的材料;

(3)要有严谨而富于逻辑的论证和结构;

(4)要有较浓厚的理论色彩;

(5)要用简洁、准确、平实的语言;

(6)格式应规范化、资料引用应规范化。

最后,严格按照通行的论文规范格式,誊清定稿,打印装订。

【例文选读】

影响中国的一百部书

1	《周易》	28	《国语》
2	《管子》	29	《战国策》
3	《老子》	30	《周礼》
4	《论语》	31	《礼记》
5	《孟子》	32	《史记》
6	《商君书》	33	《汉书》
7	《庄子》	34	《前汉纪》
8	《荀子》	35	《后汉书》、《续汉书》
9	《墨子》	36	《后汉纪》
10	《韩非子》	37	《三国志》
11	《春秋繁露》	38	《晋书》
12	《白虎通义》	39	《宋书》
13	《论衡》	40	《南齐书》
14	《五经正义》	41	《梁书》
15	《四书集注》	42	《陈书》
16	《传习录》	43	《魏书》
17	《焚书》、《续焚书》	44	《北齐书》
18	《明夷待访录》	45	《周书》
19	《定庵文集》、《续集》	46	《隋书》
20	《天朝田亩制度》	47	《唐律疏议》
21	《大同书》	48	《南史》、《北史》
22	《革命军》	49	《贞观政要》
23	《警世钟》	50	《通典》
24	《孙文学说》	51	《旧唐书》、《新唐书》
25	《尚书》	52	《旧五代史》、《新五代史》
26	《春秋》	53	《资治通鉴》
27	《春秋》三传	54	《通鉴纪事本末》

55	《通志》	78	《针灸甲乙经》
56	《文献通考》	79	《备急千金要方》
57	《宋史》	80	《本草纲目》
58	《辽史》	81	《山海经》
59	《金史》	82	《水经注》
60	《元史》	83	《大唐西域记》
61	《明史》	84	《元和郡县图志》
62	《读通鉴论》	85	《岛夷志略》
63	《海国图志》	86	《徐霞客游记》
64	《列女传》	87	《天下郡国利病书》
65	《史通》	88	《读史方舆纪要》
66	《文史通义》	89	《大清一统志》
67	《新史学》	90	《孙子兵法》
68	《考工记》	91	《吴子》
69	《九章算术》	92	《尉缭子》
70	《齐民要术》	93	《六韬》
71	《梦溪笔谈》	94	《唐李问对》
72	《营造法式》	95	《尔雅》
73	《王祯农书》	96	《广雅》
74	《天工开物》	97	《说文解字》
75	《农政全书》	98	《广韵》
76	《黄帝内经》	99	《方言》
77	《伤寒杂病论》	100	《释名》

影响中国的一百个事件

1. 大禹治水
2. 商汤灭夏
3. 封疆建国以藩屏周
4. 诸侯争霸
5. 三家分晋
6. 百家争鸣
7. 七国称雄
8. 商鞅变法
9. 秦始皇统一中国
10. 秦始皇建立中央集权
11. 焚书坑儒
12. 修筑万里长城

第十一章 学术论文

13	陈胜、吴广起义	44	藩镇割据
14	楚汉之争	45	永贞革新
15	汉初和亲	46	会昌灭佛
16	文景之治	47	黄巢起义
17	平定吴楚七国之乱	48	五代十国的分裂
18	汉武帝抗击匈奴	49	石敬瑭割让燕云十六州
19	罢黜百家独尊儒术	50	陈桥兵变与北宋统一
20	"丝绸之路"的开辟	51	杯酒释兵权
21	盐铁之议	52	杨家将抗辽
22	王莽改制	53	宋辽和战与澶渊之盟
23	赤眉绿林起义	54	王小波、李顺起义
24	白虎观会议	55	庆历新政与庆历党争
25	东汉外戚宦官专政	56	王安石变法
26	东汉党锢之祸	57	女真族建立金政权
27	黄巾起义	58	方腊起义
28	三国鼎立	59	靖康之变
29	三分归晋	60	岳飞抗金
30	八王之乱	61	钟相、杨么起义
31	五胡十六国的分裂	62	成吉思汗统一蒙古
32	北魏统一北方	63	红巾军起义
33	北魏孝文帝的改革	64	张居正改革
34	北魏各族人民大起义	65	郑和下西洋
35	周武帝灭佛	66	戚继光抗倭
36	南朝"神不灭"与"神灭论"大论战	67	郑成功收复台湾
		68	明末农民起义
37	隋文帝统一南北	69	南明政权的抗清斗争
38	隋文帝改革	70	平定三藩之乱
39	大运河的开凿	71	康熙帝抗击沙俄
40	隋末农民起义	72	《中俄尼布楚条约》的签订
41	贞观之治	73	平定准噶尔叛乱
42	开元之治	74	清代各族人民起义
43	安史之乱	75	禁烟运动与虎门销烟

76　三元里抗英斗争　　　　　89　清末新政
77　《南京条约》的签订　　　90　中国同盟会的成立
78　火烧圆明园　　　　　　　91　保路运动
79　太平天国运动　　　　　　92　辛亥革命
80　捻军起义　　　　　　　　93　中华民国成立
81　辛酉政变　　　　　　　　94　清帝逊位
82　洋务运动　　　　　　　　95　二次革命
83　边疆危机　　　　　　　　96　袁世凯复辟帝制
84　《马关条约》的签订　　　97　护国运动
85　戊戌变法　　　　　　　　98　护法运动
86　义和团运动　　　　　　　99　新文化运动
87　八国联军侵略中国　　　　100　五四运动
88　《辛丑条约》的签订

【思考练习】

1. 什么是学术论文？
2. 怎样收集学术论文的资料？
3. 写出有创新意义的学术论文的关键在哪里？

【作文题目】

1. 我看于丹的《论语》心得
2. 浅谈我国高等教育产业化的趋势

第十二章　求职信与应聘信

一、求职信、应聘信的含义

求职信与应聘信都是向用人单位自荐谋求职位的专用书信，不同的是，求职信是求职人根据自己的条件和意向，向可能聘用自己的单位所写的书信；应聘信是已经获知用人单位正在招聘人员的情况下所写的书信。其写作要求大致相同。

二、求职信、应聘信的特点

（1）针对性：为了达到求职目的，要研究自荐过程中可能遇到的情况，从用人单位和自身条件入手，认真、客观分析自己的优势和劣势，要分清主次，突出重点，有的放矢地加以表达，与求职无关的话不要提。

（2）自荐性：要让一个对你一无所知的人或组织，凭一封求职信就了解你、信任你，乃至录用你，难度是很大的。要实事求是地自我推荐，把自己的长处和优势客观地、清晰地、充分地表达出来，既不夸大，也不过分谦让，让用人单位受到你自信的感染，从而获得一个良好的印象。

（3）竞争性：要想在激烈的竞争中取胜，须对用人单位的特点、求职岗位的要求、自身的条件进行具体的分析与归纳。要勇于挑战，竭尽全力去竞争。

三、求职信、应聘信的写作格式

（1）称呼。如果不知道用人单位主管者的姓名，可以称主管者的职务称呼，如"人事部部长"，也可在职务前加上"尊敬的"等修饰语。

（2）问候语。一般不用亲切的问候语，通常用"您好""打扰了"等开头。

（3）正文。这是求职信的重点，要写得紧凑、合理，具体写明自荐目标，选择对方单位的理由可以简述，重点介绍自己求职的各种有利条件，以引起对方的注意与兴趣。

（4）结尾。要写得非常简洁，一是可以再次强调自荐的目标和希望对方给予答复的期盼，二是告知对方自己的电话、通信地址和联系方式等。

（5）署名、日期。署名在结尾右下方，署名要端正、清楚，不能写得龙飞凤舞，使人难以辨认。署名下一行写日期，要把年、月、日写全。

（6）附件。一般包括个人简历，所学专业课程一览表，各科成绩表，各类获奖证书和有关证件，发表的论文、论著，学校有关部门的推荐意见以及教授、专家的推荐信。附件的作用有时比求职信本身更大，千万不可忽视。下面请看两个写得较好的例子：

策划部经理×××先生：

您好！

读了本市几家报纸对贵广告公司的连续报道，我对贵公司艰苦创业的精神深感钦佩。贵公司为产品所作的广告策划真是令人叫绝，足见贵公司是一个有相当实力和前途的广告公司。听说贵公司缺少文案策划人员，本人有意申请这个职位，成为贵公司的一员。倘能如愿，实在感谢！

本人姓×名××，男，23岁，是××大学广告专业2003级毕业生。曾在报社广告部实习，从事广告策划工作，有多种作品面世。其中关于《应用写作》一书的策划案获得全国广告策划比赛鼓励奖。如能加盟贵部，我可在文案策划方面作出成绩，促进贵公司广告运作更上一台阶。

本人身体健康，为本市户口。家住×××路××号，联系电话××××××××。

兹附上身份证、毕业证、获奖证书及作品复印件，请查照。

顺致

敬礼

求职人　×××

2007年3月3日

尊贵的×××公司营销部经理：

贵公司的招聘启事为一个刚刚离开校园的青年提供了诱人的机会，能为您所在的广有影响的公司进行关于消费者的研究，简直是我最喜欢的工作了。下面谈谈我自己的情况。

我今年22岁，相貌端正，与人关系融洽。我好询问，好分析——喜欢将事情搞得水落石出。我机敏俏皮——有让人说真话的本事。这些品质加上热情、恒心和吃苦耐劳的精神，能够使我——一个初学者的工作得到你们的满意。

今年7月，我毕业于××商学院，主修市场营销专业。我的老师给我写了评价很高的推荐信。我希望能有机会把这封信给您看看。

随信附上明信片，上面有我的通信地址，希望能用它通知我和你们会晤的时间，如愿打电话，我的电话号码是××××××××。

另附上我在校期间的成绩一览表，以及论文的复印件。

敬颂

安祺

×××谨上
2007年×月×日

四、简历的撰写

（一）成也简历，败也简历

简历是求职者谋求职位的第一个武器，也是最重要的武器，简历做得不好，有再强的面试技巧和沟通表达能力也是很难找到工作的，简历若失败若你获得面试的机会将会是零。写简历有以下各方面的要求：

（1）简洁。简历，当然就是要"简"。俗话说专科生的简历是一堆，本科生的简历是一本，而研究生的简历只是一页，越是简单的简历含金量越高。我们几个同行曾经一起计算过，一个招聘专员一天就算是8个小时都在看简历的话，工作一整天至多也就能看完400份左右的简历，而真正花在每份简历上的时间，平均算下来可能只有几十秒钟，要在这点时间里看完一部中篇的个人传记并且总结出要点来是不可能的。所以求职者在制作简历时要尽量求简，一般说来一页纸便足够了，那种太厚太繁杂的简历是会被直接淘

汰掉的。

（2）姓名。一份简历的开头首先应该清楚地标明求职者自己的姓名。有的时候我们经常会看完了一份简历却找不到求职者的名字在哪里，也许你确实写在简历里边了，但是招聘人员是没有时间去玩捉迷藏的游戏，所以你只有被淘汰掉。另外有的求职者喜欢在自己的名字后边加上"先生""小姐"之类的称谓，其实这样很没必要，反倒会让招聘人员觉得你在遮遮掩掩或扭捏作态，不够坦诚，甚至判你出局。

（3）应聘职位。简历的开头部分还应该清楚地注明自己应聘的职位。在这里要特别提醒求职者的是，针对同一家公司最好不要同时应聘多个职位，至少不要应聘同一个部门的不同职位，否则你只会给招聘人员留下没有明确目标和定位的不良印象。同样的道理，当求职者说句希望做什么工作时，最糟糕的回答就是"我什么都能做"或者"我什么都想尝试一下"。

（4）联系方式。求职者还应写清自己的联系地址和通讯方式。曾经有求职者因为没有写明自己的联系方式或者没有把它放在醒目的位置，以至于招聘者本来已经对其有兴趣却不得不选择放弃。因为这样的原因而失去面试机会的求职者是最可惜的。

（5）经验背景。简历的开头说明了自己的简单情况，接下来就是要证明自己为什么能够胜任这份工作了。对于这个部分通常被关注的是求职者的工作经验和专业背景，只要这两个方面能够大致符合该职位的招聘需求，求职者一般是能够获得面试机会的。这些内容同样还是需要精简，挑选自己最重要和最符合应聘职位需求的工作经历简单介绍一下，最好再把自己的具体工作内容适当地描述一下就行了，别的经历则是能省则省。有的求职者，特别是大学毕业不久的求职者喜欢把大学期间林林总总的社会实践和实习经历都一段段地写在简历当中，其实这样只会让人在粗看之下觉得你的工作经历杂乱，每份工作做不了多长时间且频繁跳槽，最终遗憾地失去面试机会。

（6）关键字。要引起招聘人员对自己简历的关注，求职者就需要学会在简历当中恰当突出关键字来吸引人的眼球。而招聘广告当中所列举出来的职位要求和职位描述就是最好的关键字，如果自己有符合的地方，就要毫无保留地写出来，与职位需求符合得越多，获得面试的机会也就越大。另外，一些著名的公司、企业甚至是应聘公司的竞争对手都是能够赢得注意的关键词，比如为某某公司做过什么项目，与某某公司合作过等等。此外，如果是应届毕业生的话最好能够在简历里附上自己的大学所学课程尤其是各科成绩单。

（二）应届毕业生如何写简历？

应届毕业生写简历时应该强调自己在学校参加的一些社团活动和科研项目，在校外进行的社会实践。好的卖点有优异的学习成绩、所获的特殊奖项、成功组织的大型社团活动、完成的科研项目和自己的一些特殊才能。

每个人都是从无到有，慢慢积累经验的，应届毕业生面临的是所有在职人士曾经经历过的问题。应届毕业生的简历要给人留下深刻的印象，应具备四个方面：学术（如成绩、奖学金）、技能（如高级口译证书）、校内活动（如组织大型社团活动）、实习经历（如大公司的实习经历）。应届毕业生虽无工作经验，但他们可塑性强，善于学习，富有创新精神，这正是一些跨国公司所看重的。

（三）只有用心的简历，没有万能的简历

C先生从千里之外追寻梦想，单枪匹马闯职场。由于学的是新闻，所以C先生的目标直指媒体。虽然C先生的职场起点并非媒体，而是市场，但他是幸运的，如今正在国际知名媒体中做着自己喜欢的工作，并不断提升自己的目标。下面我们来看他对简历写作的经验：

简历是用来获取面试机会的。C先生的简历从来就是两页：一页中文，一页英文。在简历的写作上，他认为"只有用心的简历，没有万能的简历"。

他不像有些人，只有一个简历，并且试图通过这个"万能简历"叩开人力资源主管的心房。他是先找到感兴趣的职位，觉得适合自己，然后再着手做简历。

他最大的感受就是——简历的写作要有明确的针对性。有些人喜欢只做一个简历，然后什么工作都用这个简历，这种方法大多是失败的。因为任何不同的工作，对人的要求都是不同的，所以制作简历时一定要清楚这个工作需要什么，然后他再在简历中告诉用人单位，你们的要求我一一符合。

他的做法是这样的，准备了两种类型的简历：一种是万能型的，就是一般的简历，看到有些职位自己够格，但又不是心仪的，就可以比较随意地发过去。第二种就是"特别制作"的，针对自己心仪的公司，他会仔细地看公司的招聘广告，分析其工作职责和用人要求，了解公司文化等其他内容，然后有针对性地修改简历。他觉得这样做，一方面可以让用人单位一目了然，觉得你符合他们的要求；另一方面会让用人单位感觉出你的诚意，因为

你特别为这个公司这个职位做了一个新简历。

他到上海的第一份工作是在一个市场咨询公司做市场研究员。公司当初的招聘要求非常清楚，英文优秀，擅长写作，具有市场调研经验，对市场有一定的了解。因此他做简历时，对以上要求一一满足：他有英语专业八级证书，在大学发表过作品，惟一欠缺的是"市场调研经验"，但他曾经做过一次市场访问员，虽然只是偶尔的一次，但其实很重要，同样能写在简历中，这样既表明了我有过这个经验，又表明了我对这个行业的兴趣。同时，他还在简历中表示，他在大学时学习过市场的有关课程，而且成绩很好。因此，他本来可以说是在"经验"这项乏善可陈，可他根据自身特点，花心思在简历中增加了这些东西，最后不但得到了面试机会，而且顺利进入了这家公司。

五、细节决定成败

对于求职者来说，还要注意的一点就是细节，尤其是对那些进入面试环节的求职者。在结构化面试技巧中，有一种称之为"望闻问切法"，其中的"望闻"应该说对求职者也有指导意义。望，指的是面试官要注意应聘者的体格、面目、动作；闻，指的是面试官要注意应聘者的语气、语速、语调。这些都是细节，而如果求职者注意到了，无疑就会为自身求职的砝码增加重要。如果你应聘的时候脚尖不停地点地，表示你有焦虑或不耐烦的心理；交谈时眼睛左顾右盼，不与面试官对视，就表示你对自己不够信任、不安或者在说谎。这些行为心理学的分析很多面试官都将其运用到对招聘者的考核中，这也都是一些平常人不大为人注意到的小细节。所以如果你细节都注意到了，做好了，那你的优势立现，赢得自己理想的职位就指日可待了。

【例文选读】

应届生可能会遇到的面试问题

1. 我们为什么要雇请你呢？
2. 你认为自己最大的弱点是什么？
3. 你最喜欢的大学课程是什么？为什么？
4. 你最不喜欢的大学课程是什么？为什么？

5. 你在大学期间最喜欢的老师是谁？你为何喜欢他（她）？
6. 你能为我们公司带来什么呢？
7. 最能概括你自己的三个词是什么？
8. 你为什么来应聘这份工作？
9. 你对加班有什么看法？
10. 你对我们公司有什么认识？
11. 你是怎么知道我们招聘这个职位的呢？
12. 除了工资，还有什么福利最吸引你？
13. 你参加过什么业余活动？
14. 你参加过义务活动吗？
15. 你心目中的英雄是谁？
16. 你有什么问题吗？
17. 你为什么还没找到合适的职位呢？
18. 你最近看过的电影或者小说是什么？
19. 你的业余爱好是什么？
20. 你怎么看待要向比你年轻的人或者是女性汇报呢？
21. 你想过创业吗？
22. 卖这张桌子给我。（如果应聘销售或者市场之类的职务会常碰到这类问题）
23. 作为被面试者给我打一下分。
24. 告诉我三件关于这公司的事情。

求职信

尊敬的领导：

　　您好！

　　首先请允许我向您致以真诚的问候和良好的祝愿！非常感谢您在百忙之中审阅我的求职材料。我是××学校计算机及应用专业的毕业生（实习），现在离开母校，即将踏入社会大学，心情是那样地兴奋又傍徨。我渴望一个新生活舞台，找到一个适合自己并值得为其奉献一切的工作单位。

　　我××××年出生于××市××××的一个水果之乡，一个充满温馨的家庭，父母让我从小养成刻苦耐劳、谦虚谨慎、热情待人、朴实诚恳的生活态度。在四年的大学本科生涯中，我刻苦学习，力求上进，一直凭着"没有最好，只有更好"的准则为之奋斗，取得优异的成绩，奠定了坚实的计算机基础。我学过的课程有：Authorware 、Office 2000、AutoCAD 、Photoshop、Visual FoxPro、Visual Basic 、微机组装、网页制作等。我工作认真负责，在班级担任劳动委员、早操评分员，曾担任学生社团电脑俱乐部组织部副部长、英语沙龙委员，在学生会担任卫生部副部长一职，被评为"优秀学生干部"的荣誉称号。我是一个爱运动的男生，常常喜欢在课余的时候去打打球，我拥有健康的体质。

　　在激烈的人才竞争中，虽然我只是一名普通的大学生，但我有颗真挚的心和拼搏进取的精神。虽然我刚从学校毕业，没有实际的工作经验，但我相信像贵单位那样重能力、重水平、重开拓、有远见的单位，一定能把能力、水平与经验等同视之。给新人一个显身手的机会，希望贵单位能给我一个机会，能考虑我，我迫切希望早日成为贵单位的一员。

　　如我有幸成为贵单位的一员，将严格遵守单位的各项规章制度，发挥自己的聪明才智，开拓创新，创造业绩，以报答贵单位对我的信任！（另随表附上个人简历等复印件）

　　祝贵单位事业蒸蒸日上！

　　此致

敬礼！

求职者 ×××
2007 年 × 月 × 日

应聘信

××公司人力资源部：

　　从报上看到你公司招聘市场营销员的启事，我衡量了自己的条件，认为比较符合你们三个招聘要求，特此写信应聘。

　　首先，我是中专营销专业的毕业生，并已在一个企业做过两年市场营销工作，对市场比较熟悉，有一定的营销经验，如蒙录用，可以比较快地进入工作岗位，省去培训的时间。第二，我虽然快 31 岁了，但离你们不超过 35 岁的要求还差 4 岁。但我身体比较健壮，生在农村，爬山走路都不会落后于小青年，而且年纪大点，也就比较老练，尤其是做营销，大有大的优点。第三，我有一个孩子，放在乡下由我父母亲照顾，他们一向支持我工作，我丈夫也在城里工作，并有一间租房，因此没有后顾之忧，也不会给企业增添麻烦。

我对每月的工资没有过高的要求，相信只要我们努力工作，今后企业发展了，生意更好了，员工的待遇一定也会提高的。只是有一个要求，遇到节假日最好不要安排加班，让我回去看看孩子，尽几天母亲的责任。

以上情况供你们录用时参考，如蒙聘用，一定努力工作，不负厚望。

应聘人×××
××××年×月×日

联系地址：本市××路××宿舍201室转。

附：简历、身份证、中专毕业证书复印件各一份。

【思考练习】

1. 写好简历要注意哪些方面的问题？
2. 求职信的格式是怎样的？
3. 面试时经常会遇到哪些问题？

【作文题目】

1. 给美的电器有限公司公关部的求职信
2. 给伟创立公司营销部的应聘信

第十三章 市场调查与市场预测

一、市场的含义

供需双方在一定的场所通过货币进行商品交换，就形成了市场。

下列三个方面关于市场的含义，哪个是广义的？哪个是狭义的？

（1）双方进行商品交易的场所。它指一个空间概念，在这个场所集中了卖主和顾客。

（2）某类商品的购买者集团。它指产品用户或消费者。

（3）社会产品从生产者转向消费者的一个流通过程，即：在一定场所或一定地理区域购销，双方采取各种不同的交换方式，使物品或劳务发生转移。它指商品交换行为，它体现的是一种商品交换关系，或不同的生产资料所有者之间的经济关系。

二、市场调查的作用

市场调查是现代咨询活动的一个重要领域，它是运用科学方法收集、处理和分析有关市场信息，提出市场营销计划或活动方案，为科学决策提供依据的过程。或者说，对市场上供给与需求的实际情况进行调查后所形成的书面材料就是市场调查，或称为市场调查报告。

1. 了解消费者需求

商品生产的根本目的是满足民众日益增长的物质和文化需要。通过对消费者消费行为、态度的研究，了解消费者对某种产品或服务的需求，使企业在进行产品开发、设计、改进时，能充分考虑消费者意见，最大程度地满足消费者的需求。

2. 解决供给与需求矛盾

供给与需求是市场上的一对中心矛盾。如果供大于需，就会造成买方市场。供给者就要以削价等手段争取市场，从而造成少盈利或不盈利，甚至亏损的后果。如果供小于需，就会造成卖方市场，就会出现需求者买不到商品，或者商品提价，使需求者的利益受到损害。通过市场调查，及时把握市场的供需情况，是保证供需平衡的重要手段。

3. 了解竞争产品市场表现

企业产品要稳固地占领市场，提高市场竞争力，必须了解竞争对手产品目前的价格、促销等策略，分析市场细分状况，寻找适合本企业发展的目标市场，恰当进行产品定位，这样才可以知己知彼，在竞争中占有优势。

4. 评估、监测市场运营状况

企业营销决策方案一旦形成，就须要不断地监控实施效果。企业营销管理者须要通过市场调查，获知市场经营状况的及时反馈，了解某一种营销策略的执行情况，及时进行方案调整，否则可能会带来不必要的资源浪费。

5. 发现市场空缺和市场机会

市场竞争环境下的企业，必须不断地寻找增长点，因而企业须要不断通过市场调查，获得消费者现实需求与理想需求的差距，分析市场空缺，准确把握市场机会。

6. 分析行业发展态势

企业的一个新概念产品如何进入市场，企业如何树立品牌形象并拥有持久高价值的品牌资产，这须要以市场调查为基础制定的市场营销策略。

三、市场调查的基本内容

1. 有关消费者的情况

消费者的购买行为、动机以及有关消费者需求的变化规律，成为市场调查的重中之重。了解消费者的全部是成功营销的奠基石，也是企业扩大生产稳步发展的根本依据。

（1）需求和欲望的调查。对于消费欲望的调查，至少有两个方面的内容：一是对消费者需求内容和消费者资金投向的调查，二是对于消费倾向的量的调查。消费倾向是个综合性的指标，它综合反映了在一定收入水平条件下，消费者消费意愿的大小。它又分为两种形式：一种是平均消费倾向

（APC），即消费支出平均占消费者收入的百分比及其构成；另一种是边际消费倾向，即收入每增加一个单位，消费倾向增加的比例。

（2）消费观念的调查。企业应该调查了解消费者关于储蓄、娱乐、休闲、家庭、父母、儿女、朋友，以及对人生、工作、生活、社会等重大问题的看法和态度。不同的价值观念，带来不同的消费模式。这就要从社会行为学的角度研究不同购买者群体的特点。

（3）购买者认识过程的调查。购买者认识过程的调查主要是调查顾客对于商品的认知过程。一是调查消费者从刚刚接触产品时的感觉，到知觉、认识、记忆、联想，再到最后购买的个体心理活动过程；二是调查企业的各种市场营销策略和促销方法，对消费者购买行为和认识过程产生的影响；三是可以从其他学科的角度，对顾客的认识过程进行调查和研究，例如，从经济学、社会学的角度进行调查等。

2. 有关产品情况

消费者对本企业的产品质量、性能、价格、交货期限、技术服务方面的评价、意见和要求；产品在市场上的地位、占有的比率上升还是下降；产品包装是否安全、轻便、美观、方便运输；厂牌商标的效果；消费者对产品使用方法是否正确等。

3. 有关销售情况

本企业产品的销售状况，影响销售的因素；现有销售能力是否适应需要，如何扩大销路，提高销售能力，现有销售渠道是否合理，如何减少中间环节；产品的销售成本与销售收入的比率；产品的仓储、运输成本、运输路线的情况；广告的效果、广告费用等。

4. 有关市场需求情况

市场潜在需求量；本企业在不同市场的占有率、竞争者的分析；对方产品在市场中的地位、作用，从对比中发现的优劣长短，本企业如何扬长避短发挥优势；市场变化的情况及发展趋势；国际市场的要求打入或巩固市场的策略等。

四、市场调查的种类与方法

1. 市场调查的种类

按空间，分为国际市场调查与国内市场调查。

按品种，最多的是商品市场调查，之外，还有金融市场调查、证券市场调查、劳务市场调查等。

按内容，分为综合调查与专题调查，还有普查、抽样调查、典型调查、重点调查等。

2. 市场调查的方法

（1）全面调查法。对市场所有要素进行全面调查，以便掌握市场整体趋势和存在问题。这种全面调查法，也叫普查，例如我国人口普查。这是一种耗费时间长，人力物力花费巨大的调查，一般不宜采用。

（2）重点调查法。根据调查研究的目标的和主题，选择重点或特定对象进行深入调查。

（3）个案调查法。以消费者个人或家庭作为调查单位，调查消费者的消费心理、购买动机、购买力和购买行为。

（4）典型调查法。根据调查性质和目标，有意识地选择典型作为调查对象进行调查。

（5）抽样调查法。根据一定的规则进行抽样调查，分随机抽样和非随机抽样两类。随机抽样包括简单随机抽样、分层随机抽样和分群随机抽样；非随机抽样包括系统抽样、定意抽样和配额抽样等。

典型调查是根据调查人员主观选定的，而抽样调查是按照一定的规则取样，此为二者的区别。

（6）专家调查法。通过召开专家会议或函调方式，听取专家的意见和判断。

在实际的市场调查研究过程中，应根据具体调查目标和对象的不同而采用不同方法。要求调查范围广泛，可采取全国调查法。要求调查深入，可采取个案调查法。要求调查结论具有一定权威性，可采取专家调查法。

调查的具体做法多种多样，往往选择这些途径：

（1）询问法。采取走访、电子函件、手机短信息、电话联系等方式询问。

（2）观察法。由调查人或被调查人使用照相机、摄像机、录音机等器材，在现场观察并记录市场现象收集资料。

（3）实验法。某一产品在改变品种、包装、设计、价格、商标、广告时，在小范围中试用或使用并调查。

五、市场调查问卷的编写

真正扎实的市场调查都要编写问卷进行调查。

编写市场调查问卷，是一项技术性工作。问卷可以编写成以下六种类型：

（1）自由问题。在与被调查者自由交谈中提出问题。问卷上不拟定答案，应答者可以自由发表意见，这种提问题方式可以收集到事先估计不到的资料。

（2）二项选择题（也叫是非题）。回答项目只有两个，应答者选择其中之一。此方式的优点是判断明确，调查的问题可多一些，也省时间。缺点是应答者不能表示出意见的具体程度。

（3）多项选择题。所提出的问题，事先拟好答案，请被调查人从几个答案中选出一个。这种提问题的方式避免了强制性，也容易统计。

（4）事实性问题。这种类型的问题，主要目的在于收取事实资料。例如被调查者个人的职业、收入、居住环境、受教育程度等。

（5）序列题。即列出几项，由被调查者依照自己的爱好看法，判断高低优劣等级顺序。

（6）意见题。有时常要征询应答者对有关问题发表意见和表示态度，可以设计意见题。意见题还可以采用跟踪调查的方法，事先确定一些购买本企业产品的顾客，记下他们的住址，作为被调查的对象建立一些卡片，然后登门走访，或以书信联系征询调查者对企业产品的意见和看法。

六、市场调查提纲

进行市场调查，事先要写好调查提纲。提纲要写明三个内容：

（1）调查目的。首先确定调查什么，为什么调查，要解决什么问题。

（2）调查项目。围绕调查目标，要调查哪些项目，并确定好关键的调查项目。

（3）调查方法。在什么地方调查，什么时间进行调查，被调查者是谁，被调查人数，调查以何种方式进行。

七、市场调查的写作结构

（1）标题。写市场调查，首先要根据调查的目标、内容和范围命题。命题也就是给市场调查起个名称。因为题目必须决定调查的目标、内容和范围，有一种规定性，所以叫命题。如《深圳市商品市场针棉织品销售量的调查》、《南方软件园在国内市场地位的调查》。

也可以直接提出问题，指出调查的意义。如《北京市自行车市场进入饱和期》、《出口商品包装不容忽视》。

（2）前言。写出调查的时间、地点、对象、范围、目的，说明调查的主旨和采用的调查方法。也可以介绍全文的主要内容和观点。不写前言也可以。

（3）正文。情况部分，一般情况可以用叙述方法加以介绍，具体情况也可以用数字、图表和图像加以说明；预测部分，分析研究调查得到的结果，预测市场的发展变化、建议或决策部分，提出建议或措施。

（4）结尾。凡有前言的调查，都应照应开头，起归纳、收束的作用，或者重申观点，以加深认识。

八、市场预测的含义

对某类或某种商品市场销售的发展变化趋势进行测算和推断的文章叫市场预测。预测就是预计推测，它是建立在实践基础上的科学推算。就经济预测来说，人们关心和重视的首先是市场预测。具体来说，市场预测是在市场调查的基础上运用预测的理论、方法和手段，对过去和现在的信息进行加工，对市场商品的供求发展趋势以及与之相联系的各种因素，进行调查、分析、预计、判断和推算，特别是对企业某种产品的市场销售量的前景，作出量的判断，所以市场预测主要是指需求预测。

市场预测，实质上也是一种调查，所不同的是相对较多地运用统计资料和数学计算。随着数学方法在管理中的应用，以及大量资料的积累，近二十年，在国外，预测技术已进一步发展成为一门独立的学科。

理解下面这些话的意思，谈谈你对预测活动的认识。

（1）凡事预则立，不预则废。

（2）预则祸不生。

（3）生死之地，存亡之道，不可不察也。

（4）人无远虑，必有近忧。

（5）鉴往知来。

（6）无限的"过去"，都以"现在"为归宿；无限的"未来"都以"现在"为渊源，过去未来皆是现在。（李大钊语）

（7）新的经济危机必然紧跟在目前工业和商业中的繁荣后面，最晚在一八四七年爆发，但是也许在明年爆发。（恩格斯语）

下文是世界上最早的一次市场预测，我们可以从中感受市场预测的重要性。

公元前六七世纪的时候，希腊哲学家塞利斯根据气象条件的研究，预测"油橄榄"将获得大丰收。然后他把米都斯和开奥斯这两个城市的榨油机控制收买下来，等油橄榄收获之后，再把榨油机租出去。由于控制权被他垄断，租金自然很高，塞利斯因此发财了。

九、市场预测的内容

需求预测的重点是分析研究和测算市场供求的发展趋势，所以市场需求预测的写作，应包括下面九个方面的内容。

（1）对市场占有率，就是预测某一种产品在市场上占有的比重、变化情况和发展趋势。包括产品品种、花色、型号、价格、质量、数量。

（2）对市场潜在需求的预测，就是产品逐年的需要量是多少。例如：生产能力、产量、能源、原材料、播种面积、牲畜存栏、出栏、销售、收购、调拨库存、利润、价格等。

（3）对潜在供应的预测，就是供应市场的可能来源有哪些？发展情况如何？同类企业的竞争对手情况如何？

（4）对市场购买力的预测，就是市场上现有购买力大小和投向以及潜在购买水平情况，消费结构情况。包括消费水平、消费习惯、季节性需求的变化等。

（5）对产品寿命周期的预测，就是产品发展水平，处在何种阶段？包括试销期、畅销期、饱和期、滞销期、淘汰期的全过程。如电视机、录音机、手表、自行车、洗衣机、缝纫机、高压锅、住宅等，这些商品用的时间较长，消费者有了之后，不会再来购买。当消费者拥有量趋向饱和时，销量就会急剧下降，所以要预测产品寿命的周期，来指导产品的生产发展。

（6）对新产品发展的预测，就是预测新产品的发展方向，新产品的结构变化等情况，包括消费者对商品的品种、质量、型号花色、价格、包装的需要和趋势，比如普通彩色电视机被等离子电视机代替，非数字化的彩电已不被欢迎，应该制造多少英寸的，最好应该在哪些方面突破？

（7）对产品价格变动趋势的预测，就是预测价格涨落情况、发展趋势。在现阶段中国所有的商品都存在预测价格涨落的问题，大多数认为肯定是持续上涨，但不同的商品涨的幅度不同，什么东西涨得多，什么东西涨得少，公司就是根据预测来屯集或进回商品，做利大的生意。

（8）对产品库存预测，就是预测产品库存增减情况。这很明显存在一种竞争。例如延安市有十家商店大量库存高压锅，那销售量就会受到影响。还如物流行业在我国正在发展，发展的速度非常迅猛，各种快递公司一夜之间多如雨后春笋。

（9）对经营效果的预测，就是对本企业以及各个时期各种产品经销的经营效果进行预测。

十、市场预测的方法

市场预测，要重点掌握规范性预测的方法。

1. 探索性预测

是把预测对象从过去到现在的趋向线，用一色的分法（如类推法、趋势外推法等）延长到未来。这类预测方法，只预测对象未来发展的各种可能性，而对影响它未来发展的一些规范性因素（如社会的要求、希望和限制条件等）往往不加重视，因此这类预测只考虑可能性，不考虑可行性。它一般不提供如何促使预测对象未来发展的可能性，变成现实的途径。

2. 规范性预测

也叫目标预测，它是根据社会的未来需要和目标、价值、条件限制等规范性因素，对预测对象未来发展的可能性和可行性，进行分析预测。规范性预测，必须是既定目标或目标明确的预测活动，它不但预测根据社会需要和其他规范条件，预测对象应朝什么目标和方向发展，而且预测为了实现这一目标，应当采取何种措施和手段。探索性预测和规范性预测的主要区别是，前者是建筑在可能的基础上,后者是建筑在需要的基础上。

3. **反馈性预测**

探索性预测和规范性预测目标互相补充,两种预测处于一个不断反馈的统一整体中,构成了反馈性预测的预测方法,因而这种预测活动要复杂一些。

4. **直观性预测**

这种预测方法是通过对预测对象外部和表象的直观感觉和了解,利用人的直观能力判断和思维,去预测对象的未来,这个方法简单易行,应用的历史比较久。

按预测的范围分类,判断下列两组预测分别属于哪一种?

(1)"今人有五子不为多,子又有五子,大父(祖父)未死而有二十五,是以人民众而货财寡,事力劳而供养薄。"(韩非子《五蠹》)

(2)"如果我国从现在(1980年)起逐步普及一胎化,到1986年全国实现一胎化。那么……到2000年达到最大值10亿5 000万。"(宋健《关于我国人口发展的适量研究》)

十一、市场预测的结构

1. **市场预测的标题**

市场预测标题包括预测的时限、预测的区域、预测目标和文种四要素。例如《2007年全国社会商品购买力投向预测》,这里的"2007年"是时限,"全国"是预测的区域,"社会商品购买力投向"是预测的目标,"预测"是文种。有些市场预测的标题,不是四要素俱全,例如《羽绒衣销售量将继续增长》、《床上用品产销趋势和预测》等。但市场预测的标题,都必须有"预测目标"。

2. **市场预测的正文**

主要根据市场调查分析过程来组织文字。

(1)数据资料的处理。精心选择、组合和处理收集来的数据资料,然后用文字或表格反映出来。

(2)分析与计算。从已有的数据资料中具体分析计算,从中预测未来市场的发展变化。

(3)结论和建议。结论和建议体现市场预测的目的要求。

（4）结尾。写上预测单位或个人。

【例文选读】

校园化妆品市场调查问卷

1. 您的性别（分析男女化妆品消费的异同）
男　　女
2. 您了解自己的皮肤状况吗？
了解　　不了解
3. 您重视皮肤护理和保养吗？
重视　　一般　　无所谓
4. 使用化妆品主要目的：
健康　　美丽　　礼貌　　其他
5. 您的皮肤类型是什么？
油性　　中性　　干性　　混合性
6. 您每学期的平均消费总支出为（请您如实选择）
2500 元以下　　2500~3500 元　　4500 元以上
7. 您每学期的平均美化妆品消费总支出为　　　元。（数字范围：0 至 100000000）
8. 您所购买的化妆品价格一般为？
50 元以下　　50 至 100 元　　100 元以上
9. 您购买化妆品的渠道：
品牌店　　网购　　超市　　其他
10. 假如您去购买护肤霜，您会主要考虑的因素有：
功效　　价格　　质量　　时尚　　品牌　　其他
11. 您选的化妆品店吸引您的特点：
品种多　　环境好　　态度好　　质量好　　价格合理　　服务周到　　售后服务　　其他
12. 您对你身边男士用化妆品有何态度？
赞成　　不赞成　　无所谓　　反感
13. 您购买过的化妆品类型（不一定是自己用，可以是作为礼品）

保湿霜　　防晒霜　　洗面奶　　面膜　　粉底　　唇膏　　美白

眼霜　　祛痘　　洗发液　　护发素　　啫喱水　　护手霜

剃须水　　指甲油　　彩妆　　香水　　其他

14. 您平时所使用的化妆品品牌？

Adidas　　兰蔻　　小护士　　佳雪　　欧莱雅　　美宝莲

玉兰油　　雅芳　　美加净　　大宝　　资生堂　　其他

15. 不同的季节您对化妆品的需求类型和品牌——春夏秋冬：

房地产营销市场调查问卷

1	性别	A	男	B	女
2	年龄	A	24岁以下	B	25~29岁
		C	30~34岁	D	35~39岁
		E	40~50岁	F	50岁以上
3	婚姻状况	A	未婚	B	准备结婚
		C	已婚无子女	D	已婚有子女
4	职务	A	单位/企业领导	B	单位/企业中层管理人员
		C	职员/一般职工	D	专业人士/技术人员
		E	个体/私营业主	F	其他
5	学历	A	研究生	B	本科
		C	大专	D	中专/中专以下
6	个人经济收入（月）	A	800元以下	B	800~1200元
		C	1200~2000元	D	2000元以上
7	家庭经济收入（年）	A	2万元以下	B	2万~3万元
		C	3万~5万元	D	5万元以上
8	现在居所在何处		新罗区市区内		郊区
			郊区城镇		周边县城
8	您现在的居住形式	A	租房	B	单位房
		C	居住父母家里	D	自己购房
		E	居住朋友家中	F	其他
9	现住房情况	A	居住面积80平方米以下	B	居住面积80~100平方米
		C	居住面积100~150平方米	D	居住面积150平方米以上
10	您在近期内，是否有置房打算	A	没想过	B	有购房打算
		C	已购买一套，近期无购房打算	D	暂无打算

第十三章　市场调查与市场预测

续上表

11	您对置房出于何种考虑	A	结婚	B	对现在居住条件不满
		C	为子女考虑	D	投资
12	您购房时，喜欢的付款方式	A	一次性付款	B	银行按揭
		C	分期付款	D	其它
13	如果您购买一套商品房，所承受的价位	A	15万元以内	B	15~20万元
		C	20~30万元	D	30万元以上
14	如果可以按揭，您可以接受的首付款为	A	5万左右	B	6万左右
		C	7万左右	D	8万~9万左右
15	希望购房面积	A	80平方米以内	B	80~120平方米
		C	120~150平方米	D	150平方米以上
16	喜欢的结构	A	普通商品房	B	现代错层结构
		C	实用复式结构	D	豪华楼中楼
17	喜欢的户型	A	一房一厅	B	二房二厅
		C	三房二厅	D	四房二厅
		E	五房二厅	F	其它
18	心理预期购房价格	A	1200元/平方米以下	B	1200~1400元/平方米
		C	1400~1600元/平方米	D	1600元以上
19	购房过程中您最看重的是哪一个因素	A	地段	B	价格
		C	小区内外环境	D	建筑外观和建筑质量
20	小区内环境要求	A	无所谓，价格合适就行	B	要求配套设施齐全
		C	要求物业管理完善	D	有一些配套设施，但价格不要太高
21	周边环境状况要求	A	无所谓	B	清静优美，离市中心远一点没关系
		C	热闹繁华的市中心	D	周边有市场、学校、公交车等设施
22	希望购房地段	A	热闹繁华的市中心	B	市中心，但闹中取静
		C	郊区优美安静地段	D	城郊结合地段
23	平时常去的休闲场所				
24	常看的报章杂志				
25	常看的电视频道				

233

大学生写作能力教程

【思考练习】

1. 什么是市场调查？什么是市场预测？
2. 世界上最早的市场预测大约发生在什么时候？具体是怎样的？
3. 常用的预测方法有哪几种？

【作文题目】

1. 2007年深圳市空调销售量调查
2. 珠三角供电用电调查
3. 东莞市移动电话用户调查

第十四章　广告策划与文案

一、广告的含义

什么是广告？在《经济大词典·工业经济卷》中对广告的解释是："为了某种特定的需要，通过一定形式的媒介，公开而广泛地向公众传递信息的一种手段。"这里的"媒介"，指的是与广告宣传对象之间起媒介作用的物质。广告的范围一般包括商品与劳务两大部分，商品与劳务是构成市场活动的物质基础，广告活动总是与市场活动紧密结合在一起的。

从以上的定义看来，广告的范围很广，可以把它分为广义和狭义两种。从广义上讲，不论是口头方式还是用文字图画方式进行的商品和劳务的公开宣传，都可以称为广告。商品交换中的口头叫卖，就是一种口头广告。俄语里"广告"一词，来源于拉丁文，原意是"我大喊大叫"；英语中的"广告"一词，是在十七世纪中叶英国开始大规模商业活动时期逐渐流行的，它的原意是"商业上的告示"。从狭义上讲，广告指用文字图画等方式进行的商品和劳务的公开宣传，媒介是网络、报刊、广播、电视等。现代的商品广告是商品产销之间的起促进生产、扩大商品流通、指导商品消费的沟通作用，是市场营销的组成部分。

现代广告已经发展成为一门专门性的学科——广告学。广告学研究广告活动的客观规律，它涉及到经济学、市场学、商品学、心理学、社会学、美学等多种学科。广告在文字、图画、色彩、造型等方面都要讲究艺术性，一幅好的广告画，往往就是一幅精美的艺术品。日本人把广告公司既看作一个经济团体，又看作一个文化团体，从这个意义上说，广告学又是一门艺术。

现代社会，哪里有商品的竞争，哪里就有广告。

二、广告的作用

（1）可以起到指导产品流向，调整生产幅度，实现产销直接见面，使产销对路，加强各路经济组织的横向联系的作用。

（2）有利于对外贸易业的合作与发展。

（3）促进精神文明的工具。广告不仅在经济建设中起重要作用，在社会意识形态的人类文明进程中，也有着重要功能，其基本功能有以下几点：

第一，认识功能。广告帮助消费者认识商品的商标、性质、用途、保养、使用方法、购买手续和办法等。

第二，心理功能。广告诱发消费者的感情，使消费者对商品、服务项目感兴趣，引起购买欲望，促进消费者的购买行动。

第三，美学功能。广告渗透到民众生活中，广告的语言有感染力，广告的文案、画面，能使消费者产生美感，起到给消费者以美学的享受作用。

第四，教育功能。广告涉及千家万户。广告有正确地宣传审美情趣的责任，以健康的审美情趣来引导民众，反对黄色污秽的东西，能帮助消费者树立良好的道德风尚。

广告具有很强的思想性、艺术性和科学性。用文学、美术、摄影、音乐、戏剧等艺术形式，通过各种媒介物，作用于人的意识，对社会产生影响。广告是一种民族文化的必要组成部分。广告倡导健康大方的审美情趣，倡导符合我国民族传统的花色式样，能引导人的审美观、生活方式和社会风尚。广告引导着人们消费的兴趣高下，广告对社会文化和社会风气有潜移默化的教育作用。

三、广告的种类

从广告媒介物来分类，常见的有以下十种。

（1）报刊公告。用文字、图表表述广告内容，具有传播的普遍性。

（2）广告牌。车站、广场、街头、运动场等群众活动的场所，树立广告牌，面积大而且图案精美，引人注意。这种广告，要研究好画面、文字的设计，要图文并茂，要考虑设置地点和周围环境的状况，要能较长时间保存。

（3）招贴广告。用文字写成或印刷成张贴品的广告。一般文字简要，图案优美，街头和车船上均可张贴。

（4）电视广告。随着电视的普及，电视广告更加风行，它还借助表演、动画、音乐、美术等手段来加强广告的效果，生动、形象，收视率高，声、情、画并茂。

（5）网络广告。网络广告具有电视广告的所有优势，并融汇所有媒介成一体，呈现多元化的广告表现形式。随着电脑网络的普及，网络广告正在迅猛发展。

（6）电气广告。多用彩色电灯或霓虹灯做成，颜色鲜明，能引人注意。

（7）橱窗广告。用橱窗布置，通过巧妙的构思陈列实物或模型等，摆出引人注目的造型，达到介绍商品的目的，能引人鉴赏实物，判断质量优劣。

（8）广播广告。用无线电广播做媒介物，生动亲切，较易为人收听。

（9）电影广告。具有类似电视的效果。由于家庭影院的普及，越来越少。

（10）通讯广告。直接向消费集团或消费者发信，能引起收信人的特别注意，从而促使消费者产生购买欲望和行动。电子邮箱的普及加快通讯广告的普及。

其他还有包装广告、礼品广告、文艺节目广告等。

四、广告的写作要求

1. 研究消费者心理，着眼于人们多关心的问题

日本心理学者川胜久曾说过："要捉住大众的眼睛和耳朵，是广告的第一步作用。广告如果没有这个作用，就完全失去意义。"如果广告的内容值得人们关心，也就容易引起注意。注意是一种心理现象，所以，广告要获得良好的效果，就必须认真研究消费者的心理，从而找到打动消费者的关键。

研究消费者心理，首先得研究什么因素可以影响其心理，哪些因素对消费者所起的作用大；研究消费者心理，还要考虑读者阅读广告时，会遇上哪些心理障碍以及如何帮助他们克服这些心理障碍。例如，消费者对商品的价格格外重视，因此要尽量写明价格，对于具体商品，人们会有各自不同的要求，写作广告时都要尽量给予注意。根据有关专家的调查研究，下面十二个

题材最能引人入胜：
(1) 关系到人们经济利益的；
(2) 有关人们身体健康的；
(3) 关于儿童的成长和生活的；
(4) 能刺激人的健全欲望的；
(5) 能给人以安全感的；
(6) 能给人以美的享受的；
(7) 能给人以舒适愉快的；
(8) 有助于增强人们进取心的；
(9) 有助于提高人们工作效率的；
(10) 有助于促进社交的；
(11) 能激发人们自尊心和自爱心的；
(12) 能给人以同情和慰藉的。

要了解消费者心理，必须深入进行市场预测、消费者调查、召开销售员座谈会等，这是一项艰苦复杂的工作，但却是决定广告命运的工作，非常有益，非做不可。

2. 实事求是，讲求信誉

广告的内容真实准确与否，直接关系到消费者的利益、企业信誉与广告从业者的职业道德。

商品的宗旨，应该是信誉第一，对商品的信赖和购买是成正比的。一旦消费者对商品失去了信任，那么这种商品也就失去了销路。

当然，广告可以有一定程度的艺术渲染，但要有分寸，不要哗众取宠，不能说假话、大话、空话、套话。有些广告滥用成语妄自吹嘘，什么"出类拔萃""誉满全球""劲力超群""保你满意"等等，事实上，这样不好，何况有些产品实际并未达到这种程度。

为引起消费者的兴趣，广告做一定程度的艺术渲染，这和实事求是、讲求信誉并不矛盾，二者是相辅相成的，要恰到好处。

3. 要注意广告的艺术性

广告的创作，是科学性与艺术性结合的产物。广告的写作既要实事求是，严格遵循其内在的规律，又要充分发挥自己的创造性，写出富有个性、能打动人心的作品来。

广告要抓住其最能打动人心的特点进行宣传。美国一位广告专家说：

"谁若能最细致地刻画自己牌号产品的性格,谁就能获得最大的市场,并始终将获得最大的利润。"广告宣传商品,要突出特点,还要尽量表达得生动新颖。

例如柯达彩色胶卷广告,着意突出此胶卷的色彩明丽、清晰、灿烂、色感好。肯德基的广告,则是注重食物的色香味的渲染。

4．要注意广告的语言

广告要特别注意语言,除做到准确、鲜明、生动外,还要特别注意简明扼要,通俗易懂。一般人看广告时不爱费脑子,广告越费解他们读的兴趣越小。语言深奥难懂,冗长枯燥,生硬呆板,是广告的大忌。广告的语言要便于理解,便于记忆,容易上口,可以用一问一答、顺口溜、广告诗、广告歌等幽默、风趣的语言更受欢迎。

例如,曾经有一则"西施点夏露"的广告:最先是一只狐狸跳到桌子上来的画面,然后台词是:"狐臭,狐臭,不用发愁!"然后这只标明狐臭的狐狸才得意洋洋的消失了。这广告叫人产生一种反感和厌恶,甚至触目惊心,很不美,试替有狐臭的人想一想,谁愿意看见这样得意洋洋的狐狸?后来这个广告改成跳舞,双人舞在"西施点夏露"的瓶子的背后影像逐渐旋转消失,同时介绍产品的功能效用,这就较前好多了,有一种美感。

又例如曾经有一则大宝化装品的广告,从人类钻木取火,到蒸汽机的发明,又到大宝得了国际博览会上的奖,将这三个作为人类进步的三个历史、三大基石,并列起来是不和谐的,头重脚轻的感觉。一种化妆品是不能同人类发明火和发明蒸汽机相提并论的,太高估了化妆品的价值,而它本身的问世并不能推动人类前进一大步的。这样的广告叫人不信任。这个广告以及大宝公司的另一则欠真实广告,曾一度致使大宝化妆品跌入低谷。

相对比我们就看得很清楚。日本的三菱重工,对工业、农业、航海、铁路可以说作用很大,但它并不这样大口气地作不伦不类的广告,只是用郑重又平稳的口气介绍与中国各行各业的合作,画面上出现木材的砍伐、运输、船只的修造等,从而给人一种实在的、不可轻视的作用力量。

广告是什么,广告是在轻松的气氛中不知不觉叫人记住的一种艺术,千万不能大吵大闹、喧宾夺主,要说得好,说得巧妙,轻松自然又简洁。

5．要注意广告的效果

企业利用广告宣传后,在销售收益和产品信誉方面取得的效益,叫广告效益。

测定广告效果可采用以下公式：广告收益=［做广告后的赢利额（月、年）－做广告前的赢利额（月、年）］/广告费用（此公式见《经济大词典》）。

五、广告策划与广告词的写作

1. 创造绝不雷同的广告

美国哥伦比亚大学教授安·贝蒂说："当所有的产品都如此相似因而指不出任何有意义的差异时，广告创作人员剩下的最后一条路就是诉诸于感情了。情感广告可以给消费者留下一个印象，一种对产品和对制造商的好感。"

有人说：情感广告是无影无踪的感情信息，无形中将所要推销的产品注入消费者意识之中，从而潜移默化地改变消费者对广告产品和制造商的看法。所以，别忘了有情才能结缘，广告语言要有情，以情感人，以情惹人，以情动人。动情才能动心，感情往往比理智更有力。

2. 设身处地，恰到好处。了解并掌握消费者心理

例如："西施点夏露"的广告，最先是"狐臭，狐臭，不要发愁！"画面上一只狐狸得意洋洋地跳到桌上得意一番，然后是介绍商品。这个广告叫人产生一种反感、厌恶，有不美的感觉，这就没有掌握消费者的心理。

3. 画面和语言要和谐，构成意境给人美的享受

好的广告是一种美的享受。那些漂亮的红酒的颜色，那一颗光芒四射的没有颜色的钻石，那床褥给人丝绸般的感觉，那牛仔亚麻皮革制品给人的时尚，无不是美的。还有男女健康的生命演绎的各种图案，都是美的，只是不要过分，只要不失掉分寸，只要不变美为丑。

好的广告歌，常常成为流行歌曲。曾经有一则"来福林"农药的广告中的歌："我们是害虫，我们是害虫，正义的来福林，正义的来福林，一定要把害虫杀死！杀死！"诙谐有趣，在轻松快乐中记下了这种农药的名称。

4. 广告词要语言简洁，句式整齐，音韵和谐

广告词一般不超过两句，每句一般不超过七个字。

（1）沸腾的事业，冷静的支持。（奥珂玛空调）

（2）苦苦的追求，甜甜的享受。（伊利苦咖啡）

（3）平时献出一滴水，难时拥有太平洋。（太平洋保险公司）

（4）爱生活，爱拉芳。（拉芳化妆品）

（5）加加酱油，调万家美味。（加加酱油）

（6）聪明的妈妈会用"锌"。（三精牌葡萄糖酸锌口服液）

（7）白里透红，与众不同。（雅倩化妆品）

5. 广告词要讲究内涵丰富，让人产生丰富联想

双关手法的运用，使广告赋予多层意思。例如：走过四季都是情（红蜻蜓皮鞋）。"情""蜻"谐音，同时包含了红蜻蜓皮鞋对人们的一片关爱。再如：

除了脚印，什么都别留下；除了记忆，什么都别带走。

此告示让游客在逆向思维中揣摩感悟语言的精妙，体会出"什么"的言外之意，第一个"什么"指不要乱涂乱画，不要乱扔果皮纸屑等；第二个"什么"指不要攀摘花木，不要带走景区的任何东西。即提醒游客文明游览，形式上语言表达委婉得体，游客容易接受。

另一则环保广告词：

人类属于地球，地球却不属于人类。

使人联想到很多很多，人类离不开地球，它是我们赖以生存的家园，而地球却不仅仅属于我们人类，我们要保护生态平衡，保护动植物资源，不要自己毁灭了自己。请欣赏以下广告词：

（1）中国电视报，生活真需要。（中国电视报）

（2）大家好才是真的好。（广州好迪化装品）

（3）太平洋保险保太平。（太平洋保险公司）

（4）孔府家酒，叫人想家。（孔府家酒）

（5）海尔，真诚到永远。（海尔电器）

（6）钻石恒久远，一颗永流传。（戴比尔斯）

【例文选读】

经典广告词

某音响公司广告——一呼四应！

某饺子铺广告——无所不包！
某石灰厂广告——白手起家！
某当铺广告——当之无愧！
某帽子公司广告——以帽取人！
某理发店广告——一毛不拔！
某药店广告——自讨苦吃！
某戒烟协会广告——千万别找吸烟女子做朋友，除非你愿意去吻一只烟灰缸！
某打字机广告——不打不相识！
某眼镜店广告——眼睛是心灵的窗户，为了保护您的心灵，请为您的窗户安上玻璃。
某香水公司广告——我们的新产品极其吸引异性，因此随瓶奉送自卫教材一份。
某公共场所禁烟广告——为了使地毯没有洞，也为了使您肺部没有洞，请不要吸烟。
某公路交通广告——如果你的汽车会游泳的话，请照直开，不必刹车。
某新书广告——本书作者是百万富翁，未婚，他所希望的对象，就是本小说中描写的女主人公！
某汽车陈列室广告——永远要让驾驶执照比你自己先到期。
某交通安全广告——请记住，上帝并不是十全十美的，它给汽车准备了备件，而人没有。
某化妆品广告——趁早下"斑"，请勿"痘"留。
某洗衣机广告——闲妻良母！
某酸汁饮料广告——小别意酸酸，欢聚心甜甜。
某印刷公司广告——除钞票外，承印一切。
某鲜花店广告——今日本店的玫瑰售价最为低廉，甚至可以买几朵送给太太。

爆笑广告词集锦

1. 一家美容院的广告牌：
请不要同刚刚走出本院的女人调情，她或许就是你的外祖母。
2. 某一法语学习班的招生广告：

如果你听了一课之后发现不喜欢这门课程，那你可以要求退回你的学费，但必须用法语说。

3. 香港一家化妆品公司的广告：

趁早下"斑"，请勿"痘"留。

4. 一家美国报纸登了这样一则广告：

招聘女秘书：长相像妙龄少女，思考像成年男子，处事像成熟的女士，工作起来像一头驴子！

5. 眼药水广告：

滴此眼药水后，将眼睛转动几下，可使眼药水遍布全球。

6. 墓碑上的广告：

这里长眠的是亥米西·麦克泰维西。其悲痛的妻子继承了他的兴旺的事业——蔬菜商店，商店在第11号高速公路，每日营业到晚8点。

7. 某家理发店的广告：

别以为你丢了头发，应看作你赢得了面子。

8. 英国乡村理发店在桥头立起一块木牌，上边写着：

先生们，我要你们的脑袋。

【思考练习】

1. 你认为中央电视台播出的广告哪一些好？为什么？
2. 你认为凤凰卫视中文台播出的广告哪一些好？为什么？
3. 广告策划，你认为应该持什么样的态度？
4. 你认为哪些产品的广告词好？

【作文题目】

1. 请为国粹茅台酒策划广告
2. 请为景德镇瓷器写广告词
3. 请为中药"逍遥丸"写广告词

附录一 常见错别字整理

A

和蔼（霭）可亲　唉（哀）声叹气　安（按）装机器　黯（暗）然销魂

B

部（布）署已定　令人恐怖（布）　纵横捭（俾）阖　稗（裨）官野史
班（搬）门弄斧　自暴（曝）自弃　英雄辈（倍）出　并行不悖（背）
民生凋敝（蔽）　大有裨（稗）益　辩（辨）证法　脉搏（膊）微弱
赤膊（博）上阵　飞扬跋（拔）扈　遮天蔽（避）日

C

拼拼凑凑（揍）　出类拔萃（粹）　惨（残）无人道　鞠躬尽瘁（粹）
残（惨）酷无情　酒中掺（渗）水　扬长（常）而去　天崩地坼（折）
清澈（彻）见底　称（趁）心如意　墨守成（陈）规　羽扇纶（伦）巾
驰骋（聘）疆场　一张一弛（驰）　一筹（愁）莫展　相形见绌（拙）
川（穿）流不息　签字盖戳（戮）　戳（戮）穿阴谋　义不容辞（词）

D

披星戴（带）月　以逸待（代）劳　殚（惮）精竭虑　稍事耽（担）搁
投机倒（捣）把　这倒（到）不错　中流砥（抵）柱　玷（沾）污清白
欢度（渡）春节　横渡（度）长江　堕（坠）落腐化　虎视眈眈（耽）

F

奋（愤）发图强　破釜（斧）沉舟　原子辐（幅）射　入不敷（付）出
认识肤（浮）浅　感人肺腑（府）　三番（翻）两次　反（翻）复无常
翻（反）云覆雨　浪费（废）金钱　前仆（扑）后继

G

言简意赅（该）　卑躬（恭）屈膝　贡（供）献巨大　灌（贯）输知识
发扬光（广）大　性格粗犷（旷）　步人正轨（规）　阴谋诡（鬼）计

刚愎（腹）自用　咄咄（拙）逼人　明辨（辩）是非　英雄气概（慨）
行踪诡（鬼）秘

H
随声附和（合）　和（合）盘托出　曲高和（合）寡　万事亨（享）通
宽宏（洪）大量　声音洪（宏）亮　哄（轰）堂大笑　侯（候）门如海
精神涣（焕）散　惨绝人寰（环）　病入膏肓（盲）　富丽堂皇（黄）
张皇（慌）失措　心灰（恢）意懒　言谈诙（恢）谐　风雨如晦（海）
浑（混）身是胆　貌合（和）神离

J
千钧（钓）一发　绝（决）对服从　工程竣（峻）工　迫不及（急）待
既（即）然如此　味同嚼蜡（腊）　杯盘狼藉（籍）　模范事迹（绩）
不计（记）其数　嘉（佳）宾满座　缄（箴）口不言　艰（坚）难困苦
草菅（管）人命　直截（接）了当　情不自禁（尽）　事过境（景）迁
兢兢（竞）业业　即（既）使如此　不胫（颈）而走　针灸（炙）疗法
赳赳（纠）武夫　前倨（踞）后恭　龙盘虎踞（据）　相距（矩）不远
规规矩矩（距）　狙（阻）击敌人　面面俱（具）到　丰功伟绩（迹）

K
热炕（坑）头　　不卑不亢（抗）　刻（克）苦耐劳　坑（吭）害好人
空（恐）前绝后　脍（烩）炙人口　功亏一篑（匮）

L
戮（戳）力同心　庸庸碌碌（录）　语无伦（仑）次　脉络（胳）分明
心狠手辣（棘）　腊（蜡）梅盛开　陈词滥（烂）调　无耻谰（滥）言
可做蓝（篮）本　篮（蓝）球健将　书声琅琅（朗）　身体羸（赢）弱
大多雷（类）同　利（厉）害得失　变本加厉（利）　再接再厉（励）
厉（励）行节约　火中取栗（粟）　劳动锻炼（练）　军事训练（炼）
一枕黄粱（梁）　寥寥（廖）无几　书写潦（了）草　浏（流）览一遍
手榴（溜）弹　　惨遭屠戮（戳）　高官厚禄（录）

M

漫（满）山遍野　　无礼谩（漫）骂　　风靡（糜）一时　　望风披靡（糜）
漠（莫）不关心　　墨（默）守成规　　观摩（磨）教学　　碑帖临摹（摩）

O

金瓯（殴）无缺　　呕（沤）心沥血　　打架斗殴（欧）　　无独有偶（隅）

P

坚如磐（盘）石　　如法炮（泡）制　　蓬（篷）荜生辉　　披（批）沙拣金
嗜酒成癖（僻）　　纰（批）漏百出　　艰苦朴（扑）素　　风尘仆仆（扑）

Q

为国捐躯（驱）　　卑躬屈（曲）膝　　怙恶不悛（俊）　　入场券（卷）
尚待商榷（确）　　却（缺）之不恭　　星罗棋（旗）布　　修葺（茸）一新
感情融洽（恰）　　恰（洽）如其分　　罄（磬）竹难书　　提纲挈（携）领
顷（倾）刻之间　　乔（巧）装打扮

R

当仁（人）不让　　人参鹿茸（葺）　　矫揉（柔）造作　　孺（儒）子可教
耳濡（儒）目染　　含辛茹（如）苦

S

歃（插）血为盟　　赡（瞻）养父母　　礼尚（上）往来　　喜上眉梢（捎）
稍（少）纵即逝　　挑拨是（事）非　　毛骨悚（耸）然　　到处传诵（颂）
首（手）屈一指　　授（受）予奖章　　鬼鬼祟祟（崇）　　军事部署（暑）
不辨菽（黍）麦　　肆（肄）无忌惮　　辰巳（己）午未

T

蹚（淌）水过去　　列出提（题）纲　　恬（括）不知耻　　铤（挺）而走险
如火如荼（茶）

附 录

W

深为惋（婉）惜　痴心妄（忘）想　互相推诿（委）　定期会晤（悟）
从中斡（干）旋　冒天下之大不韪（讳）　运筹帷幄（握）

X

气喘吁吁（嘘）　睡眼惺（醒）松　学识修（休）养　不屑（宵）一顾
申酉戌（戍）亥　一切就绪（序）　枉（妄）费心机　栩栩（诩）如生
寒暄（喧）客套　喧（宣）宾夺主　循（寻）序渐进　戊（戍）戌政变
雨声淅（浙）沥　条分缕析（拆）　月明星稀（希）　瑕（暇）瑜互见
自顾不暇（遐）　闻名遐（暇）迩　向（想）往光明　直上重霄（宵）
通宵（霄）不眠　歪风邪（斜）气　骁（饶）勇善战　徇（殉）私舞弊
全家迁徙（徒）

247

Y

大学肄（肆）业　式样新颖（颍）　绿草如茵（荫）　一望无垠（银）
化学反应（映）　反映（应）意见　绿树成荫（阴）　优（忧）柔寡断
良莠（秀）不齐　怨天尤（由）人　记忆犹（尤）新　贻（遗）笑大方
向隅（偶）而泣　揠（偃）苗助长　偃（揠）旗息鼓　始终不渝（遇）
逾（渝）期作废　举行宴（晏）会　此系赝（膺）品　湮（淹）没不闻
世外桃源（园）　元（原）气大伤　敷衍（演）塞责　断壁颓垣（桓）
杳（沓）无音信　缘（沿）木求鱼　专程谒（竭）见　异（一）口同声
演绎（译）归纳　不可思议（义）　苦心孤诣（旨）　一劳永逸（易）
手头宽裕（余）　滥竽（芋）充数　打躬作揖（辑）

Z

改弦易张（章）　通货膨胀（涨）　动辄（辙）得咎　计划缜（慎）密
举世震（振）惊　仗义执（直）言　莫衷（中）一是　掷（抛）地有声
满脸皱（绉）纹　梳妆（装）打扮　惴惴（揣）不安　呱呱坠（堕）地
编纂（篡）字典　有所遵（尊）循　压榨（诈）平民　读书札（扎）记
鼓噪（躁）而进　口干舌燥（躁）　真知灼（卓）见　敲诈（榨）勒索
出奇制（致）胜　招摇撞（装）骗　不眨（贬）眼　心劳日拙（绌）
销赃（脏）灭迹　恣（姿）意胡为　故作姿（恣）态　恶意诅（咀）咒

心浮气躁（燥）　　缀（掇）句成文

附录二　容易读错的常用字表

A

1．挨紧 āi　2．挨饿受冻 ái　3．白皑皑 ái　4．狭隘 ài　5．不谙水性 ān
6．熬菜 āo　7．煎熬 áo　8．鏖战 áo　9．拗断 ǎo　10．拗口 ào

B

1．纵横捭阖 bǎi hé　2．稗官野史 bài　3．扳平 bān　4．同胞 bāo　5．炮羊肉 bāo　6．剥皮 bāo　7．薄纸 báo　8．并行不悖 bèi　9．蓓蕾 bèi lěi　10．奔波 bō　11．投奔 bèn　12．迸发 bèng　13．包庇 bì　14．麻痹 bì　15．奴颜婢膝 bì xī　16．刚愎自用 bì　17．复辟 bì　18．濒临 bīn　19．针砭 biān　20．屏气 bǐng　21．摒弃 bǐng　22．剥削 bō xuē　23．波涛 bō　24．菠菜 bō　25．停泊 bó　26．淡薄 bó　27．哺育 bǔ

C

1．粗糙 cāo　2．嘈杂 cáo　3．参差 cēn cī　4．差错 chā　5．偏差 chā　6．差距 chā　7．搽粉 chá　8．猹 chá　9．刹那 chà　10．差遣 chāi　11．谄媚 chǎn　12．忏悔 chàn　13．羼水 chàn　14．场院 cháng　15．一场雨 cháng　16．赔偿 cháng　17．偿佯 cháng　18．绰起 chāo　19．风驰电掣 chè　20．瞠目结舌 chēng　21．乘机 chéng　22．惩前毖后 chéng　23．惩创 chéng chāng　24．驰骋 chěng　25．鞭笞 chī　26．痴呆 chī　27．痴心妄想 chī　28．白痴 chī　29．踟蹰 chí chú　30．奢侈 chǐ　31．整饬 chì　32．炽热 chì　33．不啻 chì　34．叱咤风云 chì zhà　35．忧心忡忡 chōng　36．憧憬 chōng　37．崇拜 chóng　38．惆怅 chóu chàng　39．踌躇 chóu chú　40．相形见绌 chù　41．黜免 chù　42．揣摩 chuǎi　43．椽子 chuán　44．创伤 chuāng　45．凄怆 chàng　46．啜泣 chuò　47．辍学 chuò　48．宽绰 chuò　49．瑕疵 cī　50．伺候 cì　51．烟囱 cōng　52．从容 cóng　53．淙淙流水 cóng　54．一蹴而就 cù　55．璀璨 cuǐ　56．忖度 cǔn duó　57．蹉跎 cuō tuó　58．挫折 cuō zhé

D

1. 呆板 dāi 2. 答应 dā 3. 逮老鼠 dǎi 4. 逮捕 dài 5. 殚思极虑 dān
6. 虎视眈眈 dān 7. 肆无忌惮 dàn 8. 档案 dàng 9. 当（本）年 dàng
10. 追悼 dào 11. 提防 dī 12. 瓜熟蒂落 dì 13. 缔造 dì 14. 掂掇 diān duo 15. 玷污 diàn 16. 装订 dìng 17. 订正 dìng 18. 恫吓 dòng hè 19. 句读 dòu 20. 兑换 duì 21. 踱步 duó

E

阿谀 ē yú 2. 婀娜 ē nuó 3. 扼要 è

F

1. 菲薄 fěi 2. 沸点 fèi 3. 氛围 fēn 4. 肤浅 fū 5. 敷衍塞责 fū yǎn sè 6. 仿佛 fú 7. 凫水 fú 8. 篇幅 fú 9. 辐射 fú 10. 果脯 fǔ 11. 随声附和 fù hè

G

1. 准噶尔 gá 2. 大动干戈 gē 3. 诸葛亮 gě 4. 脖颈 gěng 5. 提供 gōng 6. 供销 gōng 7. 供给 gōng jǐ 8. 供不应求 gōng yìng 9. 供认 gòng 10. 口供 gòng 11. 佝偻 gōu lóu 12. 勾当 gòu 13. 骨朵 gū 14. 骨气 gǔ 15. 蛊惑 gǔ 16. 商贾 gǔ 17. 桎梏 gù 18. 粗犷 guǎng 19. 皈依 guī 20. 瑰丽 guī 21. 刽子手 guì 22. 聒噪 guō

H

1. 哈达 hǎ 2. 尸骸 hái 3. 希罕 hǎn 4. 引吭高歌 háng 5. 沆瀣一气 hàng xiè 6. 干涸 hé 7. 一丘之貉 hé 8. 上颌 hé 9. 喝采 hè 10. 负荷 hè 11. 蛮横 hèng 12. 飞来横祸 hèng 13. 发横财 hèng 14. 一哄而散 hòng 15. 糊口 hú 16. 囫囵吞枣 hú lún 17. 华山 huà 18. 怙恶不悛 hù quān 19. 豢养 huàn 20. 病入膏肓 huāng 21. 讳疾忌医 huì jí 22. 诲人不倦 huì 23. 阴晦 huì 24. 污秽 huì 25. 混水摸鱼 hún 26. 混淆 hùn xiáo 27. 和泥 huó 28. 搅和 huò 29. 豁达 huò 30. 霍乱 huò

J

1. 茶几 jī 2. 畸形 jī 3. 羁绊 jī 4. 羁旅 jī 5. 放荡不羁 jī 6. 无稽之谈 jī 7. 跻身 jī 8. 通缉令 jī 9. 汲取 jí 10. 即使 jí 11. 开学在即 jí 12. 疾恶如仇 jí 13. 嫉妒 jí 14. 棘手 jí 15. 贫瘠 jí 16. 狼藉 jí 17. 一触即发 jí 18. 脊梁 jǐ 19. 人才济济 jǐ 20. 给予 jǐ yǔ 21. 凯觎 jì yú 22. 成绩 jì 23. 事迹 jì 24. 雪茄 jiā 25. 信笺 jiān 26. 歼灭 jiān 27. 草菅人命 jiān 28. 缄默 jiān 29. 渐染 jiān 30. 眼睑 jiǎn 31. 间断 jiàn 32. 矫枉过正 jiǎo 33. 缴纳 jiǎo 34. 校对 jiào 35. 开花结果 jiē 36. 事情结果 jié 37. 结冰 jié 38. 反诘 jié 39. 拮据 jié jū 40. 攻讦 jié 41. 桔梗 jié 42. 押解 jiè 43. 情不自禁 jīn 44. 根茎叶 jīng 45. 长颈鹿 jǐng 46. 杀一儆百 jǐng 47. 强劲 jìng 48. 劲敌 jìng 49. 劲旅 jìng 50. 痉挛 jìng 51. 抓阄 jiū 52. 针灸 jiǔ 53. 韭菜 jiǔ 54. 内疚 jiù 55. 既往不咎 jiù 56. 狙击 jū 57. 咀嚼 jǔ jué 58. 循规蹈矩 jǔ 59. 矩形 jǔ 60. 沮丧 jǔ 61. 龃龉 jǔ yǔ 62. 前倨后恭 jù 63. 镌刻 juān 64. 隽永 juàn 65. 角色 jué 66. 口角 jué 67. 角斗 jué 68. 角逐 jué 69. 倔强 jué jiàng 70. 崛起 jué 71. 猖獗 jué 72. 一蹶不振 jué 73. 诡谲 jué 74. 矍铄 jué 75. 攫取 jué 76. 细菌 jūn 77. 龟裂 jūn 78. 俊杰 jùn 79. 崇山峻岭 jùn 80. 竣工 jùn 81. 隽秀 jùn

K

1. 同仇敌忾 kài 2. 不卑不亢 kàng 3. 坎坷 kě 4. 可汗 kè hán 5. 恪守 kè 6. 倥偬 kǒng zǒng 7. 会计 kuài 8. 窥探 kuī 9. 傀儡 kuǐ

L

1. 邋遢 lā ta 2. 拉家常 lá 3. 丢三落四 là 4. 书声琅琅 láng 5. 唠叨 láo 6. 落枕 lào 7. 奶酪 lào 8. 勒索 lè 9. 勒紧 lēi 10. 擂鼓 léi 11. 羸弱 léi 12. 果实累累 léi 13. 罪行累累 lěi 14. 擂台 lèi 15. 罹难 lí 16. 潋滟 liàn 17. 打量 liáng 18. 量入为出 liàng 19. 撩水 liāo 20. 撩拨 liáo 21. 寂寥 liáo 22. 了望 liào 23. 趔趄 liè qiè 24. 恶劣 liè 25. 雕镂 lòu 26. 贿赂 lù 27. 棕榈 lú 28. 掠夺 lüè

M

1. 抹桌子 mā 2. 阴霾 mái 3. 埋怨 mán 4. 耄耋 mào dié 5. 联袂 mèi 6. 闷热 mēn 7. 扪心自问 mén 8. 愤懑 mèn 9. 蒙头转向 mēng 10. 蒙头盖脸 méng 11. 靡费 mí 12. 萎靡不振 mǐ 13. 静谧 mì 14. 分娩 miǎn 15. 酩酊 mǐng dǐng 16. 荒谬 miù 17. 脉脉 mò 18. 抹墙 mò 19. 蓦然回首 mò 20. 牟取 móu 21. 模样 mú

N

1. 羞赧 nǎn 2. 呶呶不休 náo 3. 泥淖 nào 4. 口讷 nè 5. 气馁 něi 6. 拟人 nǐ 7. 隐匿 nì 8. 拘泥 nì 9. 亲昵 nì 10. 拈花惹草 niān 11. 宁死不屈 nìng 12. 泥泞 nìng 13. 忸怩 niǔ ní 14. 执拗 niù 15. 驽马 nú 16. 虐待 nüè

O

1. 偶然 ǒu

P

1. 扒手 pá 2. 迫击炮 pǎi 3. 心宽体胖 pán 4. 蹒跚 pán 5. 滂沱 pāng tuó 6. 彷徨 páng 7. 炮制 páo 8. 咆哮 páo xiào 9. 炮烙 páo luò 10. 胚胎 pēi 11. 香喷喷 pèn 12. 抨击 pēng 13. 澎湃 péng pài 14. 纰漏 pī 15. 毗邻 pí 16. 癖好 pǐ 17. 否极泰来 pǐ 18. 媲美 pì 19. 扁舟 piān 20. 大腹便便 pián 21. 剽窃 piāo 22. 饿殍 piǎo 23. 乒乓 pīng pāng 24. 湖泊 pō 25. 居心叵测 pǒ 26. 糟粕 pò 27. 解剖 pōu 28. 前仆后断 pū 29. 奴仆 pú 30. 风尘仆仆 pú 31. 玉璞 pú 32. 匍匐 pú fú 33. 瀑布 pù 34. 一曝十寒 pù

Q

1. 休戚与共 qī 2. 蹊跷 qī qiāo 3. 祈祷 qí 4. 颀长 qí 5. 岐途 qí 6. 绮丽 qǐ 7. 修葺 qì 8. 休憩 qì 9. 关卡 qiǎ 10. 悭吝 qiān 11. 掮客 qián 12. 潜移默化 qián 13. 虔诚 qián 14. 天堑 qiàn 15. 戕害 qiāng 16. 强迫 qiǎng 17. 勉强 qiǎng 18. 强求 qiǎng 19. 牵强附会 qiǎng 20. 襁褓 qiǎng 21. 翘首远望 qiáo 22. 讥诮 qiào 23. 怯懦 qiè

24. 提纲挈领 qiè 25. 锲而不舍 qiè 26. 惬意 qiè 27. 衾枕 qīn 28. 倾盆大雨 qīng 29. 引擎 qíng 30. 亲家 qìng 31. 曲折 qū 32. 祛除 qū 33. 黢黑 qū 34. 水到渠成 qú 35. 清癯 qú 36. 瞿塘峡 qú 37. 通衢大道 qú 38. 龋齿 qǔ 39. 兴趣 qù 40. 面面相觑 qù 41. 债券 quàn 42. 商榷 qiè 43. 逡巡 qūn 44. 麇集 qún

R

1. 围绕 rào 2. 荏苒 rěn rǎn 3. 稔知 rěn 4. 妊娠 rèn shēn 5. 仍然 réng 6. 冗长 rǒng

S

1. 缫丝 sāo 2. 稼穑 jià sè 3. 堵塞 sè 4. 刹车 shā 5. 芟除 shān 6. 潸然泪下 shān 7. 禅让 shàn 8. 讪笑 shàn 9. 赡养 shàn 10. 折本 shé 11. 慑服 shè 12. 退避三舍 shè 13. 海市蜃楼 shèn 14. 舐犊之情 shì 15. 教室 shì 16. 有恃无恐 shì 17. 狩猎 shòu 18. 倏忽 shū 19. 束缚 shù fù 20. 刷白 shuà 21. 游说 shuì 22. 吸吮 shǔn 23. 瞬息万变 shùn 24. 怂恿 sǒng yǒng 25. 塑料 sù 26. 簌簌 sù 27. 虽然 suī 28. 鬼鬼祟祟 suì 29. 婆娑 suō

T

1. 趿拉 tā 2. 鞭挞 tà 3. 叨光 tāo 4. 熏陶 táo 5. 体己 tī 6. 孝悌 tì 7. 倜傥 tì tǎng 8. 恬不知耻 tián 9. 殄灭 tiǎn 10. 轻佻 tiāo 11. 调皮 tiáo 12. 妥贴 tiē 13. 请帖 tiě 14. 字贴 tiè 15. 恸哭 tong 16. 如火如荼 tú 17. 湍急 tuān 18. 颓废 tuí 19. 蜕化 tuì 20. 囤积 tún

W

1. 逶迤 wēi yí 2. 违反 wéi 3. 崔嵬 wéi 4. 冒天下之大不韪 wěi 5. 为虎作伥 wèi chāng 6. 龌龊 wò chuò 7. 斡旋 wò 8. 深恶痛疾 wù jí

X

1. 膝盖 xī 2. 檄文 xí 3. 狡黠 xiá 4. 厦门 xià 5. 纤维 xiān wéi 6. 翩跹 xiān 7. 屡见不鲜 xiān 8. 垂涎三尺 xián 9. 勾股弦 xián

10. 鲜见 xiǎn 11. 肖像 xiào 12. 采撷 xié 13. 叶韵 xié 14. 纸屑 xiè
15. 机械 xiè 16. 省亲 xǐng 17. 不朽 xiǔ 18. 铜臭 xiù 19. 星宿 xiù
20. 长吁短叹 xū 21. 自诩 xǔ 22. 抚恤金 xù 23. 酗酒 xù 24. 煦暖 xù 25. 眩晕 xuàn yùn 26. 炫耀 xuàn 27. 洞穴 xué 28. 戏谑 xuè
29. 驯服 xùn 30. 徇私舞弊 xùn

Y

1. 倾轧 yà 2. 揠苗助长 yà 3. 殷红 yān 4. 湮没 yān 5. 筵席 yán
6. 百花争妍 yán 7. 河沿 yán 8. 偃旗息鼓 yǎn 9. 奄奄一息 yǎn 10. 赝品 yàn 11. 佯装 yáng 12. 怏怏不乐 yàng 13. 安然无恙 yàng 14. 杳无音信 yǎo 15. 窈窕 yǎo tiǎo 16. 发疟子 yào 17. 耀武扬威 yào
18. 因噎废食 yē 19. 揶揄 yé yú 20. 陶冶 yě 21. 呜咽 yè 22. 摇曳 yè 23. 拜谒 yè 24. 笑靥 yè 25. 甘之如饴 yí 26. 颐和园 yí 27. 迤逦 yǐ lǐ 28. 旖旎 yǐ nǐ 29. 自怨自艾 yì 30. 游弋 yì 31. 后裔 yì
32. 奇闻轶事 yì 33. 络绎不绝 yì 34. 造诣 yì 35. 友谊 yì 36. 肄业 yì
37. 熠熠闪光 yì 38. 一望无垠 yín 39. 荫凉 yìn 40. 应届 yīng
41. 应承 yìng 42. 应用文 yìng 43. 应试教育 yìng 44. 邮递员 yóu
45. 黑黝黝 yǒu 46. 良莠不齐 yǒu 47. 迂回 yū 48. 向隅而泣 yú 49. 愉快 yú 50. 始终不渝 yú 51. 逾越 yú 52. 年逾古稀 yú 53. 娱乐 yú
54. 伛偻 yǔ lǚ 55. 舆论 yú 56. 尔虞我诈 yú 57. 囹圄 yǔ 58. 参与 yù 59. 驾驭 yù 60. 家喻户晓 yù 61. 熨贴 yù 62. 寓情于景 yù
63. 鹬蚌相争 yù 64. 卖儿鬻女 yù 65. 断瓦残垣 yuán 66. 苑囿 yuàn yòu 67. 头晕 yūn 68. 允许 yǔn 69. 晕船 yùn 70. 酝酿 yūn niàng

Z

1. 扎小辫 zā 2. 柳荫匝地 zā 3. 登载 zǎi 4. 载重 zài 5. 载歌载舞 zài 6. 怨声载道 zài 7. 拒载 zài 8. 暂时 zàn 9. 臧否 zāng pǐ 10. 宝藏 zàng 11. 确凿 záo 12. 啧啧称赞 zé 13. 谮言 zèn 14. 憎恶 zēng
15. 赠送 zèng 16. 驻扎 zhā 17. 咋呼 zhā 18. 挣扎 zhá 19. 札记 zhá
20. 咋舌 zhà 21. 择菜 zhái 22. 占卜 zhān 23. 客栈 zhàn 24. 破绽 zhàn 25. 精湛 zhàn 26. 颤栗 zhàn 27. 高涨 zhǎng 28. 涨价 zhǎng
29. 着慌 zháo 30. 沼泽 zhǎo 31. 召开 zhào 32. 肇事 zhào 33. 折腾

253

zhē 34．动辄得咎 zhé jiù 35．蛰伏 zhé 36．贬谪 zhé 37．铁砧 zhēn
38．日臻完善 zhēn 39．甄别 zhēn 40．箴言 zhēn 41．缜密 zhěn
42．赈灾 zhèn 43．症结 zhēng 44．拯救 zhěng 45．症候 zhèng 46．诤友 zhèng 47．挣脱 zhèng 48．脂肪 zhī 49．踯躅 zhí zhú 50 近在咫尺 zhǐ
51．博闻强识 zhì 52．标识 zhì 53．质量 zhì 54．脍炙人口 zhì 55．鳞次栉比 zhì
56．对峙 zhì 57．中听 zhòng 58．中肯 zhòng 59．刀耕火种 zhòng 60．胡诌 zhōu 61．啁啾 zhōu 62．压轴 zhòu 63．贮藏 zhù 64．莺啼鸟啭 zhuàn 65．撰稿 zhuàn 66．谆谆 zhūn 67．弄巧成拙 zhuō 68．灼热 zhuó 69．卓越 zhuó
70．啄木鸟 zhuó 71．着陆 zhuó 72．穿着打扮 zhuó 73．恣意 zì 74．浸渍 zì 75．作坊 zuō 76．柞蚕 zuò

参考书目

1. 徐中玉主编．大学写作．上海：复旦大学出版社，2005
2. 段轩如、杨洁．写作学教程．北京：中国人民大学出版社，2005
3. 徐丹晖主编．写作与语言艺术教程．北京：北京广播学院出版社，2003
4. 刘海涛．文学写作教程．北京：高等教育出版社，2005
5. 马正平主编．高等文体写作训练教程．北京：中国人民大学出版社，2003
6. 余国瑞、彭光芒主编．实用写作．北京：高等教育出版社，2002
7. 路德庆．普通写作学教程．北京：高等教育出版社，2001
8. 廖大国．写作导学．北京：北京大学出版社，2001
9. 孙晓玲．毕业论文写作方法精要．兰州：兰州大学出版社，2005
10. 卞华、罗伟涛著．创造性思维的原理与方法．长沙：国防科技大学出版社，2001
11. 温儒敏主编．高等语文．南京：江苏教育出版社，2003
12. 李瑞山编撰．语文素养读本．北京：高等教育出版社，2003
13. 程道才编著．新闻写作基础．广州：南方日报出版社，2004
14. 刘畅．成为写作高手的最有效秘诀．北京：中国纺织出版社，2006
15. 李法宝著．新闻写作的艺术与技巧．广州：中山大学出版社，2005
16. （南朝梁）刘勰．文心雕龙
17. （宋）朱熹．训学斋规
18. （宋）朱熹．朱子语类辑略
19. （宋）魏庆之．诗人玉屑．锻炼
20. （清）唐彪．读书作文谱
21. 梁启超．中学以上作文教学法．北京：中华书局，2004
22. 东北师范大学人文学院中国语言文学系 http：//www.jinzhenbang.com/
23. 北京大学中文论坛 http：//www.pkucn.com/

大学生写作能力教程

后　记

　　花了一年时间，我把自己的讲稿，整整二十年的讲稿，整理成这本教材。

　　初是欣喜，心想这门课是暨南大学的精品课程，现在出版与精品课程相匹配的教材，相得益彰，也算给从教多年的自己一个交代了。

　　起初的感觉是，仗着讲台上多年的积累，把那么厚重的讲稿变成教材，还不是轻而易举的事？面含微笑地开始，删节添加修改整理，谁知二十几万字一路走下来，竟然走得艰难坎坷，修改贴补润色，颠三倒四的不知道多少回。到现在，初时的欣喜化作担忧，方才发觉不周之处不在少数，也才发觉，教学本身就是一门艺术。正所谓艺无止境，我辈热爱教育之人，必得颔首低吟，十二分努力地往前走，就好像走在一条追求宗教信仰的大道上，不能止息。

　　这本教材，借用了很多人的作品和观点，有些是说得上人名书名的，我列在书上，有些是在二十年的途程中，我忘记了人名和书名的，无法将他们列出来。但是，我要诚挚地说，我深深地感谢你们，感谢你们对我的帮助和启迪。那些个如水的夜晚，我的目光行走在你们的书页上，突然间产生出这样那样的想法。这些想法后来活在我的讲稿里课堂上乃至文章里面，变成我生活与思想的一部分。我俯首感谢给我帮助和启发的人，由书本文字我们相遇相识的人。

　　这本教材的宗旨，就是给所有讲授者和学习者提供尽可能大的帮助。凡采用本教材者，可以通过电子邮件取得每章的PPT课件，以及这门精品课程的其他网络资源。相信你的教学将变得有创意，轻松开心。对于学生来说，这是本可读性很强的教材，不枯不燥，只要静下心来仔细阅读、品味、消化，配合教师的课堂引导和启迪，将能够在会心的微笑中，悄然提高你的思维能力和写作水平。

　　这本教材的编写，得到马至融等几位教授的鼎力相助。虽然他们没有动

256

后　记

过一字一句，但每每在一些写作问题的看法上，一些思维方式上，或长或短地交流探讨，往往给我深的启发，有时候竟使我豁然开朗。还有马欣然、王丽琴等几个诚挚好学的学生，帮我检查书稿的常识性错误，功不可没。

另外，本书的出版得到中山大学出版社叶侨健社长和徐诗荣编辑的大力支持和帮助，在此一并表示谢意。暨南大学的精品课程教材，由中山大学出版社出版，这是两好合一好的事情。开心之际，我颔首微笑致谢。

我的电子信箱：jndxwxp@163.com。请选用本教材者，来信索取课件。

王香平

2007 年 5 月 28 日